DAS KRIEGSGEFANGENENLAGER DORTMUND WESTFALENHALLE (STALAG VI D), 1939–1945

Schriftenreihe der Mahn- und Gedenkstätte Steinwache Dortmund | Band 3

Mahn-
und Gedenkstätte
Steinwache

REGINA MENTNER

DAS KRIEGSGEFANGENENLAGER DORTMUND WESTFALENHALLE (STALAG VI D), 1939–1945

Aschendorff
Verlag

Bibliografische Information der Deutschen Bibliothek
Die Deutsche Bibliothek verzeichnet diese Publikation in der Deutschen Nationalbibliografie; detaillierte bibliografische Daten sind im Internet über <http://dnb.ddb.de> abrufbar.

www.aschendorff-buchverlag.de

Printed in Germany

ISBN 978-3-402-26136-1
ISBN 978-3-402-26137-8 (E-Book-PDF)

Inhalt

Einleitung

Vielen Leserinnen und Lesern dieses Buches ist die im Februar 1952[1] eröffnete Westfalenhalle in Dortmund vielleicht durch Sportereignisse, Konzerte sowie Messen und Ausstellungen bekannt. Sicherlich nur ältere Menschen kennen noch die erste Westfalenhalle, die von 1925 bis 1944 existierte und eine der größten (Sport-) Hallen Europas war. Im Südwesten Dortmunds gelegen, stand sie fast an derselben Stelle wie die heutige Westfalenhalle. Das Gebäude lag zentral an der Bundesstraße 1/Rheinlanddamm, ehemals Hindenburgdamm 200. Die Strobelallee und die Straße Im Rabenloh, ehemals Grüner Weg, führten daran vorbei. Die historische Westfalenhalle und das ehemalige Nebengelände, auf dem sich heute die Messe Dortmund befindet, dienten während des Zweiten Weltkrieges als Kriegsgefangenen-Mannschaftsstammlager. Von September 1939 bis August 1941 wurde die Westfalenhalle selbst als Lager genutzt, das ab Juni 1940 allmählich auf das westlich angrenzende Gelände des damaligen Volksparks verlegt wurde, was bedeutete, dass die Dortmunderinnen und Dortmunder eine beliebte Freizeitanlage einbüßten. Auf dieser Fläche wurde es als Barackenlager auf- und ausgebaut und bestand bis März 1945.

Die Existenz und die Geschichte des Kriegsgefangenen-Mannschaftsstammlagers in der Westfalenhalle, in militärischer Abkürzung „Stalag VI D" genannt, hinterließen im offiziellen und öffentlichen Gedächtnis Dortmunds nur marginale Spuren. In der Stadtgeschichtsschreibung, der Öffentlichkeit und der Forschung ist in Vergessenheit geraten oder wird nur randständig behandelt, dass die erste Westfalenhalle als großes und für die Region bedeutendes Lager für Kriegsgefangene aus den vom Deutschen Reich überfallenen und besetzten Ländern Europas fungierte.[2]

Aus Anlass des 25-jährigen Bestehens der Westfalenhalle erschien 1952 ein Aufsatz im Amtlichen Organ des Städtischen Verkehrs- und Presseamtes der Stadt Dortmund über die Tradition der Westfalenhalle. Über die Zeit des Nationalsozialismus finden sich zwei Sätze. Sie lauten: „Mit Beginn des Krieges wurde es still in der Westfalenhalle,

[1] Im Jahre 1950 erfolgte die endgültige Genehmigung zum Wiederaufbau der Westfalenhalle, die am 2./3. Februar 1952 eröffnet wurde, Niederschrift über die Ratsversammlung am 16./17.5.1950, 90/01-2, Stadtarchiv Dortmund, zit. als: StadtA Do. Der Haupt- und Finanzausschuss hatte bereits 1949 den Wiederaufbau der Westfalenhalle grundsätzlich gebilligt, 90/01-1-2/1, StadtA Do. Erst 1962 wurde das Unternehmen Westfalenhalle AG zu einer GmbH umgewandelt. Westfallenhallen Dortmund. Die Chronik, *Hg. Westfalenhallen Dortmund GmbH*, 2. Aufl., Dortmund 2010, S. 203, zit. als: Westfalenhallen Chronik, 2010.

[2] Kriegsgefangene waren während des Zweiten Weltkrieges in das allgemeine System der Zwangsarbeit einbezogen, wenn auch – zumindest formal – auf einer anderen völkerrechtlichen Grundlage als die ausländischen Zivilarbeiter und Zivilarbeiterinnen. Nach dem heutigen Stand der Forschungen wird davon ausgegangen, dass zwischen 1939 und 1945 circa 4,6 Millionen Kriegsgefangene und circa 8,4 Millionen Zwangsarbeiter und Zwangsarbeiterinnen im Deutschen Reich eingesetzt waren. *Mark Spoerer*, Zwangsarbeit unter dem Hakenkreuz. Ausländische Zivilarbeiter, Kriegsgefangene und Häftlinge im Deutschen Reich und im besetzten Europa 1939-1945, Stuttgart, München 2001, S. 223, zit. als: Spoerer. *Ulrich Herbert*, Fremdarbeiter. Politik und Praxis des „Ausländer-Einsatzes" in der Kriegswirtschaft des Dritten Reiches, Neuaufl., Bonn 1999, S. 11, 45, zit. als: Herbert, Fremdarbeiter.

wie überall auf Deutschlands Sportplätzen. In den Kriegsjahren wurde die Halle als Kriegsgefangenenlager benutzt, bis sie 1944 in Flammen aufging."[3]

In der Festschrift zum 50-jährigen Jubiläum ließ die Westfalenhalle GmbH zwar einen Zeitzeugen sprechen, der als Zivilangestellter im damaligen Stalag gearbeitet hatte, die Geschichte des Kriegsgefangenenlagers war aber erneut kein Thema.[4] Anlässlich des 75-jährigen Jubiläums der Westfalenhalle erschien im Jahre 2000 eine Chronik, in der die Existenz des Kriegsgefangenenlagers in der Westfalenhalle zwar mehrmals erwähnt wird, jedoch ohne dass seine historische Bedeutung erläutert und entsprechend gewürdigt würde; dies geschah erst mit der zweiten Auflage im Jahre 2010.[5] Auf Nachfragen von Journalisten bezüglich der Lücken in der Chronik und der möglichen Formen eines Gedenkens an die Kriegsgefangenen seitens der Westfalenhallen Dortmund GmbH reagierte diese zunächst ausweichend.[6]

Auch im Ausstellungskatalog „Widerstand und Verfolgung in Dortmund"[7] findet sich kein Hinweis auf das Stalag VI D. In einer Veröffentlichung über Zwangsarbeit in Deutschland berichtete der damalige Leiter des Stadtarchivs Dortmund lediglich am Rande über das Stalag VI D.[8] Während es in vielen deutschen Städten mittlerweile Bücher zum Thema Zwangsarbeit[9] und Kriegsgefangenschaft gibt, erledigte die Stadt Dortmund dieses historische Kapitel mit einer kleinen Veröffentlichung, die einen ersten Aufsatz über die Geschichte des Stalag VI D enthält.[10]

Im November 2004 wurde ein Dokumentarfilm mit dem Titel „Wahrzeichen ohne Gedenken – Kriegsgefangenschaft in der Westfalenhalle" im Dortmunder Bürgersender „Florian TV" vorgestellt. Zwei Journalistik-Studenten der Universität

3 *D.S.*, 25 Jahre Westfalenhalle. Streiflichter einer großen Veranstaltungstradition, in: Dortmund. Blick in die Stadt. „Olympia ruft" - 25 Jahre Westfalenhalle, Offizielles Wochenprogramm für Fremdenverkehr, Kultur, Kunst, Kongresse, Tagungen, Ausstellungen, Mode und Sport, Amtliches Organ des Städtischen Verkehrs- und Presseamtes der Stadt Dortmund u. a., 2. Jg., Nr. 3, 1. – 15.2.1952, Dortmund 1952, S. 12-15, hier S. 15. Die 1953 erschienene Veröffentlichung der Westfalenhalle AG zeigt lediglich eine Abbildung der zerstörten Westfalenhalle mit falscher Datierung. Dortmund Westfalenhalle. Arena der Sensationen, Westfalenhalle AG, *Verkehrs- und Presseamt der Stadt Dortmund (Hg.)*, Dortmund [1953].

4 1925-1975. 50 Jahre Westfalenhalle Dortmund. Ihre Geschichte und die Geschichten am Rande, *Westfalenhalle GmbH Dortmund (Hg.)*, Dortmund 1975, S. 29.

5 Mit den Materialien des Aktenarchivs der Westfalenhalle AG wurde für die 1. und 2. Auflage (2000/2010) der Chroniken der Westfalenhallen gearbeitet.

6 Jochen Müter, Benjamin Wassen, do1 – UniVerselles StadtFernsehen für Dortmund im DOM an die Westfalenhallen Dortmund GmbH, 12.7.2004. Westfalenhallen Dortmund GmbH an Jochen Müter, Benjamin Wassen, do1 – UniVerselles StadtFernsehen für Dortmund im DOM, 19.7.2004 (Schreiben im Besitz von Jochen Müter).

7 *Günther Högl (Hg.)*, Widerstand und Verfolgung in Dortmund 1933-1945. Katalog zur ständigen Ausstellung in der Mahn- und Gedenkstätte Steinwache, 2. überarbeitete Aufl., Veröffentlichungen des Stadtarchivs Dortmund, Bd. 17, Dortmund 2002, zit. als: Högl, Widerstand und Verfolgung.

8 *Günther Högl*, Städtische Überlieferung und Ersatzüberlieferung zur Zwangsarbeit in Dortmund, in: Zwangsarbeit in Deutschland 1939-1945, Archiv- und Sammlungsgut, Topographie und Erschließungsstrategien, *Wilfried Reininghaus, Norbert Reimann (Hg.)*, Bielefeld, Gütersloh 2001, S. 97-104, hier S. 100.

9 *Elisabeth Tillmann*, Zum Reichseinsatz nach Dortmund. Das Schicksal französischer Zwangsarbeiter im Lager Loh 1943-1945, Dortmund 1995, zit. als: Tillmann, Reichseinsatz. Weitere Aufsätze von Elisabeth Tillmann in: Zwang und Zuwendung, Katholische Kirche und Zwangsarbeit im Ruhrgebiet, *Baldur Hermans (Hg.)*, Bochum 2003.

10 *Regina Mentner*, Das Kriegsgefangenenlager in der Westfalenhalle – Eine Spurensuche, in: Heimat Dortmund, „Ich wurde nach Dortmund gebracht..." – Zwangsarbeit in Dortmund (1939-1945), *Historischer Verein für Dortmund und die Grafschaft Mark e.V. unter Mitwirkung des Stadtarchivs (Hg.)*, 3/2002, Dortmund, S. 23-25, zit. als: Mentner, Heimat Dortmund.

Dortmund, Jochen Müter und Benjamin Wassen, hatten in einjähriger Arbeit Filmdokumente und historische Fotos zusammengetragen, um die Geschichte des Stalag VI D in einem Dokumentarfilm zu präsentieren.[11] Sie machten u. a. zwei ehemalige italienische Kriegsgefangene in Como/Italien ausfindig und befragten sie über ihre Zeit in Dortmund.[12] Bis zu diesem Zeitpunkt schien vor allem die identitätsstiftende Funktion der Halle für die Westfalen-Metropole Dortmund zu zählen.[13] Danach setzte allmählich eine Veränderung ein, zunehmend wurde an das Lager in der Westfalenhalle erinnert und seine Existenz gewürdigt. Auf der Grundlage der historischen und journalistischen Recherchen nahm das Stadtarchiv Dortmund am bundesweiten Wettbewerb um den History Award 2006[14] teil und erhielt eine besondere Anerkennung für das Projekt: „Kriegsgefangene in Dortmund (STALAG VI D)". Unter mehr als 100 Einsendungen erreichte der Beitrag die Finalrunde mit einem Platz unter den ersten zehn.

Um die Erinnerung an das Stalag VI D ins öffentliche Gedächtnis der Stadt Dortmund sowie seiner Bürgerinnen und Bürger zu bringen, wurde im Oktober 2005 ein Antrag beim Ausschuss für Bürgerdienste, öffentliche Ordnung, Anregungen und Beschwerden der Stadt Dortmund gestellt, der folgende Anregungen bezüglich der Aufarbeitung enthielt: Es sollte an den Westfalenhallen ein Gedenk- und Erinnerungsstein aufgestellt werden, der die Geschichte des Stalag VI D und das Schicksal der Kriegsgefangenen würdigt, und in der Ausstellung der Mahn- und Gedenkstätte Steinwache sollte über das Stalag VI D informiert werden. Ferner wurde die Arbeit an einer wissenschaftlichen Veröffentlichung von der Stadt Dortmund und der Westfalenhallen GmbH begrüßt.[15] Der Antrag wurde am 31. Januar 2006 in öffentlicher Sitzung des Dortmunder Stadtrates mit einem positiven Ergebnis verhandelt.[16] Am 5. April 2007 (Gründonnerstag) erfolgte im Rahmen der jährlichen Gedenkveranstaltung zu den so genannten Karfreitagsmorden[17] in der Bittermark und im Rombergpark die Gedenksteinsetzung vor der Westfalenhalle. Die Finanzierung des aufgestellten Findlings mit Bronzeplatte, die nachstehenden Text enthält, übernahm die Westfalenhallen Dortmund GmbH.[18]
Der Text auf der Tafel des Gedenksteines lautet:

11 Jochen Müter, Benjamin Wassen (Diplom-Journalisten an der Universität Dortmund, Institut für Journalistik), Dokumentationsfilm „Wahrzeichen ohne Gedenken. Kriegsgefangenschaft in der Westfalenhalle", 2004. Siehe: Westfälische Rundschau, Ruhr Nachrichten und Die Tageszeitung/ Ruhr vom 20.11.2004.

12 Es handelt sich um Antonio Scalise und Domenico Piazzo, die durch die Vermittlung von Dr. Valter Merazzi, Leiter des Istituto di Storia Contemporanea di Como, am 13.3.2003 interviewt wurden.

13 Im November 2004 erschien eine Beilage der WAZ und der WR mit dem Titel „Historisches Dortmund", in der zwar die historischen Wurzeln der Westfalenhalle beschrieben, das Stalag VI D jedoch mit keinem Wort erwähnt wurde.

14 http://www.history.de/unterseiten/history-award/2006/ (24.5.2011).

15 Regina Mentner an den Ausschuss für Bürgerdienste, öffentliche Ordnung, Anregungen und Beschwerden der Stadt Dortmund, 31.10.2005 (Schreiben in Besitz der Verfasserin).

16 Ausschuss für Bürgerdienste, öffentliche Ordnung, Anregungen und Beschwerden der Stadt Dortmund an Regina Mentner, Drucksache-Nr. 03785-05, 9.11.2005 (Schreiben in Besitz der Verfasserin).

17 Im März und April 1945 wurden in der Dortmunder Bittermark und dem Rombergpark annähernd 300 Menschen vor allem von der Gestapo ermordet. Siehe: *Markus Günnewig*, Kriegsende 1945. Massenmord in Dortmund, in: Heimat Dortmund. Stadtgeschichte in Bildern und Berichten. Dortmund 1945. Eine Stadt zwischen Krieg und Frieden, *Historischer Verein für Dortmund und die Grafschaft Mark e.V. unter Mitwirkung des Stadtarchivs (Hg.)*, Ausgabe 1/2015, Dortmund 2015, S. 20-28.

18 Westfalenhallen Chronik, 2010, S. 168ff.

Abb. 01: Gedenkstein vor der Westfalenhalle zur Erinnerung an die Kriegsgefangenen des Stalag VI D, (StadtA Do)

Mahnung und Gedenken
Von 1939 bis 1945 waren im Kriegsgefangenenlager Stalag VI D in der Westfalenhalle und in den angrenzenden Baracken viele Tausend Kriegsgefangene aus zahlreichen Ländern, vorwiegend aus Polen, Belgien, Frankreich, Jugoslawien, der Sowjetunion und Italien interniert. Unter Bruch internationaler Abkommen mussten die Kriegsgefangenen unter menschenunwürdigen Bedingungen Zwangsarbeit in Rüstungs- und Industriebetrieben, auf Zechen und in privaten und kommunalen Unternehmen leisten. Mehrere Tausend Kriegsgefangne starben infolge von Willkürakten, Krankheit, Unterernährung und durch Bombenangriffe, denen sie schutzlos ausgeliefert waren.

Der Gedenkstein wurde in den letzten Jahren zum Ziel internationaler Besucherinnen und Besucher; meist waren es Angehörige ehemaliger Kriegsgefangener, also Kinder, Enkel und entferntere Verwandte. Alle vereinte der Wunsch, den Ort zu sehen, an dem das Stalag VI D stand, etwas über die Lebens- und Arbeitsbedingungen ihrer Angehörigen zu erfahren und in Kenntnis zu bringen, wie es heute um den geschichts- und erinnerungspolitischen Umgang in Dortmund mit diesem Thema bestellt ist.

Am 13. April 2010 besuchten z. B. Angehörige ehemaliger französischer Kriegsgefangener den Gedenkstein und pflanzten tags drauf auf dem Gelände des ehemaligen Stalag VI A in Hemer, auf welchem die Landesgartenschau errichtet worden war, einen Erinnerungsbaum, wo sie auch eine Gedenktafel für die Kriegsgefangenen des Stalag VI A und D setzten. In einem nationalen Netzwerk haben sich Kinder und Enkelkinder ehemaliger französischer Kriegsgefangener organisiert, um Informationen und Fotografien über das Stalag VI D auszutauschen.[19]

Im Jahre 2004 begannen Annelie Klother und Walter Kropp ein Filmprojekt über das Leben französischer Kriegsgefangener (ruhr-cévennes-doc-film). Zwei Filme ihrer

19 http://amicalestalag6a6d.monsite-orange.fr/ und die webside Christiane Batriaud: http://www.

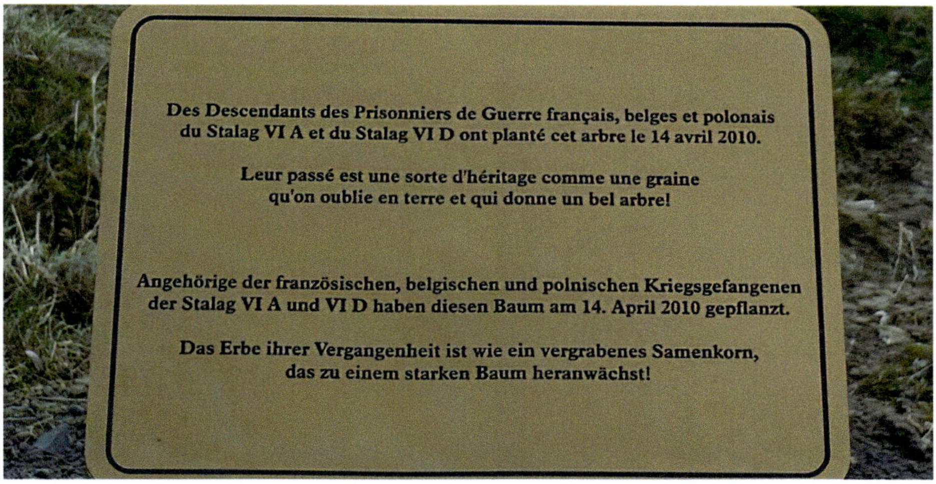

Abb. 02: Angehörige französischer Kriegsgefangener pflanzten auf dem Gelände des ehemaligen Stalag VI A, Hemer, eine Eiche und setzten eine Gedenktafel, 13.04.2010 (R. Mentner)

Kriegsgefangenenreihe sind fertiggestellt und tragen die Titel: „Wessen Feind Marin" *(erster Titel: Das waren doch keine Feinde)* und „Gefangen - und dann. André, René, Laurent – Auf den Spuren französischer Kriegsgefangener".[20] Darin geht es um drei Männer aus dem südfranzösischen Dorf Sumène, die in Dortmund und Werdohl, St. Johann und Salzburg, Ziegenhain und Rawa Ruska in Kriegsgefangenschaft waren.

Auch für Angehörige von Kriegsgefangenen aus der ehemaligen Sowjetunion war der Gedenkstein an das Stalag VI D von Bedeutung und gab 2010 Anlass für einen Besuch in Dortmund. Der Kontakt zu Leonara Kunina aus der Ukraine wurde durch die Jüdische Gemeinde Dortmund vermittelt. Ihr im Jahre 1965 verstorbener Vater, Gregori Goldberg, war 1944 als Kriegsgefangener im Stalag VI D interniert. Die Geschichte der vielen gestorbenen sowjetischen Kriegsgefangenen bedarf noch der Erforschung. Mit großem Elan spürt der erste Vorsitzende des „Historischen Vereins Ar.kod.M. e.V.", Dmitriy Kostovarov aus Dortmund, dem Schicksal umgekommener sowjetischer Kriegsgefangener nach. Akribisch bemüht er sich, auf Dortmunder Friedhöfen Gräber von sowjetischen Kriegsgefangenen zu finden und den Toten ihre Namen wiederzugeben.[21]

Am 7. Mai 2016, einen Tag vor dem 71. Jahrestag der Befreiung vom Faschismus, lud der Förderverein der Gedenkstätte Steinwache zu einer Kranzniederlegung an den Gedenkstein vor der Westfalenhalle ein.[22] Die aufgeführten Beispiele machen deutlich, dass es ein großes Interesse an der Geschichte des Stalag VI D und seiner Insassen aus vielen Nationen gibt.

stalagvia-16032.com/stalag-vi-d-de-dortmund/ (17.8.2014). Siehe auch: www.stalag6a6d.fr. Wie präsent die Geschichte französischer Kriegsgefangener im politischen Leben Frankreichs und Deutschlands noch ist, zeigt u. a. der Komik von *Jacques Tardi*, Ich, René Tardi, Kriegsgefangener im Stalag II B, deutsche Ausgabe, Zürich 2013. Siehe auch: *Josep Murlà*, Edith et Fernand Mathieu, Correspondance de Guerre, Livre 1-3, Edicions Saragossa, 2016, 2017. Entre nous. Association des Descendantes des P.G. des Stalags VI A et VI D, Dortmund: Le VI D, No. 8, Février 2017.

20 Trailer zu diesen Filmen sind zu sehen unter: www.vimeo.com/ruhrcevennesdocfilm und www.klother-kropp-doc-film.eu.

21 Artikel in der Dortmunder Lokalpresse: „Erinnerung für den Frieden", WAZ und WR, 31.10.2014, „Auf der Suche nach den Namen", RN, 5.12.2014, „Den Opfer Namen geben", WR, 16.10.2012, „Gedenken mit Hindernissen", RN, 23.7.2015, RN 2.2.2016. Siehe: www.kriegsopferdaten.de.

22 „Blumen am Gedenkstein", RN 9.5.2016.

Die vorliegende Arbeit gliedert sich in sechs Teile:
Teil I widmet sich allgemein der Geschichte und der Bedeutung der Dortmunder Westfalenhalle, damit deutlich wird, vor welchem regional- und stadtpolitischen Hintergrund das Stalag VI D in der Westfalenhalle eingerichtet wurde. Es schließen sich Ausführungen über die allgemeine Organisation des Kriegsgefangenenwesens im Wehrkreis VI Münster an, zu dem auch Dortmund gehörte. Sie betreffen vor allem die allgemeinen Grundbedingungen für alle Kriegsgefangenen wie ihre Ankunft, ihre Entlohnung, ihre Arbeit in den Arbeitskommandos und ihre Bewachung, ihre Unterkunft, ihre Ernährung und Kleidung, die medizinische Versorgung sowie Aspekte ihrer Freizeit und ihrer Kontaktmöglichkeiten nach „draußen". In **Teil II** wird die Topographie der Westfalenhalle als Stalag VI D in der Zeit von 1939 bis 1941 beschrieben. Da es in diesen zwei Jahren hauptsächlich mit polnischen, belgischen, französischen und serbischen Kriegsgefangenen belegt war, werden, soweit es die Quellenlage ermöglicht, insbesondere deren Ankunft und Unterbringung, ihre medizinische Versorgung, Fluchtmöglichkeiten, Arbeitsbedingungen und Kontaktmöglichkeiten beschrieben. Unter den wenigen Quellen stellt das Tagebuch des polnischen Kriegsgefangenen Stanislaw Fert ein besonderes Dokument dar; der das Stalag VI D betreffende Teil wurde aus dem Polnischen übersetzt und ist hier wiedergegeben. **Teil III** rekonstruiert den mehrjährigen Streit zwischen der Westfalenhalle AG bzw. der Stadt Dortmund einerseits und der Wehrmacht bzw. der Wehrkreisverwaltung VI andererseits über die Höhe des angemessenen Nutzungsentgeltes.[23] Da sich die Parteien nicht einig wurden, sollte der Regierungspräsident in Arnsberg, einen Vergleich herbeizuführen. Dieser Rechtsstreit wurde seit Februar 1943 vor dem 10. Senat des Reichsverwaltungsgerichtes Berlin-Charlottenburg ausgetragen. Das juristische Prozedere stand der Wiedereröffnung der Westfalenhalle am 29. Januar 1943 nicht im Wege. **Teil IV** widmet sich den Lebens- und Arbeitsbedingungen der sowjetischen Kriegsgefangenen und der so genannten Italienischen Militärinternierten (IMI) im Stalag VI D in der Zeit von 1941 bis 1945. Beschreibungen, wie sich Kriegsgefangene während des Krieges vor Luftangriffen schützen konnten, schließen diesen Teil. **Teil V** beschreibt die Situation psychisch erkrankter Kriegsgefangener des Stalag VI D und ihren Aufenthalt in der Provinzial-Heilanstalt in Dortmund-Aplerbeck. In **Teil VI** werden die Situation nach Kriegsende und die Versuche der juristischen Aufarbeitung möglicher Verbrechen im Stalag VI D herausgearbeitet. In abschließenden **Anhängen** werden die Baugeschichte des Stalag VI D chronologisch dokumentiert sowie Nationalitäten und Zahl der Kriegsgefangenen im Stalag VI D Dortmund von 1939 bis 1945 zusammengefasst.

Quellen und Literatur

Die Erforschung der Geschichte des Stalag VI D ist teils wegen befehlsgemäßer Vernichtung der Akten, teils wegen Kriegsschäden der Archive schwierig.[24] Bisher wurde lediglich die

23 Bundesarchiv Berlin (zit. als: BArch), R 122, X. Senat, 1404.

24 Auskunft des Bundesarchivs-Militärarchiv, Freiburg (zit. als: BAMA), Schreiben vom 2.8.2002 an Regina Mentner; StadtA Do, 167/01-123, Bd. 3, Titel: Kriegsgefangenenfriedhof/Bestattung ausländischer Arbeiter enthält die Notiz auf dem Deckblatt, dass Band 1 und 2 bei dem Luftangriff am 6.10.1944 vernichtet wurden. Weitere Hinweise auf vernichtete Akten durch Luftangriffe in: StadtA Do, 167/01-30 und 120-Zg. 42/1965-40.

medizinische Versorgung der Kriegsgefangenen als Teilaspekt der Lebensbedingungen im Stalag VI D aufgearbeitet.[25] Die vorliegende Untersuchung ist die erste Arbeit, die sich auf Basis aller erreichbaren Quellen der kompletten Geschichte des Kriegsgefangenenlagers Stalag VI D widmet. Dabei handelt es sich vorwiegend um Splitterfunde, Faszikel und Einzeldokumente aus Archiven und Dokumentationsstätten. Eine wichtige Quelle stellten Tagebücher und Erinnerungen ehemaliger Kriegsgefangener bzw. Militärinternierter aus Polen, Belgien, Frankreich, der Sowjetunion und aus Italien dar.[26]

Das Stadtarchiv Dortmund besitzt nur eine äußerst lückenhafte Aktenüberlieferung.[27] Einzelne Fakten lieferte u. a. die „Dortmunder Kriegschronik".[28] Das ansonsten gut sortierte alte Archiv des Bauordnungsamtes der Stadt Dortmund wies gerade für den Zeitraum des Zweiten Weltkrieges eine Lücke im Bestand Hindenburgdamm 200, der damaligen Adresse der Westfalenhalle, auf.[29] Das Archiv der alten Westfalenhalle AG wurde bei der Zerstörung der Westfalenhalle am 22./23. Mai 1944 größtenteils vernichtet. Ein Rest von 16 Akten, die den Zeitraum der Jahre 1925 bis 1950 betreffen, besteht überwiegend aus kopierten Zeitungsartikeln, Grundbucheintragungen und Geschäftsberichten.[30] Ein relevanter Teil der Buchungsunterlagen, die Kassenbücher und die Lagerkartei, die sich ebenfalls in der Westfalenhalle befanden, wurden am 13. April 1945 infolge von Brandstiftung vernichtet.[31]

Eine wichtige Akte über den Rechtsstreit zwischen der Westfalenhalle AG bzw. der Stadt Dortmund einerseits und der Wehrmacht bzw. der Wehrkreisverwaltung VI andererseits über die Höhe und Zahlung des angemessenen Nutzungsentgeltes für die

[25] *Regina Mentner*, Medizinische Versorgung in Stammlagern: Zwangsarbeitende und Kriegsgefangene im Stalag VI D Dortmund, in: *Andreas Frewer, Bernhard Bremberger, Günther Siedbürger (Hg.)*, Der „Ausländereinsatz" im Gesundheitswesen (1939-1945). Historische und ethische Probleme der NS-Medizin, Stuttgart 2009, S. 67-96, zit. als: Mentner, Medizinische Versorgung.

[26] Erinnerungen von Stanislaw Fert, Stiftung niedersächsische Gedenkstätten, Dokumentationsstelle Widerstand und Verfolgung 1933-35 auf dem Gebiet des Landes Niedersachsen (Celle). *Anatolij Aslanow*, Von der Wolga an die Ruhr. Begegnungen mit Deutschen in Krieg und Frieden, Köln 1987, S. 51, zit. als: Aslanow. *Giuseppe Barbero*, Kreuz hinter Drahtverhau (Erlebnisse aus der Gefangenschaft), aus dem Italienischen von Marianne Hahn (die Originalausgabe erschien unter dem Titel „La croce fra i reticolati. Vicende di prigionia", Torino 1946, 2. Aufl. 1995), in: *Hagener Geschichtsverein e.V. (Hg.)*, So wie es eigentlich gewesen. Erinnerungen Hagener Zeitzeugen, Teil 2, Hagener Geschichtshefte Nr. 5, Hagen 2002, S. 17-92, zit. als: Barbero. Giacomo Cimarelli, Il Diario (Das Tagebuch), Kopie eines Auszuges des Tagebuches von Giacomo Cimarelli vom 5.10.1943 – 8.4.1945 in Besitz der Verfasserin. Original in: Istituto storica della resistenza in Toscana, Busta 04, Fasc. 30, zit. als: Cimarelli.

[27] Siehe StadtA Do, Bestand 120-Zg. 42/1965-40 und 120-Zg. 25/1968-98. Das britische Bombardement auf Dortmund am 22./23.5.1944 zerstörte die Räume des Stadtarchivs. Trotz Auslagerungen der Archivalien verlor das Archiv 70 Prozent seiner Bestände infolge der unmittelbaren Nachkriegsereignisse. *Gustav Luntowski, Günther Högl, Thomas Schilp, Norbert Reimann*, Geschichte der Stadt Dortmund, *Stadtarchiv Dortmund (Hg.)*, Dortmund 1994, S. 455, zit. als: Luntowski u. a., Geschichte der Stadt Dortmund.

[28] *Hermann-Josef Bausch*, Luise von Winterfeld, Direktorin des Dortmunder Stadtarchivs, als amtliche Chronistin für die „Dortmunder Kriegschronik", in: Heimat Dortmund, *Historischer Verein für Dortmund und die Grafschaft Mark e.V. unter Mitwirkung des Stadtarchivs (Hg.)*, 1/1995, S. 13-20. Die Kriegschronik befindet sich im StadtA Do, Bestand 424.

[29] Zwei Akten dieses Archives, die den Zeitraumes 1939-1945 umfassten, waren ausgeliehen und aus unerklärlichen Gründen nicht mehr aufzufinden. Trotz intensiver Recherche der Verfasserin und Nachfragen beim damaligen Oberbürgermeister Langemeier blieben sie unauffindbar.

[30] Die Akten des Archivs der Westfalenhalle AG wurden im Jahre 2015/16 dem Westfälischen Wirtschaftsarchiv (WWA) Dortmund übergeben, dort professionell aufgearbeitet und im Bestand F 211 verzeichnet. Siehe: Nachricht auf der Mailingliste Geschichtskultur Ruhr, 30.11.2015.

[31] StadtA Do, 167/01-30 und 120- Zg. 42/1960-40.

Westfalenhalle befindet sich im Bundesarchiv in Berlin. Sie besteht aus zwei Teilen: den Unterlagen des X. Senats des Reichsverwaltungsgerichtes in Berlin Charlottenburg und dem Schriftwechsel zwischen dem Regierungspräsidenten in Arnsberg und der Stadt Dortmund bzw. der Westfalenhalle AG.[32]

Die Berichte über Lagerbesichtigungen des Internationalen Komitees vom Roten Kreuz (IKRK)[33] von 1940 bis 1945, der Kriegsgefangenenhilfe des Weltbundes des Y.M.C.A. (Young Men's Christian Association, deutsch: Christlicher Verein Junger Menschen, CVJM)[34] von 1941 bis 1942 sowie des Service Diplomatique des Prisonniers de Guerre (SDPG, Diplomatischer Dienst für französische Kriegsgefangene in Deutschland)[35] aus dem Jahre 1941 sind weitere wichtige Quellen. Sie sind jedoch wegen ihres Charakters mit besonderer Vorsicht zu bewerten.[36] So durften die Berichte nicht zu kritisch sein, da sie ansonsten die Zusammenarbeit mit den Deutschen und die Betreuung der Kriegsgefangenen gefährdet hätten. Außerdem kontrollierten die entsandten französischen Kommissionen im Rahmen der sogenannten Mission Scapini lediglich die Lebens- und Arbeitsbedingungen belgischer und französischer Kriegsgefangener.

Zwischen dem IKRK und dem Y.M.C.A., beide in Genf ansässig, existierte eine Art Arbeitsteilung. Das IKRK kontrollierte und versorgte die Kriegsgefangenen mit grundsätzlichen materiellen Bedarfen wie medizinischem Material, Heizmaterial und Kleidung. Begutachtet wurden im wesentlichen folgende Aspekte: das Lager im Allgemeinen, die Belegung, die Unterbringung, der Arbeitseinsatz und die Entlohnung, einzelne Arbeitskommandos und die Bewachung, die Ernährung und die Kantine, die Kleidung, die medizinische Versorgung durch den Sanitätsdienst im Lazarett und den sogenannten Krankenstuben,[37] die hygienischen Bedingungen und die Korrespondenz. Der Y.M.C.A. war dagegen zuständig für die Unterstützung der Kriegsgefangenen bei ihren körperlichen, intellektuellen und religiösen Aktivitäten.

32 BArch, R 122, X. Senat, 1404.

33 Die Berichte des Internationalen Komitees vom Roten Kreuz (IKRK) befinden sich in dessen Archiv in Genf, Archives du Comité international de la Croix-Rouge (zit. als: ACICR). Folgende Berichte wurden eingesehen: Besuche des Aufnahmelagers VI D, 13.6.1940, 15.11.1940, 21.10.1941, 25.9.1942, 11.2.1943, 12.9.1943, 26.7.1944, 20.2.1945, ACICR, C SC, Service des camps, Allemagne, WK VI, RT. Folgende Besichtigungsberichte des IKRK befindet sich im Politischen Archiv des Auswärtigen Amtes, Berlin (zit. als: PAAA): Bericht vom 28.11.1941, R 40974, Bericht vom 26.7.1944, R 40980, Bericht vom 20.2.1945, R 40977.

34 Berichte der Kriegsgefangenenhilfe des Weltbundes des Y.M.C.A. befinden sich im PAAA. Folgende Berichte des Reise-Sekretärs Karl S. Schmid über Besuche des Stalag VI D wurden eingesehen: 26.3.1941, R 40706a; 12.5.1941, R 40973; 6.10.1941, R 40975; 18.2.1942, R 40976; 19.6.1942, R 40978. Schmid verfasste weiterhin Berichte über Besuche bei Arbeitskommandos serbischer Kriegsgefangener am 26.4.1942 und 15.6.1942, R 40978.

35 Berichte des Diplomatischen Kriegsgefangenen Dienstes befinden sich PAAA. Folgende Berichte wurden eingesehen: Bericht des Diplomatischen Kriegsgefangenendienstes, Besichtigung des Stalag VI D u. a. durch Leutnant Schade und Lagerkommandant Eck, 14.2.1941, R 40768; Bericht des Diplomatischen Kriegsgefangenen Dienstes, Besichtigung des Stalag VI D durch den Delegierten A. Gourmel und dem begleitenden Offizier Hauptmann Dr. Beckmann, 30.7.1941, R 40988; Bericht über die Besichtigung des Stalag VI D Dortmund durch den Delegierten A. Gourmel und dem begleitenden Offizier Hauptmann Dr. Beckmann, 29.9.1941; Bericht über die Besichtigung des Stalag VI D Dortmund durch den Delegierten Hauptmann Devaux und A. Gourmel und dem begleitenden Offizier Rittmeister von Friedberg, 08.11.1941, R 40990.

36 Eine übergreifende Untersuchung über die grundsätzliche Rolle des Internationalen Komitees vom Roten Kreuz und des Diplomatischen Kriegsgefangenendienstes in Bezug auf ihre Inspektionstätigkeit von Kriegsgefangenenlagern fehlt bisher.

37 Die Bezeichnung „Krankenstuben" meint Krankenbaracken bzw. Krankenstationen

Die Organisation kümmerte sich um den Einsatz von Pfarrern, die Ausstattung der Bibliothek, die Bildung, Sportartikel, Instrumente für ein Orchester und Kostüme sowie Bühnenbilder für Theateraufführungen.[38]

Weitere Aktenbestände über die Situation der französischen Kriegsgefangenen befinden sich im französischen Nationalarchiv in Paris. Dabei handelt sich v. a. um Aktenbündel, die die allgemeine Situation in den Lagern im Wehrkreis VI[39] betreffen, Dossiers speziell über das Stalag VI D,[40] Berichte, die aus der Kontrolle der Post französischer Kriegsgefangener entstanden sind,[41] sowie um Berichte ehemaliger Kriegsgefangener, die nach dem Krieg von einer historischen Kommission in Paris gesammelt wurden.[42] Hervorzuheben sind die Exemplare der Lagerzeitung des Stalag VI D „Le Clos" mit Berichten aus einzelnen Arbeitskommandos.[43] Insgesamt ist die Quellenlage für die französischen Kriegsgefangenen gut, da sie aus den umfassenden Kontrollen des kollaborierenden Vichy-Frankreich resultieren, die wiederum auf die vergleichsweise guten Arbeits- und Lebensbedingungen der französischen Kriegsgefangenen verweisen.

Die Kontakte der Kriegsgefangenen mit der Welt außerhalb der Lager und Arbeitsstätten wurden sanktioniert, verfolgt und bestraft und fanden ihren schriftlichen Niederschlag in den Akten des Sondergerichts Dortmund. Sie stellen eine besondere Quelle dar, da sie deutlich machen, wie das Leben der Kriegsgefangenen staatspolizeilich reglementiert wurde.[44]

Es gibt nur wenige Fotografien des Stalag VI D und von in Dortmund eingesetzten Kriegsgefangenen. Den Kriegsgefangenen selbst war das Fotografieren verboten. Die in dieser Arbeit verwandten Fotos stammen u. a. aus dem Stadtarchiv Dortmund, dem russischen Staatsarchiv GARF in Moskau, dem Regionalverband Ruhr in Essen und dem Archiv des Internationalen Komitees vom Roten Kreuz in Genf.

Die allgemeine Literatur über Kriegsgefangenschaft im Deutschen Reich und über einzelne Kriegsgefangenengruppen ist relativ umfangreich. Sie ist in den 1990er Jahren im Zusammenhang mit Veröffentlichungen über den Arbeitseinsatz ehemaliger NS-Zwangsarbeiterinnen und Zwangsarbeiter angewachsen. Seit der zweiten Hälfte der 1970er Jahre war vor allem die Situation der sowjetischen Kriegsgefangenen in den Fokus der Forschung gelangt. Es liegen mehrere Arbeiten zu einzelnen Kriegsgefangenengruppen sowie eine ganze Reihe von Lokalstudien zu einzelnen Lagern im Deutschen Reich vor.[45] Besonders hervorzuheben ist die Dissertation

[38] Berichte des Y.M.C.A. siehe FN 34.

[39] Archives Nationales, Paris, F/9/2878-2879, F/9/2714.

[40] Archives Nationales, Paris, F/9/2680, F/9/2880.

[41] Archives Nationales, Paris, F/9/2914.

[42] Archives Nationales, Paris, 72AJ/298.

[43] Archives Nationales, Paris, F/9/2897.

[44] LAV NRW W, Sondergericht Dortmund. Zu diesem Themenkomplex: *Volker Schockenhoff*, NS-Politik und „Volksempfinden. Zwangsarbeiter und Kriegsgefangene in Westfalen 1939-1945, in: *Peter Johanek (Hg.)*, Westfalens Geschichte und die Fremden, Kolloquium der Historischen Kommission für Westfalen am 28. und 29. Januar 1994 in Münster, Münster 1994, S. 112-127.

[45] Arbeiten zu einzelnen Kriegsgefangenengruppen u. a.: *Jens Nagel, Jörg Osterloh*, Wachmannschaften in Lagern für sowjetische Kriegsgefangene (1941-1945), in: Beiträge zur Geschichte des Nationalsozialismus, Bd. 16, „Durchschnittstäter", *Christoph Dieckmann, Christian Gerlach, Wolf Gruner u. a. (Hg.)*, Berlin 2000, S. 89. *Rolf Keller, Silke Petry (Hg.)*, Sowjetische Kriegsgefangene im Arbeitseinsatz 1941-1945. Dokumente zu den Lebens- und Arbeitsbedingungen in Norddeutschland, Schriftenreihe der Stiftung Niedersächsische

von Gabriele Hammermann, welche die Arbeits- und Lebensbedingungen der Italienischen Militärinternierten erforschte und vielfältige Hinweise auf Dortmunder Lager und Firmen liefert.[46]

Einen Eindruck von dem während der Kriegsgefangenschaft in Deutschland erlebten Leid vermitteln die von KONTAKTE-KOHTAKTbl e.V.[47] hergestellten Briefkontakte zu ehemaligen sowjetischen Kriegsgefangenen. Nachdem 2003 die Rechtsschutzanträge ehemaliger sowjetischer Kriegsgefangener vom Berliner Verwaltungsgericht und danach vom Oberverwaltungsgericht Berlin zurückgewiesen worden waren, rief der Verein, insbesondere Eberhard Radczuweit, zu Spenden für die vom Gesetzgeber nicht berücksichtigten ehemaligen Kriegsgefangenen auf. Etwa 20.000 ehemalige sowjetische Kriegsgefangene hatten Anträge auf „kompensaciya" gestellt, also Kompensation für zugunsten der deutschen Kriegswirtschaft geleisteten Zwangsarbeit. Als Antwort erhielten sie gleich lautende, amtliche Schriftstücke mit Verweis auf deutsches Recht (§11 Abs. 3 StiftG), in dem erklärt wurde, dass Kriegsgefangenschaft keine Leistungsberechtigung begründe. Als Geste der Anerkennung für das erlittene Unrecht erhielten die Antragsteller von KONTAKTE-KOHTAKTbl zumindest eine Spende von je 300 Euro. Die Spende wurde mit einem Brief angekündigt, der in vielen Fällen ausführlich beantwortet wurde. Einige der so Beschenkten schilderten in den Antwortbriefen ihre Erinnerungen an die Kriegszeit, darunter waren auch ehemalige Kriegsgefangene aus Dortmunder Lagern. Übersetzungen der Briefe wurden ab Juni 2006 wöchentlich in den so genannten „Freitagsbriefen" publiziert.[48]

Gedenkstätten, Bd. 2, Göttingen 2013, zit. als: Keller/Petry, Sowjetische Kriegsgefangene. *Reinhard Otto, Rolf Keller, Jens Nagel*, Sowjetische Kriegsgefangene in deutschem Gewahrsam 1941-1945, Zahlen und Dimensionen, in: Vierteljahreshefte für Zeitgeschichte, Bd. 4, München 2008, S. 557-602. *Rolf Keller*, Sowjetische Kriegsgefangene im Deutschen Reich 1941/42. Behandlung und Arbeitseinsatz zwischen Vernichtungspolitik und kriegswirtschaftlichen Erfordernissen, Göttingen 2011. Lokalstudien zu einzelnen Lagern u. a.: *Andreas Ehresmann (Hg.)*, Das Stalag X B Sandbostel. Geschichte und Nachgeschichte eines Kriegsgefangenenlagers. Katalog zur Dauerausstellung, München 2015. *Uwe Mai*, Kriegsgefangene in Brandenburg. Stalag III A in Luckenwalde 1939-1945, Berlin 1999. *Barbara Stelzl*, Im Gewahrsam des „Dritten Reiches": Aspekte der Kriegsgefangenschaft dargestellt am Beispiel des Stalag XVII B Krems-Gneixendorf, in: *Günter Bischof/Rüdiger Overmans*, Kriegsgefangenschaft im Zweiten Weltkrieg. Eine vergleichende Perspektive, Ternitz 1999, S. 135-163.

46 *Gabriele Hammermann*, Zwangsarbeit für den „Verbündeten". Die Arbeits- und Lebensbedingungen der Italienische Militärinternierten in Deutschland 1943-1945, Bibliothek des Deutschen Historischen Institutes in Rom, Bd. 99, Tübingen 2002, zit. als: Hammermann. Hammermann arbeitete u. a. mit Interviews ehemaliger IMI des Stalag VI D. Des Weiteren wertete sie Memoiren und Tagebücher aus, in denen das Stalag VI D erwähnt wurde: Giuseppe Lo Conte, Vita nel Lager 1234, Dalla Cattura alla libertà, Milano 1978; Tullio Odorizzi, Un seme d'oro. Vicende d'un internato militare nei lager nazisti, Trento 1984; Guerrino Vangelista, Oltre il filo spinato, Roma 1961; Siehe Barbero, a.a.O. Siehe auch: *Gerhard Schreiber*, Die Italienischen Militärinternierten in Deutschland 1943 bis 1945. Verraten, verachtet, vergessen, Baden-Baden 1989, zit. als: Schreiber.

47 http://www.kontakte-kontakty.de/index.php (30.7.2011).

48 https://kontakte-kontakty.de/freitagsbriefe/ - Briefe von ehemaligen sowjetischen Kriegsgefangenen, die in einem Dortmunder Kriegsgefangenenlager interniert waren: 31. Freitagsbrief (FB) vom 19.1.2007; 33. FB vom 9.2.2007; 44. FB vom 11.5.2007; 164. FB vom 24.7.2009; 166. FB vom 9.1.2009; 294. FB vom 11.5.2011.

Teil 1: Die Westfalenhalle und das Kriegsgefangenenwesen

Die Westfalenhalle Dortmund von 1925 bis 1939

Der Bau der Dortmunder Westfalenhalle hatte schon im Vorfeld große wirtschaftliche und politische Bedeutung für die Stadt. Seit Anfang der 1920er Jahre plante die Stadt Dortmund die Errichtung einer großen Mehrzweckhalle in Konkurrenz zu den Nachbarstädten und in der Hoffnung auf neue wirtschaftliche Impulse. Ihr Bauantrag wurde am 9. Dezember 1924 vom zuständigen Bezirksausschuss des Regierungsbezirks Arnsberg genehmigt.[1] Für den Bau und den Betrieb der Halle gründete die Stadt Dortmund daraufhin am 3. März 1925 die Westfalenhalle AG.[2] Die Westfalenhalle sollte im Süden der Stadt[3] als Gegenpol zur Nordstadt gebaut werden, wobei die günstigen Anbindungen an das städtische Verkehrsnetz genutzt werden sollten. Geplant war sie als Veranstaltungs-, Vergnügungs- und Ausstellungszentrum zur „Erhaltung und Wiederherstellung der Volksgesundheit in den industriellen Ballungsgebieten".[4] Sport-, Grün- und Erholungsanlagen sollten für ein besseres Leben in den Arbeiterstädten des Ruhrgebietes sorgen. In diesem Kontext war die Westfalenhalle als Teil des städtischen Dortmunder „Volksparks" von Stadtbaurat Hans Strobel[5] konzipiert worden. Der geplante Volkspark umfasste außer der Halle die Volks-Wiese, mehrere Fußballplätze wie die Kampfbahn Rote Erde (eröffnet am 6. Juni 1926), ein Schwimmbad, ein Licht- und Luftbad, Tennisplätze und eine Kleingartenanlage. Die Gesellschafter und Gründungsmitglieder der Westfalenhalle AG waren die Stadtgemeinde Dortmund und vier ihrer Unternehmungen: die Straßenbahn GmbH, die Vereinigten Elektrizitätswerke GmbH, die Wasserwerks GmbH und die AG Gasbeleuchtung.

Bei der Gründung der Westfalenhalle AG übernahm Stadtoberinspektor Oskar Horstmöller die alleinige Direktion und den Vorsitz des Aufsichtsrates.[6] Mitte April 1925 erfolgte der Baubeginn der Halle. Die als Holzkonstruktion gefertigte Westfalenhalle

[1] Westfalenhallen Chronik, 2010, S. 47.

[2] Handbuch der Deutschen Aktiengesellschaften, Ausgabe 1925 I, Berlin 1925, 2421f. Feststellung des Gesellschaftervertrages und der Satzung, 3.3.1925, Eintrag ins Handelsregisterblatt, 10.3.1925, Geschäftsstelle, Dortmund, Betenstrasse 28, Akten des Amtsgerichts Dortmund betreffend Westfalenhalle AG, HRB 1350, Bd. I (1925-1932).

[3] Dipl. Ing. Hans Strobel entwarf und geförderte das von der Stadt Dortmund getragene Volkspark-Konzept, eine Mischung zwischen Volkspark (Park- und Kleingartenanlage) und Sportpark („Kampfbahn Rote Erde", Volksbad). *Ralf Ebert, Michael Schneider*, Das Dortmunder Volkspark-Konzept: Mehr Sportanlage als Volkspark? in: 8 Stunden sind kein Tag. Freizeit und Vergnügen in Dortmund 1870 bis 1939, *Gisela Framke (Hgin.)*, Heidelberg 1993, S. 153-161.

[4] Westfalenhallen Chronik, 2010, S. 41.

[5] *Renate Kastorff-Viehmann, Yasemin Utku, Stadtbaurat Hans Strobel, Dortmund.* Architekt und Städtebauer (1881–1953). Dortmund 1998.

[6] Protokoll der Hauptversammlung am 26.9.1941, Akten des Amtsgerichts Dortmund betreffend Westfalenhalle AG, HRB 1350, Bd. II (1933-1942).

Abb. 03: Westfalenhalle 28.08.1927, StadtA Do

mit einer Größe von 110 x 86 Metern und einer Gesamthöhe von 24,5 Metern wurde am 28. November 1925 eingeweiht und eröffnet. Das Halleninnere umfasste fast 10.000 Quadratmeter und bot Platz für circa 12.000 Menschen.[7] Die Bedeutung der Westfalenhalle für die Stadt Dortmund hatte ideelle, kulturelle, wirtschaftliche und werbemäßige Gründe.[8] Nach Einschätzung des Regierungspräsidenten in Arnsberg diente die Westfalenhalle der Repräsentation und vor allem der Verkehrs- und Wirtschaftswerbung der Stadt Dortmund.[9]

In den ersten Jahren nach der Einweihung wurde die Halle vorrangig für Sportveranstaltungen, aber auch für gewerbliche und kulturelle Veranstaltungen, Shows, Messen, Ausstellungen sowie politische Kongresse und Tagungen genutzt. Seit der Gründung der Westfalenhalle AG waren einflussreiche Persönlichkeiten der städtischen Verwaltung und der Wirtschaftsbetriebe Dortmunds in Vorstand und Aufsichtsrat der AG vertreten. Nach dem Regierungsantritt der Nationalsozialisten erhielten vor allem NSDAP-Mitglieder Anstellungen und politischen Einfluss in diesen beiden Gremien. Am 25. Juli 1933 wurde auf Grund des „Gesetzes zur Gleichschaltung der Aufsichtsräte von Körperschaften des öffentlichen Rechtes" vom 15. Juni 1933[10] und des „Gesetzes gegen die Neubildung von Parteien" vom 14. Juli 1933 [11] der

7 Akten des Amtsgerichts Dortmund betreffend Westfalenhalle AG, HRB 1350, Bd. I (1925-1932); Westfalenhallen Chronik, 2010, S. 48, 55, 57f, 66.

8 Der Dortmunder Oberbürgermeister an den Regierungspräsidenten Arnsberg, 24.4.1940, BArch, R 122, X. Senat, 1404.

9 Der Regierungspräsident, Arnsberg, an den Dortmunder Oberbürgermeister und an die Wehrkreisverwaltung VI, Münster, 14.8.1940, BArch, R 122, X. Senat, 1404.

10 Gesetz zur Gleichschaltung der Aufsichtsräte von Körperschaften des öffentlichen Rechts vom 15.6.1933, in: Reichsgesetzblatt, Teil 1, Nr. 65, 19.6.1933, Berlin, S. 271.

11 Gesetz gegen die Neubildung von Parteien vom 14.7.1933, in: Reichsgesetzblatt, Teil 1, Nr. 81, 15.7.1933, Berlin, S. 479.

Aufsichtsrat der Westfalenhalle AG ausgetauscht bzw. „gleichgeschaltet". Die bis dahin amtierenden Mitglieder des Aufsichtsrates und der Vorstand der Westfalenhalle AG wurden durch NSDAP-Mitglieder ersetzt.[12]

Am 30. August 1934 wurde der Nationalsozialist Dr. jur. Wilhelm Banike Oberbürgermeister von Dortmund und blieb es mit Unterbrechung wegen seiner Einberufungen zur Wehrmacht bis April 1945.[13] In Zeiten seiner Abwesenheit wurde Banike, der erstmalig im Januar 1937 Vorsitzender des Aufsichtsrates der Westfalenhalle AG wurde, von den NSDAP-Mitgliedern Dr. Hans Pagenkopf[14] und Dr. jur. Wilhelm Fluhme[15] vertreten. Ab dem 14. April 1936 war Stadtrechtsrat Klemens Landgraeber[16] stellvertretender Vorsitzender, ab dem 22. Januar 1938 Vorstandsvorsitzender. Gemeinsam mit dem Prokuristen und SA-Mann Dr. Paul Wagner,[17] der als sein Stellvertreter fungierte, führte er die Geschäfte der Westfalenhalle.

Die Satzung der Westfalenhalle AG wurde im Januar 1939 unter Anpassung an das Aktiengesetz vom 25. Januar 1937 neu gefasst.[18] Ab 1939 war die Stadt Dortmund alleinige Aktionärin. Die Aktien, so erklärte es der Regierungspräsident in Münster, lagen „sämtlich in den Händen der Stadt (...) sodaß, wenn auch 2 verschiedene Rechtsposten vorhanden sind, so doch wirtschaftlich betrachtet, die Westfalenhalle A.G. und die Stadt dasselbe sind."[19] Der tatsächliche Alleinbesitz der Stadt Dortmund

12 Magistratsbeschluss vom 25.7.1933, Namensliste des ausgewechselten Vorstandes vom 28.7.1933 und Protokoll der Magistratssitzung vom 25.2.1933, StadtA Do, 120-Zg. 25/1968-98.

13 Dr. jur. Wilhelm Banike (1900 – 1970) wurde Ende August 1934 durch den Gauleiter zum Oberbürgermeister der Stadt Dortmund ernannt. Seine Berufung war in erster Linie seiner Zugehörigkeit zur NSDAP zu verdanken. Er blieb im Amt bis April 1945. Banike galt als prominenter Führer der NS-Verwaltung. 1925 trat er der NSDAP bei, schied im Jahre 1927 aus, um erneut 1931 beizutreten. Ab 1932 war er Mitglied der SA, in der er ab 1939 den Rang eines SA-Oberführers hatte. Landesarchiv NRW, Abteilung Rheinland, Duisburg (zit. als: LAV NRW R), NW 1037 – B VI - Nr. 9070, Entnazifizierungsakte Oberbürgermeister Dr. jur. Wilhelm Banike.

14 Dr. Hans Pagenkopf (*1901) war stellvertretender Bürgermeister und Stadtkämmerer. Er war Mitglied der NSDAP seit 1.10.1932 und bekleidete darin das Amt eines Hauptstellenleiters im Hauptamt für Kommunalpolitik. Pagenkopf wurde von Staatskommissar Schüler im März 1936 als Mitglied für den Aufsichtsrat benannt (Akten des Amtsgerichts Dortmund betreffend Westfalenhalle AG, HRB 1350, Bd. II, 1933-1942). Der SA gehörte er seit November 1938 mit Rang eines Obersturmbannführers an. Ihm wurde vom Entnazifizierungsausschuss vorgeworfen, dass er seine Stellung nur mit Hilfe der NSDAP erlangt habe, ohne die erforderliche Vorbildung zu besitzen. LAV NRW R, NW 1097 Nr. 17964, Entnazifizierungsakte Verw.-Jurist, stellvertretender Bürgermeister und Stadtkämmerer Dr. Hans Pagenkopf.

15 Von März 1934 bis August 1934 und von Juli 1937 bis November 1941 übernahm Dr. Wilhelm Fluhme das Amt des Oberbürgermeisters der Stadt Dortmund. Luntowski u. a., Geschichte der Stadt Dortmund, S. 434. Akten des Amtsgerichts Dortmund betreffend Westfalenhalle AG, HRB 1350, Bd. II (1933-1942).

16 Klemens Landgraeber (*1901) war von 1935 bis 1945 Rechtsrat der Stadt Dortmund und bis Juni 1946 Vorstandsvorsitzender der Westfalenhalle AG (Akten des Amtsgerichts Dortmund betreffend Westfalenhalle AG, HRB 282). Aus beruflichen Gründen trat er im November 1933 der SA bei. In die NSDAP war er ab 1937, ohne sich politisch zu betätigen. LAV NRW R, NW 1097 Nr. 13620, Entnazifizierungsakte Städt. Rechtsrat Klemens, August, Maria Landgraeber.

17 Dr. Paul Wagner schied erst im Juni1946 aus den Ämtern der Westfalenhalle AG. Akten des Amtsgerichts Dortmund betreffend Westfalenhalle AG, HRB 282.

18 Satzung der Westfalenhalle AG, Fassung vom 26.1.1939, unter Anpassung an das Aktiengesetz vom 30.1.1937, StadtA Do, 120-Zg. 42/1965-40.

19 Der Regierungspräsident, Münster an den Dortmunder Oberbürgermeister und an die Wehrkreisverwaltung VI, Münster, 14.8.1940, BArch, R 122, X. Senat, 1404.

Abb. 04: Innenansicht der Westfalenhalle mit Publikum, um 1938, StadtA Do

sollte bei dem späteren Rechtsstreit um die Miet- und Entschädigungszahlungen zwischen Westfalenhalle AG und Wehrmacht eine große Bedeutung spielen.

Die Westfalenhalle diente den Nationalsozialisten von Januar 1933 bis September 1939 und von Januar 1943 bis Mai 1944 als herausragende Räumlichkeit für ihre Propagandaveranstaltungen.[20] So sprach Adolf Hitler am 17. Februar 1933 als Hauptredner bei einer NSDAP-Großkundgebung anlässlich der für den 5. März anberaumten Reichstagswahlen in der Westfalenhalle.[21]

Von 634 Veranstaltungen in den genannten Zeiträumen waren allein 153 nationalsozialistischen Inhalts.[22] Zum Beispiel wurde in der Westfalenhalle im September 1933 die „Westdeutsche Braune Messe Deutsche Ware Deutsche Arbeit" abgehalten, 1935 fand die „Große Westfalenschau der Landesbauernschaft" statt und 1937 wurde die „Große antibolschewistische Schau" gezeigt sowie eine Kundgebung der Deutschen Arbeitsfront abgehalten.[23] Noch im April 1939 fand in der Westfalenhalle eine große „Zirkus- und Varietéshow" statt,[24] bevor die Halle fünf Monate später als Kriegsgefangenenlager eine für die Dortmunder Bevölkerung unübersehbare Verbindung zur Front herstellte. Die Westfalenhalle wurde zum ersten Ort in Dortmund, der in unmittelbarer Beziehung zur Front stand und an dem sich das Kriegsgeschehen inmitten der Stadtgesellschaft widerspiegelte.

20 Auch die Volkswiese wurde für Propagandazwecke der Nationalsozialisten genutzt. Für den „Gautag Westfalen-Süd 1936" standen dort 400-500 Zelte für 10.000 Hitlerjungen. Wittener Tageblatt, 9.6.1936.

21 Luntowski u. a., Geschichte der Stadt Dortmund, Tafel 129. Bereits am 10.3.1932 hatte Hitler in der Westfalenhalle gesprochen. Luntowski, 1000 Daten, S. 106.

22 Westfalenhallen Chronik, 2010, S.166.

23 Ebd., S. 149-152.

24 Ebd., S. 140.

Die allgemeine Organisation des Kriegsgefangenenwesens

Das Oberkommando der Wehrmacht (OKW) war für das gesamte Kriegsgefangenenwesen im Deutschen Reich verantwortlich. Auf seine Weisung hin richteten die einzelnen Wehrkreise je nach Arbeitskräftebedarf Kriegsgefangenenlager ein. Dem OKW unterstanden alle Lager sowie die Kriegsgefangenen von ihrer Gefangennahme bis zur Entlassung; es regelte alle Belange des Lebens und der Arbeit in den Kriegsgefangenenlagern. Kriegsgefangene waren neben den zivilen Arbeitskräften aus den besetzten Gebieten Europas, die durch den sogenannten „Ausländer-Einsatz" ins Deutsche Reich gekommen waren, eine besondere Gruppe innerhalb des allgemeinen Systems der Zwangsarbeit.[25] Das IV. Haager Abkommen von 1907 (mit der Haager Landkriegsordnung als Anlage)[26] und die von 46 Staaten unterzeichnete Genfer Konvention vom 27. Juli 1929[27] sollten den völkerrechtlichen Schutz der gefangen genommenen Soldaten und der (Unter-) Offiziere gewährleisten. Kriegsgefangene Soldaten durften zu Arbeiten aller Art außer in der Rüstungsindustrie eingesetzt werden. Diese Einschränkung wurde jedoch im Verlauf des Zweiten Weltkrieges zunehmend missachtet.[28] Die unterschiedliche Behandlung der Kriegsgefangenen spiegelte ganz deutlich die nationalsozialistische Rassenhierarchie wieder, folgte aber auch dem Kriegsverlauf und politischem Kalkül. Den westeuropäischen Kriegsgefangenen, vor allem den belgischen[29] und französischen Kriegsgefangenen, ging es in der Regel weniger schlecht als den osteuropäischen und den italienischen.[30]

Nach dem Überfall der Wehrmacht auf Frankreich im Mai 1940 hatten die damals noch neutralen USA den Schutz der französischen Kriegsgefangenen übernommen. Sie betreuten die französischen Kriegsgefangenen in den deutschen Lagern und inspizierten diese regelmäßig. Verantwortlicher Diplomat war der amerikanische Botschaftssekretär Jefferson Patterson, der von 1939 bis 1940 in Berlin für das „Prisoners of War Department" tätig war. Er beschrieb in seinen Berichten von August und September 1940 die allgemeine Situation im Stalag VI D und speziell die der französischen, belgischen und britischen Kriegsgefangenen.[31] In Übereinkunft

[25] *Ulrich Herbert*, Zwangsarbeit im ‚Dritten Reich' – ein Überblick, in: *Klaus Barwig, Günter Saathoff, Nicole Weyde (Hg.)*, Entschädigung für NS-Zwangsarbeit. Rechtliche, historische und politische Aspekte, Baden-Baden 1998, S. 17f.

[26] Verbrechen der Wehrmacht. Dimensionen des Vernichtungskrieges 1941-1944, Ausstellungskatalog, *Hamburger Institut für Sozialforschung (Hg.)*, Hamburg 2002, S. 16-20.

[27] Ebd., S. 20-23.

[28] *Karl Hüser, Reinhard Otto*, Das Stammlager 326 (VI K) Senne 1941-1945. Sowjetische Kriegsgefangene als Opfer des Nationalsozialistischen Weltanschauungskrieges, Bielefeld 1992, S. 15, zit. als: Hüser/Otto, Stammlager 326. Zum allgemeinen Aufbau des OKW und zur Organisation des Kriegsgefangenenwesens siehe: *Alfred Streim*, Die Behandlung sowjetischer Kriegsgefangener im „Fall Barbarossa". Eine Dokumentation. Unter Berücksichtigung der Unterlagen deutscher Strafverfolgungsbehörden und der Materialien der zentralen Stelle der Landesjustizverwaltungen zur Aufklärung von NS-Verbrechen, Heidelberg, Karlsruhe 1981, S. 5-24.

[29] Nach dem Überfall der Wehrmacht auf die Benelux-Staaten am 10.5.1940 gerieten nur Belgier in die Kriegsgefangenschaft nach Dortmund; niederländische und luxemburgische Kriegsgefangene tauchen in den Quellen über das Stalag VI D nicht auf.

[30] In der Regel galten die französischen Kriegsgefangenen als die mit den besten Eignungsvoraussetzungen für besonders anspruchsvolle Arbeiten. Hammermann, S. 200. Herbert, Fremdarbeiter, S. 59ff. Spoerer, S. 99.

[31] Das Consular (War) Department wurde Anfang des Zweiten Weltkriegs eingerichtet. Es war zuständig für alle Fragen, die britische und gegnerische Kriegsgefangene sowie internierte Zivilangehörige betrafen. Außerdem kümmerte es sich um britische Staatsangehörige und britisches Eigentum in den sich mit

mit der deutschen Regierung verzichtete die französische Vichy-Regierung des Marschall Philippe Pétain seit Mitte November 1940 auf den Schutz der französischen Kriegsgefangenen durch die von der Genfer Konvention vorgesehene neutrale Schutzmacht. Stattdessen wurde der politisch rechts stehende französische Anwalt und Militär Georges Scapini[32] am 16. November 1940 von Marschall Pétain zum offiziellen Unterhändler der Vichy-Regierung über Fragen der Kriegsgefangenen und in dieser Eigenschaft zum Botschafter ernannt. In dieser Funktion leitete er ab dem 31. Januar 1941 von Berlin aus den Service Diplomatique des Prisonniers de Guerre (SDPG).[33] Nach seinem Chef hieß dieser Dienst auch „Mission Scapini". Frankreich wurde somit zur Schutzmacht seiner eigenen Kriegsgefangenen. Der SDPG hatte die Aufgabe, die Behandlung der Kriegsgefangenen in den Lagern und in den Arbeitskommandos durch umherreisende Inspekteure der Mission Scapini zu kontrollieren. Sie besuchten die Lager jeweils zu zweit und in Begleitung eines deutschen Offiziers. Es gab eine enge Zusammenarbeit zwischen dem neutralen IKRK und dem SDPG, u. a. wurden die Besuchsberichte der Delegierten des SDPG und des IKRK auch an das Auswärtige Amt gesandt, welches ebenfalls Dialogpartner des IKRK war. Den Diplomatischen Kriegsgefangenen Dienst gab es einzig für die französischen Kriegsgefangenen.[34]

Der SDPG kümmerte sich um folgende Aufgaben: Er führte Verhandlungen um weitere Freilassungen und Statusveränderungen in Form von Abkommen auf zwischenstaatlicher Ebene (v. a. die „relève"[35] von Juni 1942 und die „transformation"[36] von April 1943). Er nahm die Interessensvertretung der Kriegsgefangenen gegenüber dem OKW im Rahmen der Schutzmachtfunktionen wahr, vertrat die Interessen der Kriegsgefangenen gegenüber der französischen Regierung und gewährleistete die Verbindung zu den in Frankreich verbliebenen Familien der Kriegsgefangenen, für deren Fürsorge er ebenfalls sorgte. Der Erfolg der Arbeit der Mission Scapini war für die Vichy-Regierung von großer politischer Bedeutung. Sie versuchte, ihn vor allem durch gezielte Propaganda in den Familien der Kriegsgefangenen zu erreichen.[37]

Im April 1941 überfielen deutsche Truppen das Königreich Jugoslawien. Insgesamt wurden circa 100.000 Kriegsgefangene der jugoslawischen Armee in Lager des Deutschen Reiches deportiert. Anfang 1942 entließ die Wehrmacht die meisten

Großbritannien im Krieg befindlichen Ländern und den von ihnen besetzten Gebieten. Kurz nach seiner Einrichtung wurde es in Prisoners-of-War Department umbenannt. Berichte von Jefferson Patterson vom 7.8.1940, S. 273-276, und 24.9.1940, S. 307-312, National Archives, Public Record Office, Kew/London (zit. als: PRO), FO 916/2575.

32 http://fr.wikipedia.org/wiki/Georges_Scapini, 23.7.2014.

33 = Diplomatischer Dienst für französische Kriegsgefangene in Deutschland.

34 *Gerhard Hoch, Rolf Schwarz (Hg.)*, Verschleppt zur Sklavenarbeit, Kriegsgefangene und Zwangsarbeiter in Schleswig Holstein, 2. Aufl., Alveslohe, Rendsburg 1988, S. 40f. *Yves Durand*, Vichy und der „Reichseinsatz", in: *Ulrich Herbert (Hg.)*, Europa und der „Reichseinsatz", Ausländische Zivilarbeiter, Kriegsgefangene und KZ-Häftlinge in Deutschland 1938-1945, Essen 1991, S. 184-199. *Helga Bories-Sawala*, Franzosen im „Reichseinsatz", Deportation, Zwangsarbeit, Alltag, Erfahrungen und Erinnerungen von Kriegsgefangenen und Zivilarbeitern, Bd. 1, Frankfurt a. Main, Berlin, Bern, New York, Paris, Wien, Frankfurt a. Main 1996, S. 224ff, zit. als: Borries-Sawala.

35 Durch die „relève" kamen insgesamt 90.000 französische Kriegsgefangene zurück nach Frankreich. Sie wurden gegen 240.000 zivile Facharbeiter ausgetauscht.

36 Im Rahmen der „transformation" wurden französische Kriegsgefangene den französischen Zivilarbeitern ungefähr gleichgestellt.

37 Bories-Sawala, S. 232.

slowenischen Kriegsgefangenen in den Zivilstatus, sodass es sich bei den verbliebenen jugoslawischen Kriegsgefangenen hauptsächlich um Serben handelte.[38]

Am 22. Juni 1941 griff die Wehrmacht die Sowjetunion an. In der Zukunftsplanung der Nationalsozialisten hatten die gefangen genommenen sowjetischen Soldaten anfangs keinen Platz. Erst als im November 1941 der Ostfeldzug von einem Blitzkrieg in einen Abnutzungskrieg überging, sah sich die NS-Regierung aus pragmatisch-wirtschaftlichen Gründen gezwungen, Kriegsgefangene der „Roten Armee" als Arbeitskräfte einzusetzen. Bis Februar 1942 starben etwa zwei Millionen von insgesamt 3,3 Millionen sowjetischen Soldaten an Hunger, Krankheit und Kälte. Da die Sowjetunion dem Genfer Abkommen nicht beigetreten war, wurden die Richtlinien des Völkerrechts, die Kontrolle durch eine neutrale Schutzmacht vorsahen, auf die sowjetischen Kriegsgefangenen nicht angewandt.[39] Sowjetische Kriegsgefangene galten als „Untermenschen"; sie waren dem rassistischen Hass der Deutschen und ihrer oft unverhüllten Vernichtungsabsicht ausgesetzt.

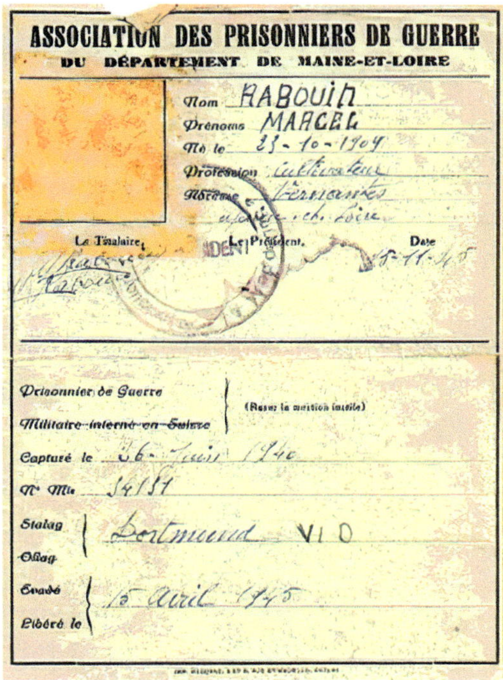
ASSOCIATION DES PRISONNIERS DE GUERRE
DU DÉPARTEMENT DE MAINE-ET-LOIRE

Nom RABOUIN
Prénoms MARCEL
Né le 23-10-1904
Profession cultivateur
Adresse Vernantes

Le Titulaire, Le Président, Date

Prisonnier de Guerre
Militaire interné en Suisse (Rayer la mention inutile)
Capturé le 26 Juin 1940
N° Mle
Stalag Dortmund VI D
Oflag
Evadé 15 Avril 1945
Libéré le

Abb. 05: Kennkarte der französischen Assoziation der Kriegsgefangenen für Marcel Rabouin, Kriegsgefangenschaft im Stalag VI D vom 26.06.1940 bis 15.04.1945, Quelle: http://www.genea-beuzon-goujon.com/rab_mar2.html

Das Schicksal der Italienischen Militärinternierten war wie das der Kriegsgefangenen aus der Sowjetunion besonders hart. Nachdem Marschall Badoglio am 8. September 1943 den Kriegsaustritt Italiens verkündet hatte, war das faschistische deutsch-italienische Bündnis (die „Achse Berlin-Rom") aufgekündigt. Nach der Unterzeichnung des Waffenstillstands Italiens mit den Alliierten nahm die Wehrmacht die italienischen Truppen in ihrem Einflussbereich gefangen und deportierte sie zum Arbeitseinsatz nach Deutschland und in die besetzten Gebiete. Italienische Kriegsgefangene wurden im Deutschen Reich nun als „Verräter" und „Badoglio-Schweine" beschimpft.[40] Es waren nicht weniger als 600.000 Männer, von denen die Wehrmacht circa 495.000 im Deutschen Reich und im Generalgouvernement Polen einsetzte.[41]

Kriegsgefangene aus Polen, Jugoslawien und der Sowjetunion sowie Italienische Militärinternierte galten nicht als Völkerrechtssubjekte, d. h. die vertraglichen und gewohnheitsrechtlichen Regelungen des Kriegsvölkerrechts wurden nicht oder nur eingeschränkt angewandt. Den italienischen Gefangenen entzog die NS-Regierung am 20.

38 Spoerer, S. 67ff, 105.

39 Spoerer, S. 100.

40 Die italienische Regierung unter Marschall Pietro Badoglio wechselte am 3. September 1943 die Fronten und verbündete sich mit den Alliierten.

41 Spoerer, S. 83; Hammermann, S. 62ff; Schreiber, S. 454ff.

Abb. 06: Kriegsgefangenenlager im Wehrkreis VI, Kartenentwurf in Anlehnung an: Hüser, Otto, Das Stammlager 326, a.a.O.

September 1943 ihren Status als Kriegsgefangene. Sie galten nicht als normale Kriegsgefangene, sondern als „Italienische Militärinternierte" (IMI), da zum Zeitpunkt ihrer Gefangennahme kein Kriegszustand zwischen den ehemaligen Verbündeten geherrscht habe.[42] Eingeschränkte Anwendung fanden die Bestimmungen der Genfer Konvention bei jüdischen Kriegsgefangenen aus Frankreich; anders als ihre jüdischen Leidensgenossen aus Polen und der Sowjetunion hatten sie oft das Glück, zu überleben.[43]

Insgesamt befanden sich im September 1941 in den 17 Wehrkreisen des Deutschen Reiches 80 Kriegsgefangenen-Mannschaftsstammlager und 47 Kriegsgefangenen-Offizierslager (militärische Kurzform: Oflag).[44] Sie wurden mit der römischen Ziffer des zuständigen Wehrkreises sowie mit einem Großbuchstaben bezeichnet, der der zeitlichen Reihenfolge der Aufstellung der Lager entsprach.[45] Bei einer Belegung eines Stammlagers mit 10.000 Kriegsgefangenen war eine Personalstärke von 131 Mann zur Bewachung und Verwaltung vorgesehen: 14 Offiziere, 23 Unteroffiziere, 61 Mannschaften sowie 33 Militärbeamte und -angestellte wie z. B. Zahlmeister, Werkstattleiter und Verwaltungsangestellte.[46]

Kriegsgefangene im Arbeitseinsatz im Deutschen Reich, 1939 - 1945[47]

Nationalität	Anzahl 1.1.1945	Gesamt 1939 - 1945	davon in Zivilstatus	Überlebende Mitte 1945	davon in Zivilstatus
Polen	34.691	300.000	205.000	220.000	185.000
Belgier	57.392	65.000	0	65.000	0
Franzosen	637.564	1.285.000	220.000	1.250.000	215.000
Briten	101.564	105.000	0	105.000	0
Serben	100.830	110.000	0	105.000	0
Sowjetbürger	972.388	1.950.000	einige Tsd.	950.000	einige Tsd.
Italiener	32.945	495.000	460.000	465.000	450.000
Andere, z. B. US-Amerikaner	253.241	275.000	-	265.000	-
Gesamt	2.190.615	4.585.000	885.000	3.425.000	850.000

42 Hammermann, S. 62f.

43 Spoerer, S. 99, 102f, 104.

44 Hüser/Otto, Stammlager 326, S. 15. *Reinhard Otto*, Das Stalag 326 (VI K) Senne. Ein Kriegsgefangenenlager in Westfalen, Münster 2000.

45 Hüser/Otto, Stammlager 326, S. 14f.

46 Ebd., S. 18.

47 Spoerer, S. 221.

Kriegsgefangenschaft im Wehrkreis VI

Im Wehrkreis VI,[48] dessen Kommandantur in Münster ansässig war, bestanden im Frühjahr 1941 neun Stalags, die als Erfassungs- und Verteilungsstelle für Kriegsgefangene dienten. Es waren die Lager Stalag VI A Hemer (Kreis Iserlohn, Gau Westfalen-Süd),[49] VI B Neu Versen (Kreis Meppen, Emsland, Gau Weser-Ems),[50] VI C Bathorn (Kreis Grafschaft Bentheim, Emsland, Gau Weser-Ems),[51] VI D Dortmund-Westfalenhalle (Gau Westfalen-Süd), VI F Bocholt (Gau Westfalen-Nord,[52] VI G Bonn-Duisdorf (Gau Köln-Aachen),[53] VI H Arnoldsweiler (Kreis Düren, Gau Köln-Aachen),[54] VI J SA-Lager Fichtenhain bei Krefeld (Gau Düsseldorf)[55] und das Stammlager 326 (VI K) Senne bei Stukenbrock (Gau Westfalen-Nord).[56]

Als kommandierender General des Stellvertretenden Generalkommandos VI. Armeekorps in Münster war General der Infanterie Gerhard Glokke von Beginn des Krieges bis zu seinem Tode im Juni 1944 Befehlshaber des Wehrkreises VI und damit zuständig für die Kriegsgefangenen.[57] Sein Nachfolger bis zum Ende des Krieges wurde General der Infanterie Franz Mattenklott.[58] Des Weiteren besaß jeder Wehrkreis einen Kommandeur als Sachbearbeiter des Kriegsgefangenenwesens; ihm unterstanden alle Kriegsgefangenen und Baueinheiten. Der Sitz des Kommandeurs der Kriegsgefangenen war bis Mai 1944 Münster, danach Soest und in den letzten Kriegstagen das Stammlager 326 (VI K) in der Senne. Kommandeure der Kriegsgefangenen im Wehrkreis VI waren in der Zeit von Oktober 1940 bis Juni 1942

48 Der Wehrkreis VI entsprach in etwa den Grenzen des heutigen NRW. Er umfasste Teile des Emslandes, Westfalens und des Rheinlandes, orientierte sich also nicht an den Verwaltungsgrenzen der Reichsgaue. Der größte Teil des rheinisch-westfälischen Industriegebietes lag im Wehrkreis VI (*Gisela Schwarze*, Kinder, die nicht zählten. Ostarbeiterinnen und ihre Kinder im Zweiten Weltkrieg, Essen 1997, S. 55, zit. als: Schwarze). Der Wehrkreis VI war wie alle Wehrkreise von der Wehrmacht in einzelne Bezirkskommandos aufgeteilt worden; Dortmund war Sitz eines dieser Bezirkskommandos. Siehe für Westfalen: *Reinhard Otto*, Lager für sowjetische Kriegsgefangene in Westfalen (1941-1945), in: Jahrbuch des Vereins für Orts- und Heimatkunde in der Grafschaft Mark, Jg. 91, *Heinrich Schoppmeyer (Hg.)*, Witten 1993, S. 155-185, zit. als: Otto, Lager in Westfalen/Jahrbuch.

49 *Georg Hebbelmann, Landschaftsverband Westfalen-Lippe (Hg.)*, Stalag VI A Hemer. Ein Kriegsgefangenenlager in Westfalen. Dokumentation, Münster 1995, S. 10. *Hans-Hermann Stopsack, Eberhard Thomas (Hg.)*, Stalag VI A Hemer. Kriegsgefangenenlager 1939-1945. Eine Dokumentation, Hemer 1995. Zur Geschichte des Kriegsgefangenenlagers Stalag VI A Hemer. Eine Begleitschrift für die Gedenkstätte und die beiden Friedhöfe, *Arbeitskreis Stalag VI A Hemer (Hg.)*, 1. Auflage, Hemer 2000, 2. Auflage Hemer 2006.

50 http://de.wikipedia.org/wiki/Lager_Versen; http://www.relikte.com/versen/ (31.10.2013).

51 http://nl.wikipedia.org/wiki/Stalag_VI_C_Bathorn; http://www.relikte.com/bathorn/ (31.10.2013).

52 http://de.wikipedia.org/wiki/Stammlager_VI_F (31.10.2013).

53 http://www.bonner-geschichtswerkstatt.de/index.php?view=article&catid=42%3Azwangsarbeit&id=55%3Azwangsarbeit-in-bonn-1939-1945&option=com_content&Itemid=80&limitstart=1 (31.10.2013).

54 http://www.historicum.net/themen/zwangsarbeit-rhein-erft-rur/ausstellung/lebensumstaende/stalag-arnoldsweiler/ (31.12.2013).

55 http://www.lexikon-der-wehrmacht.de/Kasernen/Wehrkreis06/KasernenFichtenhain-R.htm (31.10.2013). Zu den einzelnen Kriegsgefangenenlagern im WK VI siehe die Berichte aus dem Jahr 1940 im Archives Nationales, Paris, F/9/2880.

56 *Hüser/Otto*, Stammlager 326.

57 http://www.lexikon-der-wehrmacht.de/Personenregister/G/GlokkeGerhard.htm.

58 http://www.lexikon-der-wehrmacht.de/Personenregister/M/MattenklottFranz.htm.

Stadt Wetter (Ruhr)
Eing. – 3. AUG. 1940
Abtg. .... Ges. ....

Wehrkreiskommando VI
Ib/Org. Aktz. K 5 Nr. 01800/40

Münster (Westf.), den 1. 6. 1940.

Merkblatt

für die Behandlung von Kriegsgefangenen beim Arbeitseinsatz im Wehrkreis VI

I. Arbeitseinsatz.

1. Die kriegsgefangenen Unteroffizie
schaften sind in **Kriegsgefangen**
Stammlagern (Stalag.) untergebra
Die Mannschaften sind nach d
kommen zur Arbeit verpflichtet. F
gung der im Unteroffizierrang s
gefangenen gelten besondere Bestim

2. Kriegsgefangene sind bei Bedarf
nehmer bei dem örtlich zuständ
anzufordern und werden in **K**
Arbeitskommandos (Kr. Gef. Arb.
Jedem Kr. Gef. Arb. Kdo. werden W
(Wam.) des Stalag. zugeteilt. D
mando untersteht dem Führer des K
(Fü. Arb. Kdo.).

3. Voraussetzung für die Zuteilung vo
Abschluß eines Arbeitsdienstvertra
Kommandanten des Stalag. und d
in dem die Arbeitsbedingungen
Zwischen dem Kriegsgefangenen
nehmer (Arbeitgeber) besteht kein
Dienstverhältnis.

II. Unterkunft.

1. Für die Unterbringung der Arbeit
ben die Unternehmer zu sorgen (
Unterkunft und Ausstattung m
Unterbringung der Kr. Gef. erfolgt
meinsam in der Unterkunft des Kr
unter der Bewachung der Wam.
Unterkunft ist nur den mit der
Kontrolle beauftragten Militärper
Zivilpersonen, gestattet.

2. **Einzelunterbringung** von Kr. Gef.
stelle ist nur in besonderen Aus
nur mit ausdrücklicher Genehmig
kommandanten zulässig (z. B.
Klauenseuche). **Hierbei ist der Ar**
Bewachung der Kr. Gef. voll veran

3. Die Unterbringung der Kr. Gef. m
hygienisch einwandfrei sein. Tür
müssen sicher verschließbar sein.
reichende Wasch- und Abortanlag
Licht vorhanden sein. Als Lagerst
mit Decken im allgemeinen als a
sehen.

III. Verpflegung.

1. Für die Verpflegung der Arbeitsk
die Unternehmer zu sorgen. Die
Kriegsgefangenen soll so ausreiche
volle Arbeitskraft erhalten bleibt.
Maß hinausgehende Verpflegung
wendung von hochwertigen Lebensm

Druckerei Gen. Kdo. VI. A. K., Münster.

sind und für die Truppe und Zivilbevölkerung
benötigt werden, sind unzulässig. Grundsätzlich ist

4. **Die Arbeitsdauer** der Kr. Gef. richtet sich im allgemeinen nach dem Ortsgebrauch. An Sonn- und deutschen Feiertagen soll der Kr. Gef. dieselbe Ruhe haben, die dem deutschen Arbeiter gewährt wird. Sofern die Art der Arbeit (z. B. Viehpflege) oder besondere Umstände (z. B. Frühjahrsbestellung, Erntearbeit) dazu zwingen, hat er jedoch auch an Sonn- und Feiertagen Arbeit zu leisten.

5. Dem Kr. Gef. ist wöchentlich **eine Ruhezeit** von mindestens 24 aufeinanderfolgenden Stunden zu gewähren, die — falls die Betriebsverhältnisse es zulassen — auf den Sonntag zu verlegen ist.

6. **Der Arbeitsentgelt** für den Kr. Gef. ist von dem Unternehmer (Vertragsgegner) mit dem Stalag. abzurechnen und keinesfalls dem Kr. Gef. auszuhändigen. Der Kr. Gef. erhält den ihm zustehenden Lohn vom Stalag. durch Gutschrift bzw. in Lagergeld.

7. **Besonders gute Arbeitsleistungen** können von dem Arbeitgeber durch Überlassung von getragenen Wäschestücken (Hemd, Unterhose, Socken, Taschentücher), Schuhzeug (Holzschuhe), sowie Rauchwaren in geringen Mengen belohnt werden.

8. Erkrankt oder verunglückt ein Kr. Gef. auf der Arbeitsstelle, so ist neben etwaiger erster Hilfeleistung sofort der Fü. Arb. Kdo. zu benachrichtigen, der die **ärztliche Behandlung** veranlaßt. Bei Unfällen hat der Arbeitgeber außerdem die vorgeschriebenen Unfallmeldungen zu erstatten.

VI. Verkehr.

Im Verkehr mit Kr. Gef. ist **strenge Zurückhaltung** zu üben. **Es sind daher verboten:**

1. **Vertraulichkeiten irgendwelcher Art,** insbesondere zwischen Kr. Gef. und weiblichen Personen. Etwa sich anbahnende Vertrauensverhältnisse müssen sofort unterbunden werden unter gleichzeitiger Meldung an den Fü. Arb. Kdo.

2. **Aufnahme der Kr. Gef. in den Kreis der Familie.**

3. **Gemeinsames Einnehmen der Mahlzeiten.** Wo die Trennung räumlich nicht möglich ist, muß sie zeitlich vorgenommen werden.

4. **Gemeinsamer Besuch von Gaststätten,** Tanzvergnügen und sonstigen Geselligkeiten sowie die Zulassung von Kr. Gef. zu derartigen Orten und Veranstaltungen, auch als Bedienstete.

Ausschank von Alkohol in Gaststätten.

5. Gemeinsamer Besuch von Gottesdiensten. Die **religiöse Betreuung** der Kr. Gef. ist besonders geregelt.

6. **Gespräche mit Kr. Gef.,** die sich nicht unmittelbar auf das Arbeitsverhältnis beziehen. In Gegenwart von Kr. Gef.: Gespräche über politische, militärische und volkswirtschaftliche Fragen, Auseinandersetzungen zwischen Wam. und Zivilpersonen, Zurechtweisung des Personals.

Einsichtnahme durch Kr. Gef. in dieses Merkblatt und sonstige Schriften, die nicht für die Kr. Gef. bestimmt sind. **Unbeaufsichtigter Zutritt zu Rundfunkgeräten.**

7. **Annahme von Geschenken** und Gefälligkeiten. Tausch- und Handelsgeschäfte irgendwelcher Art, insbesondere Aushändigung oder Beihilfe zur Beschaffung von Waffen u. Munition, Messern mit feststehender Klinge, Rasiermessern, Geld (ausgenommen Lagergeld), Zivilkleidung, Feuerzeugen, Fotoapparaten, Karten, Kompassen sowie allen sonstigen Gegenständen, die zur Sabotage oder Flucht dienen können.

Einkäufe der Kr. Gef. sind nur in den hierfür zugelassenen Geschäften unter Aufsicht der Wam statthaft.

8. **Jede Beförderung von Kr. Gef.-Post unter Umgehung des Stalag.,** jede Abgabe von Schreibpapier, Postkarten, Briefmarken und Tinte. (Die gesamte Kr. Gef.-Post muß durch das Stalag. gehen und dar nur von den Wam. weitergegeben werden.) Jede Zulassung zum Fernsprecher.

9. Die Erweisung des **Deutschen Grußes** mit oder ohne „Heil Hitler" durch Kr. Gef.

VII. Wachmannschaften.

1. Die Wachmannschaften sind in Ausübung ihres Dienstes zu unterstützen. **Ihren Anordnungen hinsichtlich der Behandlung der Kr. Gef. ist unbedingt Folge zu leisten.** Das Verhältnis zu ihnen mu von gegenseitigem Vertrauen getragen sein.

2. **Bei Flucht, Spionage, Sabotage** sofortige Meldung an die Wachmannschaft, auch wenn nur der Verdacht besteht; selbst jedoch keine Untersuchungen einleiten, da dadurch die amtliche Untersuchung erschwert wird.

3. **Beschwerden über Wam. und Kr. Gef.** sind bei dem Fü. Arb. Kdo. vorzubringen. Weder dem Unternehmer noch seinem Personal steht Befehls- oder Strafgewalt über die Kr. Gef. zu. Zu Weisungen an die Wam. ist nur der Fü. Arb. Kdo. befugt. Beschwerden über den Fü. Arb. Kdo. sind an den Kommandanten des Stalag. zu richten.

VIII. Strafbestimmungen.

1. Bei Zuwiderhandlung gegen diese Bestimmungen muß mit dem **Entzug der Kr. Gef.** gerechnet werden.

2. Fahrlässige Verstöße können mit Haft oder Geldstrafe, vorsätzliche mit Gefängnis, in schweren Fällen mit Zuchthaus, bei Landesverrat mit dem Tod bestraft werden. **Als Landesverrat** können angesehen werden: Umgehung der Bestimmungen über d Kr. Gef.-Post, Beihilfe zur Flucht, Sabotage od Spionage, Übermittlung geheimer Nachrichten usw

Jeder Kr. Gef. bleibt auch in der Gefangenschaft ei Gegner Deutschlands und ist darauf bedacht, dur Sabotage, Spionage, Zersetzung und Flucht den Kamp auch hinter der Front weiterzuführen.

In diesem Kampf muß dem Kr. Gef. die geschlossen deutsche Abwehrfront entgegentreten!

Deutscher, wahre Deine Ehre und Würde! Befolg die Bestimmungen! Vergiß nie, was Du Deinem Vol schuldig bist!

Der Befehlshaber im Wehrkreis V
Glokke,
Generalleutnant.

Abb. 07: Merkblatt für die Behandlung von Kriegsgefangenen beim Arbeitseinsatz im Wehrkreis VI, gez. Generalleutnant Glokke, Münster 1.6.1940, Stadtarchiv Wetter (Ruhr), B 502

Generalleutnant Heinrich von dem Hagen (24.7.1873 – 6.5.1945),[59] in der Zeit von Juni 1942 bis November 1944 Generalmajor Georg von Döhren (23.5.1884 – 20.1.1965); sein Nachfolger war Generalleutnant Benignus Dippold (4.7.1889 – 18.10.1967).[60] Weitere Angaben über die Kommandeure liegen bisher nicht vor; ebenso fehlen Auskünfte über ihre konkreten Aufgaben in Münster.[61]

Ankunft, Arbeitseinsatz und Entlohnung

Soldaten der Kriegsgegner kamen nach ihrer Gefangennahme aus den Front-Stammlagern des Kriegsgebietes, die dem OKH unterstanden, zunächst in meist hinter der Front liegende Durchgangslager (Dulag).[62] Von dort erfolgten die Zuweisung und die Fahrt der gefangenen Offiziere in Offizierslager (Oflag) sowie die der Unteroffiziere und Mannschaften in Mannschaftsstammlager. Die als arbeitsfähig eingestuften Kriegsgefangenen wurden verschiedenen Arbeitskommandos im Zuständigkeitsbereich der jeweiligen Stalags zugeteilt.[63]

Die Fahrten vom „Schlachtfeld" in die Kriegsgefangenenlager gingen mit Lastkraftwagen und Zügen vonstatten, häufig folgten 30 Kilometer Fußmarsch am Tag.[64] Die meisten Kriegsgefangenen des Stalag VI D trafen per Zug am Dortmunder Hauptbahnhof oder am Bahnhof Dortmund-Süd ein.[65] Nach der Ankunft im Lager wurden sie registriert, entlaust, gegen Pocken geimpft und ärztlich untersucht. Alle persönlichen Daten und Stationen der Kriegsgefangenschaft wurden in einer Personalkarte bzw. Stammkarte erfasst, die von der Lagerverwaltung erstellt wurde. Sie begleitete den Kriegsgefangenen die gesamte Zeit seiner Gefangenschaft und enthielt neben seinem Foto seinen Fingerabdruck, Angaben zur Person, Versetzungen in andere Lager, Lazarettaufenthalte, die Bezeichnung von Arbeitskommandos und die Erkennungsmarkennummer. Diese Nummer war auf beide Hälften einer ovalen Metallscheibe eingestanzt. Die Erkennungsmarke mussten die Kriegsgefangenen an einer Schnur um den Hals tragen. Im Todesfall wurde das Metall auseinandergebrochen, eine Hälfte verblieb bei der Leiche, die andere wurde mit den Personalunterlagen nach Berlin an die „Wehrmachtauskunftsstelle für Kriegsverluste und Kriegsgefangene" (WASt) gesandt.[66]

Die wichtigste Bestimmung der Genfer Konvention, die den Arbeitseinsatz von Kriegsgefangenen betraf, besagte, dass sie „Anspruch auf Achtung ihrer Person

59 Heinrich von dem Hagen, in: Deutschlands Generale und Admirale, *Hg. Dermot Bradley, Karl-Friedrich Hildebrand, Markus Brockmann*, Teil IV, Die Generale des Heeres 1921-1945, Bd. 5, v. Haack – Hitzfeld, Osnabrück 1999, S. 54f.

60 Otto, Lager in Westfalen/Jahrbuch, S. 159f, 181. Georg von Döhren, Benignus Dippold, in: Deutschlands Generale und Admirale, *Hg. Dermot Bradley, Karl-Friedrich Hildebrand, Markus Rövekamp*, Teil IV, Die Generale des Heeres 1921-1945, Bd. 3, Dahlmann - Fitzlaff, Osnabrück 1994, S. 143ff, 164f.

61 Auskunft der Deutschen Dienststelle (WASt), Berlin, vom 6.2.2018 an die Verfasserin.

62 Ein Dulag funktionierte meist ähnlich wie ein Stalag, war jedoch nur dazu bestimmt, Kriegsgefangene nach Nationalitäten zu sortieren, weiterzuleiten und vorübergehend aufzunehmen.

63 Spoerer, S. 101f.

64 Besuch des Aufnahmelagers VI D, 13.6.1940, ACICR, C SC, Service des camps, Allemagne, WK VI, RT.

65 Eintrag Kriegschronik am 26.10.1939 und 2.2.1940, StadtA Do, 424-1, Eintrag Kriegschronik am 17.6.1940, StadtA Do, 424-2.

66 Personalkarten von Kriegsgefangenen des Stalags VI D sind zum Teil in der Dokumentationsstätte Stalag 326 (VI K) Senne gesammelt. *Reinhard Otto*, Sowjetische Kriegsgefangene in deutschem Gewahrsam – aktuelle

und ihrer Ehre" hätten und „jederzeit mit Menschlichkeit behandelt und insbesondere gegen Gewalttätigkeiten, Beleidigungen und öffentliche Neugier geschützt" werden müssten.[67] Der Arbeitseinsatz war nur für kriegsgefangene Soldaten der Mannschaftsgrade erlaubt, nicht für Offiziere. Er durfte nicht in unmittelbarer Beziehung zu den Kriegshandlungen stehen.[68] Zu Beginn des Zweiten Weltkrieges hatte der Reichsarbeitsminister in drei aufeinander folgenden Runderlassen den Einsatz von zunächst polnischen Kriegsgefangenen nur in der Landwirtschaft angeordnet. Im nicht-landwirtschaftlichen Bereich durften sie eingesetzt werden, soweit der Bedarf an Kriegsgefangenen in der Landwirtschaft, insbesondere zur Einbringung der Hackfruchternte, gedeckt war. In Frage kam der Arbeitseinsatz in folgenden nicht-landwirtschaftlichen Bereichen:

> „a) im Bergbau und zwar insbesondere im Braunkohlen-, Erz- und Kalibergbau,
> b) bei Meliorationen, Landes-Kulturarbeiten, Torfgewinnungsarbeiten,
> c) bei Bahnunterhaltungsarbeiten der Reichsbahn,
> d) bei Kabelverlegungsarbeiten usw. der Reichspost,
> e) bei Bauarbeiten der Reichswasserstraßenverwaltung,
> f) bei Vierjahresplanbauten, auch Bau von Kraftwerken,
> g) bei Reichsautobahnbauten,
> h) bei der Grubenholzgewinnung, (...),
> i) bei sonstigen geeigneten Arbeiten, die in keiner unmittelbaren Beziehung zu den Kriegshandlungen stehen."[69]

Der Arbeitseinsatz von Kriegsgefangenen erfolgte nach Richtlinien, die das Reichsarbeitsministerium den insgesamt 13 Landesarbeitsämtern vorgab. Die Prinzipien für den Einsatz und die Verwaltung der Kriegsgefangenen wurden später auf den Einsatz in der Industrie übertragen. Wurden Arbeitskräfte benötigt, meldeten die sogenannten „Einsatzträger" ihren Bedarf bei den örtlichen Arbeitsämtern. Industriebetriebe, Zechen, private Unternehmen, Landwirte, Handwerker, öffentliche Einrichtungen wie die Reichsbahn und die Reichspost, Behörden sowie Stadt- und Kreisverwaltungen[70] stellten also Anträge auf Zuteilung von Kriegsgefangenen bei den jeweils zuständigen lokalen Arbeitsämtern z. B. in Dortmund,[71] Bochum oder Witten.

Forschungsergebnisse, 24, in: Kriegsgefangenenlager 1939-1950, *Landeszentrale für politische Bildung Rheinland-Pfalz (Hg.)*, Mainz, Osthofen 2012, S. 22- 37.

67 Spoerer, S. 100.

68 Ebd., S. 100f.

69 Der Reichsarbeitsminister, Berlin, verfügte mit den Runderlassen vom 6. und 12.9.1939 (Va 5316/1 und Va 5316/8) den Einsatz von Kriegsgefangenen in der Landwirtschaft. Mit dem Erlass Va 5316/32 vom 26.9.1939 wurde der Arbeitseinsatz von Kriegsgefangenen in nicht landwirtschaftlicher Arbeit angeordnet, LAV NRW W, Oberpräsidium, Nr. 5187, Bl. 14/15.

70 Auch die Stadt Dortmund setzte Kriegsgefangene als Handwerker und zur Beseitigung von Kriegsschäden ein, siehe: StadtA Do, 100-17 und 120-Zg.42/1965-51. Karola Fings, Kommunen und Zwangsarbeit, in: Ulrike Winkler (Hgin.), Stiften gehen. NS-Zwangsarbeit und Entschädigungsdebatte, Köln 2000, S. 116-118. Regina Mentner, Die Beschäftigung von Zwangsarbeiterinnen und Zwangsarbeitern für Aufgaben des „alten" Ennepe-Ruhr-Kreises, Ennepe-Ruhr-Kreis (Hg.), Schwelm 2002 (http://www.enkreis.de/fileadmin/user_upload/Dokumente/01/dokumentationzwangsarbeit.pdf, 27.12.2016)

71 Geleitetet wurde das Arbeitsamt Dortmund von Oberregierungsrat Dr. Otto Hartmann. Schreiben des Präsidenten des Landesarbeitsamtes Westfalen, Dortmund, an das Generalkommando VI, Major Dietrich, Münster, 28.9.1939, LAV NRW W, Oberpräsidium, Nr. 5187, Bl. 12.

Die Arbeitsämter hatten z. B. eine Prioritätenliste der verschiedenen Arbeitsstellen für polnische Kriegsgefangene aufgestellt, die die Rangfolge der Arbeiterzuteilung regelte.[72] Die örtlichen Arbeitsämter sammelten die Bedarfe der „Einsatzträger" und leiteten diese an das Landesarbeitsamt Westfalen weiter.

Die Forderungen der „Einsatzträger" nach Kriegsgefangenen, die Bewilligungen ihres Arbeitseinsatzes und ihre Zuweisungen, ab Februar 1945 auch ihre Rücksendung, verwaltete und bündelte das Landesarbeitsamt Westfalen mit Sitz in Dortmund, Hansastr. 5; es war das größte Arbeitsamt in Westfalen.[73] Es steuerte unter der Leitung von Dr. Karl Petersen sowie dem Direktor und ständigen Stellvertreter des Präsidenten des Landesarbeitsamtes Westfalen, Oberregierungsrat Wilhelm Sparkuhle v. a. den Arbeitseinsatz der Kriegsgefangenen aus dem Stalag VI A (Hemer) und VI D (Dortmund).[74] Zu Kriegsbeginn waren die im Bezirk des Landesarbeitsamtes Westfalen gelegenen Lager auch zuständig für die „Abgabe von Gefangenen an das Rheinland."[75]

Das Landesarbeitsamt Westfalen in Dortmund hatte bereits seit dem 28. September 1939 eine eigene „Lagervermittlungsstelle" im Stalag VI D, unter der Leitung des Verwaltungsinspektor Bernhard Schmidt, eingerichtet.[76] Dort wurden die „rein technischen Vermittlungsfragen" wie Arbeitskräfteanforderungen bearbeitet. In der Dortmunder Kriegschronik hieß es in einem Artikel vom 29. November 1940, dass das Arbeitsamt „harmonisch" mit der Wehrmacht zusammenarbeite, um den wirtschaftlichen Notwendigkeiten gerecht werden zu können. Wo Mangel an Arbeitskräften bestünde, da könne das Arbeitsamt die notwendigen Maßnahmen besser treffen als der einzelne Betrieb, weil es den Gesamtüberblick des dringlichsten Bedarfes habe.[77]

Das Landesarbeitsamt Westfalen plante und bewilligte also in Absprache mit dem Wehrkreiskommando VI den Kriegsgefangeneneinsatz; es vermittelte

[72] Herbert, Fremdarbeiter, S. 103.

[73] Kriegstagebuch des Rüstungskommando Dortmund, Nr. 13, S. 12, 1.1.1943 – 31.3.1943, BAMA, RW 21/14 -13. Das Landesarbeitsamt Westfalen wurde mit Wirkung vom 1. August 1943 in die Gauarbeitsämter Westfalen-Süd und Westfalen-Nord aufgeteilt Das Gauarbeitsamt Westfalen-Süd blieb am Dortmunder Standort. Im Oktober 1943 wurde es in die Schillerschule nach Witten verlegt, weil es von Bomben zerstört worden war. Auch der zuständige Treuhänder der Arbeit hatte seinen Dienstsitz in der Schillerschule (LAV NRW W, Arbeitsämter, Nr. 741 und Landesarbeitsamt Westfalen-Lippe, Nr. 8). 1943 wurden alle Landesarbeitsämter in Gauarbeitsämter umgewandelt. Zugleich wurden sie mit den Dienststellen der Treuhänder der Arbeit zusammengelegt. Nun hatte jeder NS-Gau ein eigenes Arbeitsamt. (Stiftung Topographie des Terrors (Hg.), Das Reichsarbeitsministerium 1933-1945, Katalog zur gleichnamigen Ausstellung, Berlin 2019, S. 72f, 123).

[74] Rundschreiben des Stellv. Generalkommandos VI.A.K. (Wehrkreiskommando VI), Richtlinien für den Arbeitseinsatz der Kriegsgefangenen, Nur für den Dienstgebrauch, 9.10.1939, Niedersächsisches Landesarchiv, Staatsarchiv Osnabrück, Rep. Mep. 675, Nr. 1061. Schreiben des Präsidenten des Landesarbeitsamtes Westfalen, Dortmund, an das Generalkommando VI, Major Dietrich, Münster, 28.9.1939, LAV NRW W, Oberpräsidium, Nr. 5187, Bl. 12, und Protokoll einer Sitzung am 3.10.1939 in Arnsberg, LAV NRW W, Arbeitsämter, Nr. 13196.

[75] Auszug aus dem Erlass des Runderlass des Reichsministers des Inneren (RMdI) vom 12.8.1940.

[76] Schreiben des Präsidenten des Landesarbeitsamtes Westfalen, Dortmund, an das Generalkommando VI, Major Dietrich, Münster, 28.9.1939, LAV NRW W, Oberpräsidium, Nr. 5187, Bl. 12. Schreiben der Vermittlungsstelle des Landesarbeitsamts Westfalen im Stalag VI D (Dortmund) an die Fa. Carl Krampe, Hagen-Rummenohl, 25.6.1943, betr. Arbeitseinsatz von Kriegsgefangenen, StadtA Hagen, SamHa, fol. 6. Reichspostdirektion Dortmund (Hg.), Amtliches Fernsprechbuch für das östliche Ruhrgebiet, Ausgabe März 1944, Dortmund 1944, S. 18, Eintrag: „Gauarbeitsamt Westfalen-Süd, Dienststelle im Stalag VI D Volkspark".

[77] Artikel in der Kriegschronik von 29.11.1940, StadtA Do, 424-7.

Arbeitskommandos von Kriegsgefangenen in alle Branchen der näheren und ferneren Umgebung Dortmunds. Zum Zwecke der Arbeitsvermittlung von Kriegsgefangenen aus dem Stalag trat zu dem militärischen Leiter der Gruppe „Arbeitseinsatz" des Lagerkommandanten ein ziviler „Beauftragter des Landesarbeitsamtes". Diese beiden klärten wichtige Fragen mit den örtlichen Arbeitsämtern, für das Stalag VI D war dies das Arbeitsamt Dortmund und für das Stalag VI A das Arbeitsamt Iserlohn.[78]

Der Beauftragte des Landesarbeitsamtes in der Vermittlungsstelle auf dem Lagergelände des Stalag VI D erhielt die Bedarfsmeldungen der zuständigen örtlichen Arbeitsämter. Auch die beim Stalag unmittelbar eingehenden Anträge auf Zuweisung von Kriegsgefangenen mussten zuerst an die örtlichen Arbeitsämter weitergeleitet werden.[79] Das Wehrkreiskommando VI bestimmte nach den Vorschlägen des Beauftragten des Landesarbeitsamtes die Zuteilung von bis zu 100 Kriegsgefangenen an die verschiedenen Arbeitsstellen. Der Kommandant des Stalag veranlasste deren Arbeitsaufnahme. Die Genehmigung der Zuweisungen von Kriegsgefangenen außerhalb der Landwirtschaft behielt sich das Wehrkreiskommando VI in Verbindung und Absprache mit den Landesarbeitsämtern vor. Vorab mussten der Arbeitsauftrag der Kriegsgefangenen, ihre Unterbringung, ihre Bewachung und ihre Verpflegung geklärt werden. Alle Kriegsgefangenenlager unterstanden als so genannte Arbeitskommandos mit einer allgemeinen Stärke von nicht unter 50 Kriegsgefangenen organisatorisch und verwaltungstechnisch dem jeweiligen Stalag und dem Lagerkommandanten. Die Einsatzträger rechneten die Kosten für die Einrichtung der Unterkünfte und die Verpflegung der Kriegsgefangenen mit dem Stalag ab.[80]

Gemäß der Genfer Konvention standen den Kriegsgefangenen Löhne zu.[81] Deren Festsetzung unterlag allerdings ständigen Änderungen, so dass hier nur grobe Richtwerte genannt werden können. Die Grundlage des Arbeitseinsatzes von Kriegsgefangenen bildeten nicht individuelle Verträge mit einzelnen Kriegsgefangenen, sondern kollektive Überlassungsverträge zwischen dem Stalag bzw. dem Deutschen Reich und dem „Arbeitseinsatzträger", also dem Betrieb, der sie beantragt hatte.[82] Ein arbeitsrechtliches Verhältnis bestand zwischen dem Einsatzträger und den Kriegsgefangenen daher nicht. Ein Rechtsverhältnis gab es nur zwischen dem Reich und dem Unternehmer, welches einseitig durch die Bedingungen des OKW geregelt wurde, die der Unternehmer zu akzeptieren hatte. Ab März 1942 gab es aus Gründen der Verwaltungsvereinfachung auch die Überlassungsverträge nicht mehr; entweder galten die Bedingungen des OKW, die die Unternehmer an-

78 Rundschreiben des Stellv. Generalkommandos VI.A.K. (Wehrkreiskommando VI), Richtlinien für den Arbeitseinsatz der Kriegsgefangenen, Nur für den Dienstgebrauch, 9.10.1939, Niedersächsisches Landesarchiv, Staatsarchiv Osnabrück, Rep. Mep. 675, Nr. 1061.

79 Schreiben des Präsidenten des Landesarbeitsamtes Westfalen, Dortmund, an das Generalkommando VI, Major Dietrich, Münster, 28.9.1939, LAV NRW W, Oberpräsidium, Nr. 5187, Bl. 12.

80 Rundschreiben des Stellv. Generalkommandos VI.A.K. (Wehrkreiskommando VI), Richtlinien für den Arbeitseinsatz der Kriegsgefangenen, Nur für den Dienstgebrauch, Münster, 9.10.1939, Niedersächsisches Landesarchiv, Staatsarchiv Osnabrück, Rep. Mep. 675, Nr. 1061, Bl. 24-33. Spoerer, S. 102, 238.

81 Ebd., S. 164f.

82 Vertrag zwischen dem Deutschen Reich, Reichsfiskus Heer, vertreten durch den Lagerkommandanten des Stalag VI D, Wilhelm Eck und dem Harpener Bergbau A.G., Zeche Hugo in Gelsenkirchen-Buer, 13.4.1942, WWA, Dortmund, S1, NI-3117(I), Bl. 958-961.

erkennen mussten oder das Verfahren, dass die Unternehmen nach Gutdünken und dem jeweiligen Ermessen handeln konnten.[83]

Die Verträge zwischen der Vermittlungsstelle des Landesarbeitsamtes und dem „Einsatzträger" trugen dennoch zu einem kleinem Teil zur Regelung der Arbeitsbedingungen bei. Unter anderem verpflichtete sich der „Einsatzträger", die für die Arbeit der Kriegsgefangenen festgesetzten Vergütungssätze an die Zahlmeisterei des Stalag abzuführen.[84] Anders als zivile Zwangsarbeiterinnen und Zwangsarbeiter waren Kriegsgefangene nicht gegen Krankheit und Invalidität versichert. Für sie bestand lediglich eine Unfallversicherung, mit Ausnahme der sowjetischen Kriegsgefangenen; für die Krankenversorgung der Kriegsgefangenen kam das Stalag bzw. das Deutsche Reich auf.[85]

Für die Nationalsozialisten bestand das Grundproblem der Entlohnung der Kriegsgefangenen darin, Leistungsanreize dergestalt zu setzen, dass die Motivation der Kriegsgefangenen, für den Kriegsgegner zu arbeiten, erhöht würde. Gleichzeitig musste die Genfer Konvention eingehalten werden, soweit sie für die jeweilige Gruppe von Kriegsgefangenen anerkannt worden war. Von der festgesetzten Entlohnung erhielten die Kriegsgefangenen allerdings nur einen sehr geringen Teil, da ihnen die Kosten für Unterkunft und Verpflegung abgezogen wurden. In der Regel erhielten sie weniger als eine Reichsmark pro Tag. Bis Ende 1941 wurden Kriegsgefangenen aus Westeuropa 70, polnischen Kriegsgefangenen 50 und sowjetischen Kriegsgefangenen 20 Reichspfennige pro Arbeitstag ausbezahlt. Die Auszahlung an sowjetische Kriegsgefangene nach Abzug der Kosten für Verpflegung und Unterkunft wurde als freiwillige Zuwendung verstanden, auf die kein Anspruch bestand.[86]

In den Jahren 1942/43 gewährten die Einsatzträger zwar freiwillige Leistungszulagen für ausgewählte Kriegsgefangenengruppen, zu einer grundsätzlichen Neuregelung der Entlohnung von Kriegsgefangenen kam es aber erst im November 1943. Zur Ermittlung des Lohnes wurde zunächst der Lohn eines deutschen Zivilarbeiters ohne Zuschläge zugrunde gelegt. Nichtsowjetische und polnische Kriegsgefangene kamen nun bei normaler Arbeitsleistung auf einen täglichen Mindeststundenlohn von 50, sowjetische auf 25 Reichspfennige. Während deutsche Zivilarbeiter einen industriellen Durchschnittslohn von etwa 51 RM pro Woche verdienten, erhielten nichtsowjetische Kriegsgefangene etwa 16 RM und sowjetische etwa 8 RM.[87]

Die gemäß Genfer Konvention den Kriegsgefangenen zustehenden Löhne sollten nach Beendigung der Gefangenschaft ausgezahlt werden. Kriegsgefangene durften unter keinen Umständen in den Besitz der deutschen Reichsmark gelan-

[83] Stellv. Generalkommando VI.A.K. vom 9.10.1939 betr. Richtlinien für den Arbeitseinsatz der Kriegsgefangenen, LAV NRW W, Regierung Arnsberg, Nr. 13196. Spoerer, S. 102

[84] Auszug aus dem Runderlass des RMdI vom 12.8.1940.

[85] Erlass des Reichsarbeitsministerium vom 6.10.1939 (IIa 14849/39), in: Schreiben der Knappschafts-Berufsgenossenschaft, Sektion II, Reichsunfallversicherung, Bochum an die Ruhrknappschaft, Bochum, 24.5.1940, sv-dok, Bochum, 4/2716. Herbert Lauterbach, Die Unfallversicherung der Kriegsgefangenen, in: Sonderdruck aus Heft 17/18 und 19/20 vom 15.9. bzw. 15.10.1943 der Zeitschrift „Die Berufsgenossenschaft", S. 1-11, sv-dok, 14/3065.

[86] Rundschreiben des M.-Stammlagers VI D, Gruppe Verwaltung, Lohnst. Industrie an alle Unternehmer, 25.2.1942, WWA, S1, NI-3117(I), Bl. 962.

[87] Spoerer, S. 164ff.

Abb. 08: Lagergeld für Kriegsgefangene, Quelle: http://www.stalagvia-16032.com/a-propos/

gen, da die Behörden dies als Fluchtbegünstigung werteten.[88] Der erarbeitete Monatslohn wurde den Kriegsgefangenen daher in Lagergeld bzw. durch Gutschriften ausgezahlt.[89] Dieses Lagergeld hatte außerhalb des Lagers nur einen ganz geringen Tauschwert. Auf dem Schwarzmarkt soll das Umtauschverhältnis von Reichsmark zu Lagergeld 1:10 betragen haben.[90] Bei Kriegsgefangenen gefundenes Reichsgeld, das sie durch Tauschgeschäfte erstanden hatten, wurde zu Gunsten des Reichs eingezogen.[91]

Arbeitskommandos, Bewachung und Disziplin

Die Kriegsgefangenen wurden von den Stammlagern zu unterschiedlich großen Arbeitskommandos zusammengestellt und unter schärfsten Sicherheitsbestimmungen meist von Landesschützen-Bataillonen bewacht. Die Arbeitskommandos wurden vom Stalag numerisch erfasst und Unternehmern, die Kriegsgefangene angefordert hatten, zugeteilt. Ließ es die räumliche Entfernung zu, wurde das Arbeitskommando täglich vom Stalag zur Arbeit geführt. Die Überwachung der Arbeitskommandos, die in der näheren Umgebung des Stalag VI D eingesetzt waren, und sich täglich vom und zum Stammlager begaben, erfolgte unter Begleitung der Wachmannschaften. War die Entfernung zwischen Stammlager und Einsatzort zu groß, erhielt das Arbeitskommando ein eigenes Lager am Einsatzort, das in Aufbau und Organisation dem Stammlager ähnelte.[92]

Die Bewachung der Kriegsgefangenen im Stalag VI D und im Arbeitseinsatz oblag den von den einzelnen Wehrkreisen gestellten Landesschützen-Bataillonen. Es waren in der Regel ältere und nur bedingt verwendungsfähige Männer.[93] Für die Bewachung der Kriegsgefangenen des Stalag VI D war das Landesschützenbataillon XVIII/VI zuständig,[94] das am 6. Oktober 1939 in der Kreuzschule eintraf, wo es untergebracht wurde. Zu diesem Zeitpunkt waren noch keine Kriegsgefangenen in der Westfalenhalle eingetroffen. Im Januar 1940 waren 350 Angehörige des Landesschützenbataillons in der Katholischen Kreuzschule, Kreuzstrasse 145, und weitere 250 im Hospiz Vereinshaus,

88 Stalag VI D, Gruppe Verwaltung, Lohnstelle Landwirtschaft, an die Landräte des Kreises Warendorf, 2.12.1941, Stadtarchiv Harsewinkel, C 9, Bd. 1.

89 OKW, Berlin, an die W. Kdos. I-XIII, XVII, XVIII, XX, XXI; Betr. Arbeitslöhne der Kriegsgefangenen, 2.11.1939, LAV NRW W, Oberpräsidium, Nr. 5187, Bl. 49-51.

90 Spoerer, S. 166.

91 Stalag VI D, Gruppe Verwaltung, Lohnstelle Landwirtschaft, an die Landräte des Kreises Warendorf, 2.12.1941, Stadtarchiv Harsewinkel, C 9, Bd. 1.

92 Oberstleutnant Eck, Stalag VI D, Gruppe Abwehr, 15.11.1941, Stadtarchiv Harsewinkel, C 9, Bd. 1.

93 Wehrkreiskommando VI betr. Gliederung des Arbeitseinsatzes von Kriegsgefangenen im Wehrkreis VI vom 9.9.1940, in: Niedersächsisches Landesarchiv, Staatsarchiv Osnabrück, Rep. 675 Mep. Nr. 1061, angegeben in: Keller/Petry, Sowjetische Kriegsgefangene, S. 48.

94 Schwarze, Dok. Nr. 3, KA WAF Kr. Beckum 45 Tiefbauamt, S. 257ff.

Wilhelmstrasse 49, innenstadtnah einquartiert.[95] Das Landesschützenbataillon XVIII/VI trug ab April 1940 die Bezeichnung Landesschützenbataillon 468 und war der Division 406 unterstellt.[96] Ob diese beiden Quartiere bis 1945 auch von den Landesschützen genutzt wurden, ist bisher nicht zu klären.

Die Landesschützen der Wehrmacht und die Hilfswachmänner mussten neben der Bewachung der Kriegsgefangenen auch deren Arbeitsleistung überwachen. Arbeitsverweigerung konnte auch mit Waffengewalt unterbunden werden.[97] Für die Organisation und Bewachung der Kriegsgefangenen im Lager war der jeweilige Lagerkommandant verantwortlich. In der Regel, so auch in Dortmund, waren es ehemalige Offiziere des Ersten Weltkrieges, die wegen ihres vorgerückten Alters oder wegen Kriegsverletzungen nicht mehr an der Front einzusetzen waren.[98]

Mitte 1940 fehlte es in sehr vielen Industriebetrieben an Arbeitskräften. Zwar kamen immer mehr Kriegsgefangene ins Reich, doch war vielen Firmen der bürokratische Weg der Zuweisung unbekannt und sie wussten nicht, wie sie die Kriegsgefangenen bewachen und unterbringen sollten. Von verschiedenen Stellen kam die Mitteilung, dass die Bewachung durch Polizei und Werkschutz übernommen werden sollte; eine Verantwortung, die die Werke ihrem Werkschutz nur ungern übertragen wollten.[99]

Wehrmachtsstellen und Firmen, die Kriegsgefangene für sich arbeiten ließen, waren bei Konflikten, Sabotage- und Widerstandshandlungen von Kriegsgefangenen aus den westlichen Staaten relativ machtlos, da die Genfer Konvention Disziplinarmaßnahmen verbot. Den französischen Kriegsgefangenen stand z. B. bei Handlungen gegen die Genfer Konvention das Recht zu, ihre zuständige Schutzmacht zu informieren, die dann beim Auswärtigen Amt Protest einlegte.[100] Anders sah es dagegen bei Kriegsgefangenen aus, denen der völkerrechtliche Schutz verweigert wurde; dies betraf die sowjetischen Kriegsgefangenen und die Italienischen Militärinternierten.

Die von Italienischen Militärinternierten verwandte Bezeichnung ‚Konzentrationslager' für das Stalag VI D war eher eine Charakterisierung der schlechten Lebensbedingungen und besagt nicht, dass es ein Konzentrationslager war. Von französischen Kriegsgefangenen wurde dieser Begriff nicht benutzt, denn entsprechend der nationalsozialistischen Rassenhierarchie hatten sie bessere Überlebensbedingungen in Bezug auf Ernährung, Kleidung und Freizeit.[101]

95 Eintrag Kriegschronik vom 1.1.1940, StadtA Do, 424-1.

96 Militärgeschichtliches Forschungsamt, Potsdam, an Regina Mentner, 2.12.2004.

97 Abschrift aus den Amtlichen Mitteilungen Nr. 12 vom 20.6.1944, Merkblatt für Unternehmer, Hg. Wehrkreiskommando VI, Münster, betr. „Hebung der Arbeitsleistung aller Kriegsgefangenen. Verhalten der Wachmannschaften, Niedersächsisches Landesarchiv-Hauptstaatsarchiv Hannover, Hann. 275 Nr. 279, zit. in: Keller/Petry, Sowjetische Kriegsgefangene, S. 201, 52f.

98 *Jens Nagel, Jörg Osterloh*, Wachmannschaften in Lagern für sowjetische Kriegsgefangene (1941-1945), in: Beiträge zur Geschichte des Nationalsozialismus, Bd. 16, „Durchschnittstäter", *Christoph Dieckmann, Christian Gerlach, Wolf Gruner u. a. (Hg.)*, Berlin 2000, S. 72-93.

99 Kriegstagebuch des Rüstungskommandos Dortmund, Bericht vom 10.6.1940, BAMA, RW 21/14-15.

100 Spoerer, S. 168f.

101 Alfred Dusautier, Armentieres, an Doktor Schinckel, Westfälisches Industriemuseum, Dortmund, 28.1.2003, in Besitz der Verfasserin.

Befriedigung der Grundbedürfnisse

Die bereits erwähnte wichtigste Bestimmung in der Genfer Konvention, dass die Kriegsgefangenen grundsätzlich „Anspruch auf Achtung ihrer Person und ihrer Ehre" hatten und „jederzeit mit Menschlichkeit behandelt" werden müssten,[102] stand im Widerspruch zu der Beschaffenheit der Unterkünfte, zu ihrer Kleidung, Ernährung, Hygiene und medizinischen Versorgung.

Hinsichtlich der Unterkunft war in der Genfer Konvention festgelegt, dass Kriegsgefangene in Häusern (z. B. in Sälen von Wirtschaften) oder Baracken unterzubringen seien, die jede mögliche Gewähr für Reinlichkeit und Erträglichkeit boten. Vor allem kleinere Handwerksbetriebe und Bauern teilten sich ein sogenanntes Kriegsgefangenensammellager zur Unterbringung der Kriegsgefangenen. Ihre Verpflegung hatte derjenigen der deutschen Truppenreserve zu entsprechen, wobei kollektive Disziplinarmaßnahmen in punkto Ernährung untersagt waren.[103] Die Realität sah jedoch anders aus.

Kriegsgefangene trugen sehr lange Zeit die Kleidung, die sie bei Ihrer Gefangennahme am Leibe hatten. Von den Stalags wurden ihnen ausrangierte deutsche Uniformen zur Verfügung gestellt. Den westlichen Kriegsgefangenen halfen Pakete aus der Heimat, ihre Kleidung einigermaßen in Stand zu halten. Sowjetische Kriegsgefangene und IMI hatten dagegen keine Möglichkeit, dem Verschleiß ihrer Kleidung durch den Arbeitsprozess entgegenzuwirken. Für sie waren die Wirtschaftsämter zuständig; sie stellten Bezugsscheine für die Unternehmen aus, die dann Kleidung oder Schuhwerk an die Kriegsgefangenen ausliehen, wenn andernfalls die Arbeitseinsatzfähigkeit in Frage stand.[104]

Ein drastischer Einschnitt in der Ernährungslage der Kriegsgefangenen begann mit dem Einsatz sowjetischer Kriegsgefangener ab Herbst 1941. Polnische, belgische, französische und serbische Kriegsgefangene erhielten zwar auch keine ausreichende Ernährung, konnten sich aber z. B. beim Einsatz in der Landwirtschaft oder durch Lebensmittelpakete aus der Heimat relativ ausreichend ernähren. Im Gegensatz dazu waren sowjetische Kriegsgefangene gnadenlos dem Hungertod ausgesetzt. Das IKRK kümmerte sich nicht um sie. Die Verpflegungssätze entsprachen nur einem absoluten Minimum und bewirkten ständigen Hunger. Diese Bedingungen galten in geringfügig abgeschwächter Form auch für die IMI. Es gibt Augenzeugenberichte wonach sich beide Kriegsgefangenengruppen um Essensabfälle rissen oder nachts aus dem Lager ausbrachen, um sich auf den umliegenden Feldern Kartoffeln, Kohl oder Rüben zu organisieren.[105] Der Mangel an sauberer Kleidung, vor allem an Unterwäsche und Strümpfen, Schuhen, Bettzeug, Handtüchern und Seife erschwerte eine ausreichende Hygiene bzw. ließ sie für alle Nationalitäten der Kriegsgefangenen nahezu unmöglich werden. Die fehlende Ersatzkleidung gekoppelt mit schlechter Wundversorgung – häufig hatten die Kriegsgefangenen Verletzungen an den Füssen, die nicht heilten – und die ungenügenden sanitären Anlagen begünstigten Hauterkrankungen, Verlausungen und andere infektiöse Krankheiten. Vor allem gegenüber den sowjetischen Kriegsgefangenen sahen viele Deutsche sich in ihren Vorurteilen gegen-

102 Spoerer, S. 100.
103 Ebd.
104 Ebd., S. 137.
105 Ebd., S. 122-135.

über den „russischen Schweinen", die stanken und dreckig waren, bestätigt.[106] Die mangelhafte Ernährung und die miserablen sanitären Bedingungen begünstigten Ansteckung und den Ausbruch von Krankheiten, die im Lazarett des Stalags und auch in Krankenhäusern der Umgebung behandelt wurden.

Die Lazarette innerhalb der Stalags und die zu Kriegsgefangenen-Lazaretten erklärten Abteilungen der Reserve-Lazarette galten als Teil des Lagers, daher war der zuständige Stalag-Kommandant auch verantwortlich für die Bewachung der erkrankten Kriegsgefangenen und des nichtdeutschen Sanitäts-Personals. Das deutsche Sanitäts-Personal musste die Maßnahmen zur Überwachung der Insassen der Kriegsgefangenen-Lazarette unterstützen.[107] Dem Stalag VI D war die Kriegsgefangenen-Lazarett-Abteilung Hemer als Kriegsgefangenen-Reserve-Lazarett-Abteilung zugeordnet.[108] Spätestens ab Februar 1943 bestand im Stalag VI D für die medizinische Versorgung der Kriegsgefangenen ein vom übrigen Lager mit Stacheldraht abgetrenntes Lazarett. Es war den Gefangenen nicht gestattet, sich in seiner Umgebung aufzuhalten.[109] Der Besuchskommission des IKRK schienen Wartezimmer und Behandlungsräume gut eingerichtet und mit allem Notwendigen versehen zu sein. Ein Operationsraum gestattete kleine chirurgische Eingriffe. Die anderen chirurgisch zu Behandelnden wurden weiterhin an verschiedene Dortmunder Krankenhäuser überwiesen. Der Zahnarztraum schien der Kommission trotz mancher fehlender Instrumente relativ gut ausgestattet. Lediglich die an Tuberkulose erkrankten Franzosen wurden nach wie vor sofort in das Lazarett Kloster Thuine bei Lingen im Emsland evakuiert, während das bei Gefangenen anderer Nationalität sehr viel länger dauerte. Dauernd arbeitsunfähige französische Kriegsgefangene wurden im Allgemeinen in das als Sammellager dienende Stalag VI C Bathorn (Grafschaft Bentheim) verlegt; von dort wurden sie oft an unbekannte Orte weiter evakuiert.[110]

In jedem der im März 1944 den einzelnen Nationalitäten zugeordneten Lagerbereiche gab es ferner „Krankenstuben": je eine für französische, serbische und sowjetische Kriegsgefangene. Zuvor hatte es für französische, belgische und serbische Kriegsgefangene lediglich eine gemeinsame Krankenstube gegeben; eine weitere für Italienische Militärinternierte kam später hinzu.[111]

Kriegsgefangene und IMI waren zwar nicht krankenversicherungspflichtig, mussten nach der Einstellung jedoch durch den Unternehmer bei der Berufsgenossenschaft unfallversichert werden. Diese erstattete für die Dauer der Unfallbehandlung dem Stalag ein Krankengeld, so dass der Reichshaushalt nicht belastet wurde. Auch dem Unternehmer entstanden keine weiteren Kosten, da die Lohnzahlung entfiel. Die Unterkunfts- und Verpflegungssätze in den ersten Ausfalltagen gingen zu Lasten der IMI und der Kriegsgefangenen. Anders als bei den deutschen Betriebsangehörigen waren die Arbeitsschutzbestimmungen für die nicht-deutschen Arbeiter abhängig

106 Ebd., S. 138f.

107 Stellv. Gen. Kdo. VI A.K. (Wehrkreiskommando VI) an Direktor Dr. Wernicke, Heilanstalt Aplerbeck, und Kgf. M. Stammlager VI D, 23.3.1943, Landschaftsverband Westfalen-Lippe-Westfälisches Archivamt (zit. als: LWL-Westfälisches Archivamt), Bestand 653, Nr. 4.

108 Ebd.

109 Besuche des Stalag VI D, 11.2./12.9.1943, ACICR, C SC, Service des camps, Allemagne, WK VI, RT.

110 Besuch des Stalag VI D, 11.2.1943, ACICR, C SC, Service des camps, Allemagne, WK VI, RT.

111 Barbero, S. 40.

von ihrem Status in der rassistischen Betriebshierarchie und ihrem jeweiligen betriebswirtschaftlichen Stellenwert im Produktionsablauf.[112]

In den Verträgen mit den Einsatzträgern wie Unternehmen, Betrieben und Firmen hieß es in Bezug auf die Unfallversicherung und die medizinische Versorgung bei Krankheit:

> „Der Unternehmer ist verpflichtet, die Kriegsgefangenen unter den gleichen Bedingungen wie die Gefolgschaftsmitglieder gegen Unfall bei der zuständigen Unfallversicherungs-Berufsgenossenschaft zu versichern.
> Bei Erkrankungen oder Unfall trägt der Unternehmer die Transportkosten des Gefangenen zum nächsten Kriegsgefangenenlazarett oder zu dem vom STALAG-Arzt zugewiesenen Lazarett bzw. zum STALAG. Der Unternehmer trägt die Verpflegung und Unterkunft für die Revierkranken (also nicht für die dem Lazarett zugeführten Kranken) ohne Rückvergütungsanspruch hierfür.
> Kranke Kriegsgefangene, die dem Lazarett zugeführt werden müssen und solche, die für längere Zeit revierkrank befunden werden, ferner ungeeignete und unwillige Kriegsgefangene, werden die gleiche Anzahl geeigneter Kriegsgefangener durch das STALAG VI D ausgetauscht, soweit diese [sic] möglich ist. Den Transport übernimmt der Unternehmer."[113]

Unbekannt ist die Zahl der in Dortmunder Krankenhäusern gestorbenen Kriegsgefangenen. Todesfälle gab es u. a. im Josefs-Hospital in Kirchlinde, im Marienhospital in Hombruch, im Hüttenhospital und im Evangelischen Bethanien-Hospital in Hörde, im Evangelischen Krankenhaus in Lütgendortmund, im St. Josefs-Hospital in Derne, im Johannes-Hospital in der Stadtmitte und in den Städtischen Krankenanstalten am Westfalendamm.[114] Sechs sowjetische Kriegsgefangene starben in einem Krankenhaus: zwei im Reservelazarett Lütgendortmund, drei in den Städtischen Krankenanstalten und einer im Krankenhaus Westfalendamm.[115]

Kontakte mit der Außenwelt und Freizeitgestaltung

Hilfslieferungen des IKRK und des SDPG erhielten ausschließlich belgische und französische Kriegsgefangene. Diese Pakete trafen unregelmäßig ein und deckten nicht den Bedarf an Lebensmitteln und sanitären Gegenständen. Sowohl die Pakete als auch Briefsendungen wurden vor der Weiterleitung an die Kriegsgefangenen in einer besonderen Stelle des Stalag nach versteckten Nachrichten und unerwünschten Gegenständen kontrolliert. Polnische Kriegsgefangene erhielten seit 1943 Kleider- und Nahrungsmittellieferungen der britischen und amerikanischen Streitkräfte; so-

112 Hammermann, S. 180.

113 Vertrag zwischen dem Deutschen Reich, Reichsfiskus Heer, vertreten durch den Lagerkommandanten des Stalag VI D, Wilhelm Eck und dem Harpener Bergbau A.G., Zeche Hugo in Gelsenkirchen-Buer, 13.4.1942, WWA, Dortmund, S1, NI-3117(I), Bl. 958-961.

114 Namentliche Auflistung von verstorbenen Kriegsgefangenen und Zwangsarbeitern mit Angabe des Geburts- und Todesdatum sowie dem „Wohnort" d.h. dem Lager in dem sie lebten, StadtA Do, 167/01-94.

115 Von der Verwaltung des Hauptfriedhofs Dortmund angelegtes Register über verstorbene sowjetische Kriegsgefangene des Stalag VI D. Darin wird eine Zahl von 3.645 verstorbenen sowjetischen Kriegsgefangenen angegeben, StadtA Do, 167/01-106.

wjetische Kriegsgefangene sowie die Italienischen Militärinternierten erhielten aus ihren Heimatländern oder von alliierten Streitkräften keine Pakete.

Lediglich die belgischen, niederländischen und französischen Kriegsgefangenen hatten das Privileg, einer Freizeitbeschäftigung nachgehen zu dürfen, indem sie u. a. die lagereigene Bibliothek nutzen, Theater- und Musikstücke aufführen oder Mannschaftsspiele veranstalten durften. Die Möglichkeiten der musischen, intellektuellen, religiösen und sportlichen Betätigung der Kriegsgefangenen wurde von der Kriegsgefangenenhilfe des Weltbundes des Y.M.C.A. begutachtet. Im Gespräch mit dessen Reise-Sekretär Karl S. Schmid im März, Mai und Oktober 1941 erörterten die Vertrauensmänner der französischen und belgischen Kriegsgefangenen sowie u. a. Lagerkommandant Eck, Oberleutnant Pegels, Unteroffizier Auriga, Oberschütze Wolff und Schütze Ernstwilhelm Boland (im Zivilberuf evangelischer Pfarrer) in der Unteroffizierskantine die Betreuung der Kriegsgefangenen. Ihre Bedürfnisse nach katholischen und evangelischen Gottesdiensten, nach französischen Büchern für die Lagerbibliothek und für die Arbeitskommandos in Form von sogenannten „Wanderbücherei-Kisten" sowie nach Deutschkursen durch kriegsgefangene Fachleute wurden erörtert und nach Möglichkeiten der Abhilfe gesucht. Es gab ein siebzehnköpfiges Orchester unter der Leitung des kriegsgefangenen Orchesterdirigenten Bebarin Albert. Während das Orchester täglich im Lager, im Lazarett oder in dem Bereich des Lagers, das als Heilag[116] diente, auftrat, war die fünfköpfige Theatergruppe bemüht, jeden Sonntag eine Vorführung zu geben.[117] Es fehlten jedoch Requisiten, Instrumente und französische Liederbücher. Auf einem großen Sportplatz auf dem Lagergelände wurde geturnt und gespielt. Eine „YMCA-Sportkiste" mit Fuß- und Handbällen, Boxhandschuhen und Netzen stand zur Verfügung. Bei gutem Wetter fanden Fußballspiele statt. In einer sogenannten Unterrichtsbaracke gab es ein Atelier für Kunstmaler und Kunstschnitzer. Auch hier fehlten entsprechende Materialien.[118]

Von polnischen und sowjetischen Kriegsgefangenen ist überliefert, dass sie in ihrer spärlichen Freizeit Spielzeug und dekorative Gegenstände aus Holzresten herstellten, um sie gegen Nahrungsmittel einzutauschen.[119] Für sowjetische Kriegsgefangene und Italienische Militärinternierte bedeutete Freizeit lediglich Nicht-Arbeit. Diese Zeit nutzten sie meist zum Schlafen oder zur Reproduktion ihrer geschundenen Körper.

Gemäß der Genfer Konvention hatten Kriegsgefangene Anspruch auf freie Religionsausübung und gefangene Geistliche sollten ihr Amt ohne Einschränkungen ausüben dürfen. Es kam sogar vor, dass polnische Kriegsgefangene an ihren freien Sonntagen Ausgang hatten und an katholischen Messen in deutschen Kirchen teil-

[116] Die Heilags (Kriegsgefangenen-Heimkehrerlager) dienten der Vorbereitung der „Repatriierung" von Kriegsgefangenen. Dabei handelte es sich meist um schwer kranke Kriegsgefangene oder um Kriegsgefangene, die aus anderen Gründen entlassen werden sollten, z.B. bei Gefangenenaustauschen.

[117] Der britische Musiklehrer und Komponist jüdischen Glaubens, William Hilsley (1911 - 2003), beschrieb in seinem Lager-Tagebuch die Tätigkeit des Y.M.C.A. in den zivilen Internierungslagern Tost (Ilag VIII/Z) und Kreuzburg (Ilag VIII/Z1) in Oberschlesien, in denen er von 1940 bis 1945 interniert war. William Hilsley, Musik hinterm Stacheldraht. Tagebuch eines internierten Musikers 1940-1945, 2. Aufl., Potsdam 2000. Zu William Hilsley siehe: https://de.wikipedia.org/wiki/William_Hilsley, 15.04.20017.

[118] Bericht von Karl S. Schmid, Kriegsgefangenenhilfe des Weltbundes des Y.M.C.A., über die Besichtigungen des Stalag VI D am 26.3.1941 (PAAA, R 40706a), am 12.5.1941 (PAAA, R 40973) und am 6.10.1941, (PAAA, R 40975).

[119] Siehe die Vitrinen in der Mahn- und Gedenkstätte Steinwache, Dortmund, Zelle/Raum 30.

nahmen. Belgische und französische Kriegsgefangene besuchten meist Messen in den Lagern, die von kriegsgefangenen belgischen oder französischen Priestern abgehalten wurden. Christlich-orthodoxe Kriegsgefangene aus der Sowjetunion und aus Jugoslawien sowie die überwiegend katholischen Italienischen Militärinternierten hatten nur dann die Möglichkeit, ihre Religion auszuüben, wenn sich ein kriegsgefangener Geistlicher ihrer Religion ebenfalls im Lager befand.

Zusammenfassung

Während des Eroberungs-, Ausbeutungs- und Vernichtungskrieges der deutschen Wehrmacht kamen insgesamt circa 4,5 Millionen[120] Kriegsgefangene aus den überfallenen Ländern ins Deutsche Reich. Während der einzelnen Kriegsphasen (Überfall auf Polen, Westfeldzug, Überfall auf die Sowjetunion, Austritt Italiens aus dem Kriegsbündnis) gab es eine permanente Steigerung der Brutalität, eine Radikalisierung von Feindbildern und eine Gewaltdynamik gegenüber Kriegsgefangenen, die als bloße Ressource im Arbeitseinsatz gesehen wurden. Es ging um die wirtschaftliche Nutzbarmachung der „feindlichen Gefangenen", wobei die militärische Sicherheitsverwahrung in Lagern den äußeren Rahmen darstellte. Neben der materiellen Ausbeutung der Kriegsgefangenen wurde ihre Anwesenheit politisch-propagandistisch instrumentalisiert, denn ihre Behandlung sollte Druck auf den Gegner ausüben.

Die humanitären und völkerrechtlichen Normen der Genfer Konvention fanden eingeschränkte Anwendung bei der Behandlung der belgischen, französischen und jugoslawischen Kriegsgefangenen. Kriegsgefangenen aus Polen und der Sowjetunion sowie den Italienischen Militärinternierten wurde der völkerrechtliche Schutz komplett verweigert. In den fast sechs Kriegsjahren war die Einhaltung der völkerrechtlichen Normen und Gesetzgebungen der Willkür der deutschen Dienststellen unterworfen.

120 Spoerer, Tabelle „Kriegsgefangene im Arbeitseinsatz 1939-1945, S. 221.

Teil 2: Das Stalag VI D in der Westfalenhalle, 1939–1941

Das Stalag VI D Dortmund-Westfalenhalle lag im NSDAP-Gau Westfalen-Süd[1] im Wehrkreis VI und war das vierte im Wehrkreis eingerichtete Stalag. Es war zugleich das größte Kriegsgefangenenlager in Dortmund überhaupt. Wie alle Stalags diente es im Wesentlichen als Aufnahmelager, Verwaltungszentrale und Krankenstation. Vom Stalag VI D aus wurde die zentrale Bereitstellung von Kriegsgefangenen für das gesamte Ruhrgebiet geregelt und es war das wichtigste Arbeitskräftereservoir v. a. für die Rüstungsindustrie in den Regierungsbezirken Arnsberg und Münster. Davon ausgenommen war der Bergbau, der seit dem 4. November 1942 mit Kriegsgefangenen aus dem Stalag VI A in Hemer versorgt wurde. Das Stalag VI A war vom OKW als Sondermannschaftsstammlager für den Bergbau deklariert und ausschließlich zur Aufnahme der für den Bergbau vom Stammlager 326 (VI K) abgegebenen sowjetischen Kriegsgefangenen bestimmt worden.[2] Alle Kriegsgefangenen, die für den Bergbau als nicht geeignet galten, wurden vom Stalag VI A Hemer nach Dortmund überwiesen.[3]

In der Zeit von September 1939 bis März 1945 hatte das Stalag VI D fünf Lagerkommandanten, und zwar:

- vom 29. September 1939 bis zum 14. April 1940 Oberstleutnant Kurt Vilmar,[4]
- bis zum 21. Juni 1942 Oberst Wilhelm Eck,[5]
- bis zum 31. März 1943 Oberstleutnant Otto Rotenberg,[6]
- bis zum 24. September 1944 Oberst Erich Steiniger,[7]
- vom 15. November 1944 bis Ende Februar 1945 Oberst Ernst Schmidt-Vogelsang.[8]

1 Die Gaue Westfalen-Süd (Sitz der Gauleitung Bochum) und Westfalen-Nord (Sitz der Gauleitung Münster) entstanden aus der 1931 erfolgten Teilung des Gaues Ruhrgebiet. Gauleiter für Westfalen-Süd waren von 1932 bis 1941 Josef Wagner, von 1941 bis 1943 Paul Giesler, von 1943 bis 1945 Albert Hoffmann. *Gerhard Kratzsch*, Der Gauwirtschaftsapparat der NSDAP, Menschenführung – „Arisierung" – Wehrwirtschaft im Gau Westfalen-Süd, Münster 1989, S. 16, 23f.

2 Rundschreiben der Bezirksgruppe Steinkohlenbergbau Ruhr der Wirtschaftsgruppe Bergbau an ihre Mitglieder, 4.11.1942, abgedruckt in: Hüser/Otto, Stammlager 326, S. 234. Das Dokument befindet sich im WWA Dortmund, S1/I NI 12047-12262, Bl. 12171.

3 Rundschreiben der Gruppe Verwaltung, Kriegsgef.-M.-Stammlager VI D, an sämtliche Unternehmer, betr. Lohnabrechnung der Kriegsgefangenen, 23.12.1942, Stadtarchiv Hagen, SamHa 20, Firma Carl Krampe Rummenohl, Kriegsgefangenenlager, Bl. 20. Otto, Lager in Westfalen/Jahrbuch, S. 174f.

4 Kurt Vilmar (17.3.1882), Entnazifizierungsakte Kurt Vilmar, NW 1116-3302, LAV NRW R. NSDAP-Zentralkartei, Kurt Vilmar, Mitgl. Nr. 3753720, BArch (ehem. BDC). Personalkarte Kurt Vilmar, RW 59/2130, BAMA.

5 Wilhelm Eck (8.6.1870), Personalkarte Wilhelm Eck, BAMA, RW 59/2130.

6 Otto Rotenberg (5.10.1883) war am 1. Januar 1928 in die NSDAP eingetreten. Am 1. April 1939 wurde er zum Oberstleutnant und am 1. November 1942 zum Oberst ernannt. Rotenberg war der nachfolgende Lagerkommandant von Oberstleutnant Kurt Vilmar, er führte das Kommando des Stalag VI D bis zum 21.6.1942. Aus Altersgründen wurde er am 31. März 1944 aus dem Dienst des OKW entlassen. BArch (ehem. BDC), NSDAP-Zentralkartei, Otto Rotenberg, Mitgl. Nr. 72606. Personalkarte Otto Rotenberg, BAMA, RW 59/2130.

7 Personalakte Erich Steiniger (19.7.1889), BAMA, RW 59/2130; Personalkarte Erich Steiniger, OKH Heeres-Personalamt, BAMA, Pers 6/11687.

8 Ernst Schmidt-Vogelsang (21.1.1894), Personalkarte Ernst Schmidt-Vogelsang, BAMA, RW 59/2130; BAMA, Personalakte Ernst, Anton, Heinrich, Adolf Schmidt-Vogelsang, BAMA, Pers 6/7710, OKH, Heeres-Personalamt.

Die Kriegsgefangenen des Stalag VI D wurden Arbeitskommandos in Bochum, Castrop-Rauxel, Dortmund, Herne, Lünen, Wanne-Eickel, Wattenscheid und Witten sowie dem Regierungsbezirk Münster mit Ausnahme der Kreise Ahaus, Steinfurt und Tecklenburg zugeteilt.[9] Das Stalag VI F Bocholt versorgte den Regierungsbezirk Münster und ergänzend das Ruhrgebiet mit Kriegsgefangenen, das Stalag VI J Krefeld-Fichtenhain übernahm den rechtsrheinischen Bereich des Regierungsbezirks Düsseldorf.[10]

Das Dortmunder Wirtschaftsamt gab die Zahl der im Stadtgebiet lebenden Kriegsgefangenen im Oktober 1940 mit circa 3.800 an.[11] Im gesamten Ruhrgebiet arbeiteten im Sommer 1944 75.000 Kriegsgefangene.[12] Im Januar 1945 wurden in Dortmund mehr als 43.310 ausländische Arbeitskräfte gezählt, davon waren mindestens 15.818 Kriegsgefangene.[13] Eine immens große Zahl von ihnen arbeitete in den circa 300 Arbeitskommandos, die über das gesamte Dortmunder Stadtgebiet verteilt waren.[14] Große Unternehmen, die Kriegsgefangene des Stalag VI D in Arbeitskommandos für sich arbeiten ließen und meist auch eigene Lager auf dem Werksgelände errichtet hatten, waren in Dortmund u. a. die Gelsenkirchener Bergwerks AG,[15] die Hoesch AG, speziell der Dortmund-Hörder Hüttenverein.[16] Auch viele Zechen setzten Kriegsgefangene ein, wie die Zechen Zollern,[17] Minister Achenbach,[18] Hansa/Westhausen,[19] Minister Stein und Fürst Hardenberg.[20]

So hatte zum Beispiel das Eisen- und Stahlwerk Hoesch AG, Dortmund, in der Unnaer Str. 26 ein Kriegsgefangenenlager eingerichtet. Das Baugesuch war unter Vorlage von Bauplänen am 10. Februar 1941 bei der Stadt Dortmund, Abt. Baupolizei,

9 Schwarze, Dok. Nr. 3, KA WAF Kr. Beckum 45 Tiefbauamt, S. 257ff.

10 Otto, Lager in Westfalen/Jahrbuch, S. 174.

11 Eintrag Kriegschronik am 26.10.1940, StadtA Do, 424-97.

12 Schätzung des Stadtarchivs Dortmund, *Britta Leise*, Zwangsarbeit in Deutschland – Zwangsarbeit in Dortmund. Ein Überblick, in: Heimat Dortmund, „Ich wurde nach Dortmund gebracht..." – Zwangsarbeit in Dortmund (1939-1945), *Historischer Verein für Dortmund und die Grafschaft Mark e.V. unter Mitwirkung des Stadtarchivs (Hg.)*, 3/2002, Dortmund, S. 3-6, hier S. 3, zit. als: Leise, Zwangsarbeit in Dortmund.

13 Högl, Widerstand und Verfolgung, Dok. Nr. 397.

14 Leise, Zwangsarbeit in Dortmund, S. 5. Des Weiteren gab es in Dortmund eine Außenstelle des KZ-Buchenwald auf dem Gelände des Dortmund-Hörder-Hüttenvereins.

15 Reichspostdirektion Dortmund (Hg.), Amtliches Fernsprechbuch für das östliche Ruhrgebiet, Ausgabe März 1944, Stand 1.11.1943, Dortmund 1944, S. 18.

16 Siehe Angaben zur Hoesch AG Dortmund und zum Dortmund-Hörder-Hüttenverein, in: Hammermann, S. 173, 204f, 207, 223f. Archiv des „Service des Victimes des la Guerre" (Brüssel), Brüsseler Listen, Sig. R 125 V-6; P.A. III, 31.8.1948, Nachforschung 28.10.1948, StadtA Do, Bestand 449/06. Tillmann, Reichseinsatz, S. 40, 60.

17 Archiv des „Service des Victimes des la Guerre" (Brüssel), Brüsseler Listen, Sig. R 125 V-6; Pol.-Abschnitt II, Nachweisungen über festgestellte Lager, , StadtA Do, Bestand 449/06. Martin Rosswog, Schichtaufnahmen. Erinnerungen an die Zeche Zollern II/IV, Landschaftsverband Westfalen-Lippe, Westfälisches Industriemuseum, Bd. 14, Essen 1994, S. 46, 112f, 137f, 188f, 202f. Reichspostdirektion Dortmund (Hg.), Amtliches Fernsprechbuch für das östliche Ruhrgebiet, Ausgabe März 1944, Stand 1.11.1943, Dortmund 1944, S. 18.

18 Högl, Widerstand und Verfolgung, S. 232, Dok. 401.

19 *Tilo Cramm*, Hansa/Westhausen. Dortmunder Bergwerke 1954-1980, Landschaftsverband Westfalen-Lippe, Westfälisches Industriemuseum, Bd. 17, Essen 1997, S. 65f, 69, 140ff.

20 Archiv des „Service des Victimes des la Guerre" (Brüssel), Brüsseler Listen, Sig. R 125 V-6, Nachforschung 28.10.1948, StadtA Do, Bestand 449/06. *Tilo Cramm*, Minister Stein, Fürst Hardenberg. Die Geschichte des letzten Dortmunder Bergwerks, Teil II: 1918-1987, Landschaftsverband Westfalen-Lippe, Westfälisches Industriemuseum, Bd. 12, Essen 1993, S. 84-93. Reichspostdirektion Dortmund (Hg.), Amtliches Fernsprechbuch für das östliche Ruhrgebiet, Ausgabe März 1944, Stand 1.11.1943, Dortmund 1944, S. 18.

zur Errichtung einer Baracke für 276 Kriegsgefangene eingereicht worden. Der Bauschein wurde am 22. April 1941 vom Oberbürgermeister der Stadt Dortmund als Ortspolizeibehörde ausgestellt.[21] Es gab ein weiteres Baugesuch von Hoesch für einen Erweiterungsbau für 20 Wachmänner, die nötig schien wegen der großen Anzahl von Kriegsgefangenen. Das Lager nebst Baracken für die Wachmannschaften sollte im Juni 1941 für 388 Kriegsgefangene erweitert werden.[22]

Durch einen Bombenangriff in der Nacht vom 8./9. August 1941 brannte das komplette Haus nieder; die Löschzüge konnten es nicht retten. Beim morgendlichen Appell wurde festgestellt, dass 21 Kriegsgefangene fehlten. Als es heller wurde fand man deren Leichen unter den Trümmern liegend.[23] Nach dem verheerenden Brand wurde zügig der Wiederaufbau der Baracke für Kriegsgefangene zwischen der Hoesch AG, dem Arbeitsamt und dem Stalag VI D geregelt. Die Planung über Bettenanordnung, Schränke, Aufenthaltsräume entsprachen den Anweisungen des Stalag. Da es zu diesem Zeitpunkt keine fertigen Baracken gab, wurden Baumaterialien zum Wiederaufbau der Baracke beantragt. Der Antrag lief übers Arbeitsamt Dortmund. Da gleichzeitig aus einem weiteren Kriegsgefangenenlager der Hoesch AG, dem sogenannten Bauernkamp, 300 Franzosen anderweitig unterzubringen waren, war die Zuweisung von Baustoffen dringend nötig, denn die Franzosen mussten das Lager „Bauernkamp" für ca. 500 Gefangene anderer Nationalität freimachen.[24]

Von 116 Kriegsgefangenenlagern in Dortmund, einschließlich der Lager der Arbeitskommandos, sind die Adressen bekannt.[25] Sie waren in Privatgebäuden wie Gastwirtschaften, auf Werks- und Zechengeländen sowie in Industrie- und Handwerksbetrieben eingerichtet worden. Allein in der Dortmunder Stadtmitte inklusive dem Vorort Körne existierten vermutlich 24, in den Vororten Eving und Hörde je neun Kriegsgefangenenlager. Alle Dortmunder Kriegsgefangenenlager unterstanden als so genannte Arbeitskommandos organisatorisch und verwaltungstechnisch dem Stalag VI D. Die Kriegsgefangenen in den Arbeitskommandos stammten vor allem aus Belgien, Frankreich, der Sowjetunion und Italien.

Bei Beginn des Zweiten Weltkrieges im September 1939 hatte die nationalsozialistische Regierung zunächst beabsichtigt, die Westfalenhalle zur Lagerung von Getreide zu nutzen.[26] Die „Sicherstellung von Räumen für Getreidelagerung"

[21] Baugesuch der Hoesch AG bei der Stadt Dortmund, Abt. Baupolizei, 10.02.1941; Bauschein vom 22.04.1941 vom Oberbürgermeister der Stadt Dortmund als Ortspolizeibehörde, Stadt Do, Bestand 163/01, Unnaer Str. 26, Bd.1.

[22] Schreiben der Hoesch AG an die Stadt Dortmund, Abt. Baupolizei, 19.06.1941, Stadt Do, Bestand 163/01, Unnaer Str. 26, Bd.1.

[23] Feuerbericht Nr. 109, vom 08.08.1941, verfasst am 09.08.1941 von Hauptwachmeister der Feuerschutzpolizei Mieberg, Stadt Do, Bestand 163/01, Unnaer Str. 26, Bd.1.

[24] Schreiben der Hoesch AG an das Arbeitsamt Dortmund, 27.08.1941, Stadt Do, Bestand 163/01, Unnaer Str. 26, Bd.1.

[25] Verzeichnis der Kriegsgefangnen- und Ostarbeiterlager, 21.12.1944, Bl. 28/29, StadtA Do, 182-58. Verzeichnis der Kriegsgefangenen-Arbeitskommandos im Regierungsbezirk Arnsberg nach dem Stand vom 1. 1.1942, LAV NRW W, Regierung Arnsberg, Nr. 13053. In dieser Aufstellung vom 1.1.1942 wurde eine Gesamtzahl von 152 Kriegsgefangenen-Arbeitskommandos im Regierungsbezirk Arnsberg gezählt. Siehe auch die Aufstellung „Kriegsgefangenen- und Zwangsarbeiterlager in der Stadt Dortmund", in: Schwarze, Dok. 5b, S. 267-273. Eigene Auszählung der Aufstellungen ehemaliger Lager in Dortmund in Listen des Stadtarchivs Dortmund.

[26] Schreiben des Westfalenhalle-Vorstandes an den Oberbürgermeister der Stadt Dortmund, 15.9.1939, zit. in: Westfalenhallen Chronik, 2010, S. 168, 351.

Abb. 09: Zwangsarbeiter und Kriegsgefangene bei Enttrümmerungsarbeiten auf dem Dortmunder Westenhellweg vor dem Geschäft „Betten Hutt", StadtA Do

war im Rahmen der Kriegsvorbereitung in den Jahren 1938/39 ein vordringliches Problem. Alle Landesarbeitsämter sollten größere Räume melden, die in ihren Zuständigkeitsbereichen zur Verfügung standen. Auch Beschlagnahmungen waren vorgesehen.[27] Der Plan, Getreide in der Westfalenhalle zu lagern, wurde verworfen, weil im gesamten Deutschen Reich dringend nach Orten und Möglichkeiten für die Unterbringung von Kriegsgefangenen gesucht wurde. Die Westfalenhalle bot in ihrer Umgebung eine riesige Anzahl nicht besetzter Arbeitsplätze und sie erfüllte alle baulichen und sanitären Voraussetzungen für die Unterbringung tausender Kriegsgefangener. Der Veranstaltungsbetrieb in der Westfalenhalle endete in der letzten Septemberwoche 1939 kurz nach Beginn des Zweiten Weltkrieges, als die Halle von der Wehrmachtsverwaltung „für die Durchführung kriegswichtiger Aufgaben" beschlagnahmt wurde.[28] Ein am 24. September 1939[29] erstellter „Entwurf eines Mietvertrages"[30] zwischen der Westfalenhalle AG als Vermieterin und der Heeres-Standort-Verwaltung in Dortmund als Mieterin trat in Kraft und war für unbestimmte Zeit rechtswirksam. Er regelte in acht Paragraphen die Rechte und Pflichten der jeweiligen Parteien. Er legte u. a. den „Beschlagnahme-Umfang" fest, nämlich „sämtliche

27 Ministerpräsident Göring, Beauftragter für den Vierjahresplan, Berlin, an die Landesarbeitsämter, 13.2.1939, LAV NRW W, Arbeitsämter, Nr. 882.

28 Geschäftsbericht der Westfalenhalle AG für das Geschäftsjahr 1939/40, Bericht des Vorstandes, Klemens Landgraeber, 10.11.1940, StadtA Do, 120-Zg.42/1965-40. Zur gleichen Zeit wurde auch das Messegelände in Köln von der Wehrmacht beschlagnahmt. *Karola Fings*, Messelager Köln. Ein KZ-Außenlager im Zentrum der Stadt, Schriften des NS-Dokumentationszentrums, Band 3, Köln 1996, S. 28.

29 Der Oberbürgermeister der Stadt Dortmund an den Regierungspräsidenten in Arnsberg, 15.1.1940, BArch, R 122, X. Senat, 1404.

30 Einzig überlieferter, nicht unterzeichneter und nicht datierter Mietvertragsentwurf zwischen der Westfalenhalle AG, Dortmund, und der Heeres-Standort-Verwaltung, Dortmund, R 122, BArch, X. Senat, 1404, Bl. 4-7.

Haupt-, Neben- und Wirtschaftsräume, die Osthalle I und die Pferdeställe einschließlich der vorhandenen Einrichtungen sowie das gesamte zur Westfalenhalle gehörende Freigelände". Ausgenommen blieben die im nordwestlichen Teil des Hauptgebäudes eingerichteten Büro- und Aktenräume der Westfalenhalle AG sowie die außerhalb der Stacheldrahtumzäunung befindlichen Werkstatt- und Maschinenräume. Nicht betroffen waren weiterhin jene Räume, die die Westfalenhalle AG zur Aufbewahrung nicht benötigter Materialien wie Radrennbahn, Tribünenbauten, Tische und Stühle und dergleichen nutzte (§1).

Das Gelände um die Westfalenhalle war im Frühjahr 1940 komplett eingezäunt. Es gab darin u. a. einen Lagerhof, der auch als Parkplatz diente. Auf diesem Außengelände vor der Westfalenhalle befanden sich zwei Holzbaracken, die als Pferdeställe genutzt wurden; im Sommer 1940 wurden dort auch einige Feldzelte aufgestellt. Als ein Sturm diese Zelte wegwehte, zogen die polnischen Kriegsgefangenen in die Pferdeställe. Im Kellergeschoss der Halle befanden sich ein weiterer Teil des Lagers und ein Gefängnis mit Arrestzellen ohne Fenster und ohne elektrisches Licht. Im oberen Teil der Halle lagen die Büros der Lagerführung, ein Friseur- und ein Fotogeschäft. In der Anfangsphase des Stalag VI D befanden sich dort polnische und französische Kriegsgefangene.[31]

Das Mietverhältnis räumte der Heeres-Standort-Verwaltung eine dreimonatige Kündigungsfrist ein, für die Westfalenhalle AG war es unkündbar (§2). Der Mietpreis betrug jährlich 655.000 RM und sollte in monatlichen Teilbeträgen zu 54.583,34 RM bezahlt werden. Unabhängig von der Beendigung des Mietvertrages war die Miete auf jeden Fall so lange zu zahlen, bis nach erfolgter Wiederherstellung der gesamten Räumlichkeiten einschließlich des Geländes der Westfalenhalle die Inbetriebnahme durch die Vermieterin wieder möglich sein würde (§3). Das Heeresbauamt und das Städtische Hochbauamt sollten den Zustand bei der Übergabe prüfen. „Die Unterhaltung der gesamten Hallengebäude" war Sache der Westfalenhalle AG, wohingegen die gesamte Inneneinrichtung von der Heeres-Standort-Verwaltung zu unterhalten war. Es wurde vereinbart, dass die Mieterin nach Beendigung des Mietverhältnisses den ursprünglichen Zustand des Mietobjektes und des Inventars wieder herzustellen hätte (§4). Die auf dem Grundstück lastenden Steuern, Abgaben und Versicherungsprämien trug die Westfalenhalle AG. Den Wasser-, Gas- und Stromverbrauch sowie Heizkosten, hatte die Heeres-Standort-Verwaltung zu zahlen (§5). Sie sollte auch dafür sorgen, dass „der gesamte Kantinenbetrieb in dem Kriegsgefangenenlager durch die Lagerkommandantur (...) an die Vermieterin verpachtet" blieb (§6).[32] Sämtliche Räumlichkeiten und Grundstücke durften vom Vorstand der Westfalenhalle AG im Einvernehmen mit der Lagerkommandantur be-

[31] Erinnerungen des polnischen Kriegsgefangenen Nr. 7516, Stanislaw Fert, aufgeschrieben im Jahr 1989, Stiftung niedersächsische Gedenkstätten, Dokumentationsstelle Widerstand und Verfolgung 1933-35 auf dem Gebiet des Landes Niedersachsen (Celle).

[32] Westfalenhalle AG Dortmund, Bericht des Vorstandes über das Geschäftsjahr 1939/40 und 1940/41, WWA, F 211, Nr. 6.

Abb. 10: Erste Seite des Mietvertragsentwurfes zwischen der Westfalenhalle Dortmund und der Heeres-Standort-Verwaltung, Dortmund, 1939, BArch R 122, X. Senat 1404, Bl. 4

Mietvertrag

Zwischen

der Westfalenhalle Aktiengesellschaft, Dortmund, vertreten durch den Vorstand (im Nachstehenden kurz "Vermieterin" genannt)

einerseits

und

der Heeres-Standort-Verwaltung, Dortmund, vertreten durch

(im Nachstehenden kurz "Mieterin" genannt)

andererseits

wird folgender

Vertrag

geschlossen:

§ 1.

Die Vermieterin vermietet an die Mieterin die gesamte Westfalenhalle in dem in der Beschlagnahme-Anordnung des Herrn Oberbürgermeisters der Stadt Dortmund vom 12. Oktober 1939 näher bezeichneten Umfange, d.h. sämtliche, Haupt-, Neben- und Wirtschaftsräume, die Osthalle I und die Pferdeställe einschließlich der vorhandenen Einrichtungen, sowie das gesamte zur Westfalenhalle gehörende Freigelände. Ausgenommen bleiben die im nordwestlichen Teil des Hauptgebäudes eingerichteten Büro- und Aktenräume der Westfalenhalle A.G., sowie die außerhalb der Stacheldrahtumzäunung befindlichen Werkstatt- und Maschinenräume. Desgleichen werden der Vermieterin diejenigen Räume belassen, die sie zur Aufbewahrung ihrer von der Lagerkomandantur

-2-

sichtigt werden. Dafür sollten Ausweise ausgestellt werden, die sie zum Betreten der nicht von der Lagerkommandantur genutzten Räume berechtigten (§7).[33]

[33] Mietvertragsentwurf zwischen der Westfalenhalle AG, Dortmund, und der Heeres-Standort-Verwaltung, Dortmund, BArch, R 122, X. Senat, 1404, Bl. 4-7.

Die Vermietung an die Wehrmacht war kein gutes Geschäft für die Westfalenhalle AG bzw. für die Stadt Dortmund. Zum einem zahlten die entsprechenden militärischen Stellen nie pünktlich und auch nicht den vereinbarten Mietpreis, zum anderen war die Halle nach der Räumung des Kriegsgefangenenlagers in einem derart schlechten Zustand, dass die Kosten für die Renovierung und für die Herstellung des alten Zustandes sehr hoch waren.

Ab wann die Westfalenhalle tatsächlich für das Kriegsgefangenen-Mannschaftsstammlager VI D beschlagnahmt wurde, ist nicht eindeutig zu sagen:

- in den Unterlagen über den späteren Rechtsstreit zwischen der Westfalenhalle AG und der Wehrkreisverwaltung VI in Münster wurde der 24. September 1939 als Beginn der Beschlagnahmung angegeben,[34]
- ein Schreiben des Dortmunder Bürgermeisters an zwei Aktionäre der Westfalenhalle AG datierte die Beschlagnahmung der Halle auf den 26. September 1939,[35]
- die Stammtafel des Stalag VI D bezog sich auf die grundsätzliche Aufstellungsverfügung vom 21. September 1939, die Genehmigung des OKW vom 29. September und eine zusätzliche Verfügung vom 30. September 1939,[36]
- der Oberbürgermeister der Stadt Dortmund unterrichtete die Westfalenhalle AG am 12. Oktober 1939 von der „Beschlagnahme der Westfalenhalle" einschließlich der Neben- und Wirtschaftsräume, der Rollschuhbahn und der Pferdeställe sowie der vorhandenen Einrichtung aller Räume gemäß des Reichsleistungsgesetzes.[37]

Ungeachtet dessen, wann genau die Halle beschlagnahmt wurde, ordnete die Wehrkreisverwaltung VI am 26. September 1939 an, dass der Dortmunder Heeres-Standort-Verwaltung, Am Gottesacker 70,[38] sofort 20 Tonnen Stacheldraht (entspricht circa 280.000 lfm.) geliefert werden sollten, die dem Kriegsgefangenenlager bereitzustellen seien. Mit demselben Schreiben ordnete die Wehrkreisverwaltung VI die Belieferung des Stalag VI A und der Emslandlager mit Stacheldraht an.[39]

Zur Infrastruktur des neuen Lagers gehörte eine Befehlsstelle, die in der Westfalenhalle eingerichtet wurde. Ferner wurden die Gastwirtschaft „Gildenhof",

34 Der Oberbürgermeister der Stadt Dortmund an den Regierungspräsidenten in Arnsberg, 15.1.1940, BArch, R 122, X. Senat, 1404.

35 Schreiben des Obermeisters von Dortmund, Willi Banike, an die Direktionen der VEW Dortmund und die Dortmunder Stadtwerke AG, 3.10.1939, StadtA Do, 120-Zg. 42/1965-40.

36 Stammtafel des Kriegsgefangenen Mannschafts-Stammlager VI D, Dortmund, BAMA, RH 53-6/19. Siehe auch: Mattiello/Vogt, S. 17, gibt die Belegungszahlen des Stalag VI D zwischen dem 21. und 30.9.1939 an. In Martin Weinmann (Hg.), Das nationalsozialistische Lagersystem (Catalogue of Camps and Prisons, 3. Aufl., Frankfurt a. M. 1998 findet sich kein Hinweis auf das Stalag VI D.

37 Beschlagnahme-Anordnung des Oberbürgermeisters der Stadt Dortmund an die Westfalenhalle AG, 12.10.1939, BArch, R 122, X. Senat, 1404, Bl. 3. Gesetzliche Grundlagen für die Beschlagnahmung der Westfalenhalle: RMBLiV, 1940, Nr. 5, Inanspruchnahme ganzer Betriebe des Gaststätten- und Beherbergungsgewerbes auf Grund des Reichsleistungsgesetzes, RdErl. d. RMdl. v. 25.1.1940 – Rra 145/40-116c. RMBLiV 1940, Nr. 18, Vergütung für nach § 5 des Reichsleistungsgesetzes in Anspruch genommene, nicht Erwerbszwecke dienende Räume und Gebäude der öffentlichen Hand, RMErl. D. RMdl. V. 26.4.1940 – IRA 748/40-116c.

38 Unter dieser Adresse befand sich auch die Wohnung des Stabszahlmeisters Krückemeier, Amtliches Fernsprechbuch für das östliche Ruhrgebiet, Hg. Reichspostdirektion Dortmund, Ausgabe 3/1944, Stand 1.11.1943, Dortmund 1944, S. 55.

39 Wehrkreisverwaltung VI, Münster, an die Wehrwirtschafts-Inspektion, Münster, Nachr. u. a. an Heeresbauamt

Straße der SA 139 (heute „Gilden Schänke", Hohe Str. 139), und das Hotel und Restaurant „Bielefelder Hof", Straße der SA 66/68, für die Offiziere des Stalag angefordert.[40] Des Weiteren wurde ein Offiziersheim am Westfalendamm 383 eingerichtet.[41]

Das Lager befand sich knapp zwei Jahre lang im Innenraum der Westfalenhalle, wo circa 4.000 Menschen untergebracht werden konnten. Es wurde gleichzeitig als „Aufnahmelager" und als „Durchgangslager" genutzt, d.h. es hatte eine doppelte Funktion: für polnische Kriegsgefangene war es ein Stalag, für französische und belgische Kriegsgefangene war es Durchgangs- bzw. Transitlager (Dulag). Kriegsgefangene aus Belgien und Frankreich befanden sich lediglich für wenige Tage im Lager,[42] wogegen die polnischen dort dauerhaft untergebracht waren.

Im August 1940 gehörte das Stalag VI D zu einer Gruppe von Lagern, die im äußersten Westen Deutschlands lagen und die, nachdem sie für die Unterbringung von Polen genutzt worden waren, als Durchgangslager für die vorübergehende Unterbringung von Kriegsgefangenen diente, die bei der Offensive im Westen gefangen genommen worden waren. Es war jedoch beabsichtigt, das Stalag VI D in ein reines Stalag ohne Dulag-Funktion umzuwandeln.[43] Zu diesem Zeitpunkt machte das Lager wegen seiner primitiven Einrichtungen einen eher „unvorteilhaften" Eindruck. Anscheinend war die Umwandlung von einem Dulag in ein Stalag noch nicht vollständig abgeschlossen, so dass noch nicht eingeschätzt werden konnte, ob das Lager unter anlagebedingten schlechten Bedingungen oder an einer desinteressierten Verwaltung litt.[44] Auf dem Außengelände der Westfalenhalle befanden sich Baracken und Zelte. Die Baracken wurden hauptsächlich für die Unterbringung des mehr oder weniger dauerhaft dem Lager zugeordneten Personals wie Köche, Friseure, Schuster, Zimmerleute und Schneider genutzt. In den Zelten waren Kriegsgefangene untergebracht. Der Kommandant schätzte die Kapazität des Lagers ohne die Zelte auf 8.000 Kriegsgefangene. Die Kapazität der Zelte betrug das Doppelte, sie waren aber nur im Sommer nutzbar.[45]

Im November 1940 wurde nur noch die Westfalenhalle als Lager genutzt; die Zelte auf dem Nebengelände waren abgebaut. Die Kriegsgefangenen schliefen in der Westfalenhalle in dreistöckigen Etagen-Betten und verfügten über jeweils zwei Decken. Die Halle wurde beheizt und mit Strom versorgt. Das IKRK wertete dies als Fortschritt und bekundete in seinem Bericht, dass die Kriegsgefangenen gut behandelt würden und zufrieden seien.[46] In der Halle waren circa 3.000 überwiegend französische und belgische Kriegsgefangene untergebracht. Die meisten arbeite-

Dortmund, 26.9.1939; Wehrkreisverwaltung VI an die Drahtverband GmbH, Düsseldorf, 27.9.1939, Niedersächsisches Landesarchiv, Staatsarchiv Osnabrück, Rep. Mep. 675, Nr. 1061. In der Regel handelte es sich um eine doppelte Drahtumzäunung, wobei der Abstand der beiden Drahtzäune zwei Meter betrug. Dazwischen befand sich ein 1 Meter hohes, dichtes Stacheldrahtgewirr, so dass der Zaun eine Höhe von drei Meter hatte. Um das Übersteigen zu verhindern, wurde oben ein 50 Zentimeter schräg nach oben zeigender Überwurf installiert.

40 Eintrag am 7.10.1939, Kriegschronik, StadtA Do, 424-1.

41 Amtliches Fernsprechbuch für das östliche Ruhrgebiet, Hg. Reichspostdirektion Dortmund, Ausgabe 3/1944, Stand 1.11.1943, Dortmund 1944, S. 55.

42 Besuch des Aufnahmelagers VI D, 13.6.1940, ACICR, C SC, Service des camps, Allemagne, WK VI, RT.

43 Bericht von Jefferson Patterson (1. Botschaftssekretär), 7.8.1940, PRO, FO 916/2575, Bl. 273-276, hier: S. 273.

44 Ebd., Bl. 276.

45 Ebd., Bl. 273.

46 Besuch des Stalag VI D am 15.11.1940, ACICR, C SC, Service des camps, Allemagne, WK VI, RT.

Abb. 11: Innenansicht des Stalag VI D in der Westfalenhalle, 15.11.1940, Archiv des CICR, V-P-hist-01573-01

Abb. 12: Innenansicht des Stalag VI D in der Westfalenhalle, 15.11.1940, Archiv des CICR, V-P-hist-01573-02

Abb. 13: Westfalenhalle und angrenzendes Barackenlager Stalag VI D, Luftbild-Aufnahme vom Norden Dortmunds nach Süden, 1939, DO_279-26_1939, Regionalverband Ruhr, Essen

ten in einem der 600 Arbeitskommandos.[47] Im Lager selbst arbeiteten ungefähr 300 Franzosen und einige Belgier.[48] Anders als im August 1940 beabsichtigt, scheint ein Teil des Lagers noch im Februar 1941 als Dulag gedient zu haben, als sich mehrere hundert Kriegsgefangene in einem sogenannten Vorlager befanden. Es bestand aus zerlegbaren Holzbaracken und Steinhäusern.[49] Sechs Monate später, Ende Juli 1941, wurde nach wie vor die Westfalenhalle genutzt und gleichzeitig wurden weitere Baracken auf dem Nebengelände gebaut.[50]

47 Namenslisten von französischen Kriegsgefangenen, die u. a. bei der Harpener Bergbau-Aktien-Gesellschaft, der Deutschen Gasrußwerke GmbH, den Elektromotorenwerken Glück-Auf, Hugo Miebach, dem Dortmund Hörder-Hüttenverein, der Firma August Klönne der Union Brauerei und den Deutschen Edelstahlwerken arbeiten mussten, befinden sich im StadtA Do, 167/01-35.

48 Besuch des Stalag VI D am 15.11.1940, ACICR, C SC, Service des camps, Allemagne, WK VI, RT.

49 Bericht über den Besuch des Diplomatischen Kriegsgefangenendienstes am 14.2.1941, PAAA, R 40768.

50 Bericht des Diplomatischen Kriegsgefangenen Dienstes, Besichtigung des Stalag VI D durch den Delegierten A. Gourmel und dem begleitenden Offizier Hauptmann Dr. Beckmann, 30.7.1941, PAAA, R 40988.

Kriegsgefangene aus Polen

In einer Sitzung am 3. Oktober 1939 trafen Vertreter des Landesarbeitsamtes Westfalen, des Wehrkreis-Kommandos VI in Münster, des Stalag VI A Hemer, der Landwehr und der Bezirksregierung Minden folgende Anordnungen bezüglich des Arbeitseinsatzes polnischer Kriegsgefangener:

> „1.) Kein Einsatz von Gefangenen, wo deutsche Arbeitskräfte verfügbar sind.
> 2.) Feststellung des wirklichen Bedarfs an Arbeitskräften (Gefangenen).
> 3.) Lager sind vorhanden in Hemer (VI a) (z.Zt. 10.000 Gefangene) und in Dortmund (VI d) z.Zt. 3.000 Gefangene, (...).
> 4.) In den Lagern („Stalag") ist je eine Stelle für Arbeitseinsatz eingerichtet; außerdem ist für jedes Lager ein federführendes Arbeitsamt vorgesehen; für Hemer ist das Arbeitsamt Iserlohn federführend, für das Lager Dortmund das Arbeitsamt Dortmund.
> 5.) Der Lohn beträgt 60 % des Tariflohnes, darin liegt auch Unterkunft und Verpflegung, die von den 60 % dem Arbeitgeber vergütet werden.
> 6.) Die Bewachung erfolgt an sich durch militärische Wachkommandos; wo diese nicht ausreichen, werden Hilfspolizeibeamte eingesetzt.
> 7.) Für Unterbringung muß der Arbeitgeber aufkommen (Betten pp.), ebenso für die Verpflegung.
> 8.) „Stalag" bedeutet Stammlager, „Dulag" = Durchgangslager.
> 9.) Anträge auf Zuweisung von Gefangenen sind stets nur an das für die Arbeitsstelle zuständige Arbeitsamt zu richten, nicht etwa an die Gefangenenlager.
> 10.) Im Lager erfolgen Entlausung und Pockenschutzimpfung; weitere Impfungen erfolgen nicht; daher sind sofort Kreisärzte zwecks Seuchenverhütung einzuschalten.
> 11.) Stapo soll die politisch Unzuverlässigen überwachen.
> 12.) Die Bevölkerung soll sich von den Gefangenen fernhalten; die Ortspolizeibehörde haftet dafür und soll die Bevölkerung durch öffentliche Bekanntmachung zu entsprechenden Verhalten anhalten. Druckschriften mit Anweisungen für die Behandlung der Kriegsgefangenen werden auf Antrag des OPR. [Victor, Einfügung der Verf.] Niewisch vom Wehrkreis baldigst übersandt werden.
> 13.) Die ungefähre Zahl der für notwendig erachteten Kriegsgefangenen ist seitens der Behördenvertretung in der Sitzung unverbindlich angegeben worden, für den Reg. Bez. Arnsberg durch Herrn Reg.-Baurat Breustedt mit etwa 2.500, und zwar auf Grund der Angaben der Wasserwirtschaftsämter. Unabhängig hiervon haben die anderen Bedarfsträger Zahlen angemeldet, so z. B. der Reichsnährstand auf hiesige Veranlassung schon vor einigen Wochen (etwa 2000).
> 14.) Nach Gewinnung weiterer Erfahrungen werden neue Maßnahmen angeregt werden."[51]

Das Eintreffen polnischer Kriegsgefangener am 23. Oktober 1939 in Dortmund kommentierte die damalige Direktorin des Dortmunder Stadtarchivs, Luise von Winterfeld, folgendermaßen: „Sie sehen verwahrlost, verhungert und böse (zum Fürchten) aus. Durch ihre Kleinheit fallen sie auf."[52] Am 26. Oktober 1939 trafen weitere polnische

[51] Protokoll der Sitzung vom 3.10.1939 in Arnsberg, anwesend: Direktor des Landesarbeitsamtes Westfalen, Dr. Petersen, Vertreter des Wehrkreis-Kommandos, Oberstleutnant Heider, Leiter des Kriegsgefangenenlagers Hemer (Lagerkommandant), Major der Landwehr, Prof. Dr. Naendrup, Regierung Minden, Regierungsrat Dr. Agricola (Unterstreichungen im Original), LAV NRW W, Regierung Arnsberg, Nr. 13196.

[52] Eintrag Luise von Winterfeld, Kriegschronik, 23.10.1939, StadtA Do, 424-1. Am 2.2.1940 schrieb sie: „Auf dem Hauptbahnhof trifft eine Kompanie polnischer Gefangener ein u. marschiert durch die Stadt. Sie sollen einen

Kriegsgefangene am Dortmunder Süd-Bahnhof ein, die im Stalag VI D interniert wurden. Luise von Winterfeld schätzte ihre Zahl auf 2.400.[53] Im Februar 1940 folgten weitere.[54] Vom 29. September 1939 bis zum 14. April 1940, in der Zeit als es ausschließlich polnische Kriegsgefangene gab, war Oberstleutnant Kurt Vilmar Kommandeur des Stalag VI D Westfalenhalle. Er organisierte den Bau des späteren Barackenlagers.[55]

Bis zum 16. November 1939 befanden sich insgesamt circa 30.000 polnische Kriegsgefangene im Wehrkreis VI, von denen rund 25.000 als Arbeitskräfte in der Landwirtschaft eingesetzt waren.[56] Die meisten von ihnen wurden im Frühjahr 1940 zwangsweise in den Zivilstatus[57] überführt, d.h. die Wehrmacht entließ Kriegsgefangene aus dem Gefangenenstatus und überstellte sie dem Arbeitsamt. Ihr neuer Status entsprach dem eines Zivilarbeiters. Einerseits erhielten sie nun entsprechend der reichsweiten Konditionen mehr Lohn und Freizügigkeit, andererseits standen sie nun unter keinerlei völkerrechtlichem Schutz mehr und waren dem deutschen Sicherheitsapparat schutzlos ausgeliefert.[58] Anfang August 1940 wurden weitere 5.009 polnische Kriegsgefangene zivil geschrieben.[59] Es gab auch jüdische Kriegsgefangene aus der polnischen Armee, die im Stalag VI D interniert waren. Ihre Anzahl ist nicht bekannt.[60] Sie waren von den anderen Kriegsgefangenen getrennt untergebracht und hatten besonders prekäre Lebensbedingungen.[61]

Die Gruppe Verwaltung/Bekleidung des Stalag VI D war u. a. dafür zuständig, die Amtsbürgermeister der Bezirke, in denen Kriegsgefangene eingesetzt waren, über Anordnungen des OKW bezüglich der Kleidung polnischer Kriegsgefangener zu informieren. Nach der Zivilschreibung polnischer Kriegsgefangener mussten sie ihre Uniformstücke bei den zuständigen Ortspolizeibehörden abgeben. Die Bescheinigungen über den Erhalt der Uniformen sowie die Uniformstücke wurden an das Stalag VI D gesandt. Die Heerestandortkasse überwies dafür einen Betrag von 10 RM an die jeweilige Amtskasse.[62] Anhand dieses Beispiels wird deutlich, wie auch zivile Stellen in das System des Kriegsgefangenenwesens eingebunden waren.

In den ersten Monaten des Krieges wurden Verträge über die Überlassung von Kriegsgefangenen immer mit dem Stalag abgeschlossen; das lokale Arbeitsamt und das Landesarbeitsamt Westfalen waren zwar im Vorfeld beteiligt, wurden aber

sauberen u. intelligenten Eindruck gemacht haben."

53 Eintrag Luise von Winterfeld, Kriegschronik, 26.10.1939, StadtA Do, 424-1.

54 Eintrag Luise von Winterfeld, Kriegschronik, 2.2.1940, StadtA Do, 424-1.

55 Entnazifizierungsakte Kurt Vilmar, LAV NRW R, NW 1116-3302. NSDAP-Zentralkartei, Kurt Vilmar, Mitgl. Nr. 3753720, BArch (ehem. BDC). Personalkarte Kurt Vilmar, BAMA, RW 59/2130.

56 Stellv. Generalkommando VI. A.K., Münster an den Reichsverteidigungskommissar des WK VI, 16.11.1939, LAV NRW W, Oberpräsidium, Nr. 5187, Bl. 52.

57 Spoerer, S. 45, 105.

58 Ebd., S. 105.

59 Bericht von Jefferson Patterson, 7.8.1940, PRO, FO 916/2575.

60 Enzyklopädie des Holocaust, Die Verfolgung und Ermordung der europäischen Juden, Gutman, Israel (Hg.), Bd. II, München, Zürich 1995, S. 814.

61 *Aron Shneyer*, Pariahs among Pariahs. Soviet-Jewish POWs in German Captivity, 1941-1945, Yad Vashen, Jerusalem 2016, S. 61f.

62 Der Amtsbürgermeister als Ortspolizeibehörde, Harsewinkel, Kreis Warendorf, an das Stalag VI D, Gruppe 4a, Dortmund, 15.10.1940; Stalag VI D, Gruppe Verwaltung, Oberzahlmeister Bode, an den Amtsbürgermeister in Harsewinkel, 6.12.1940; Der Amtsbürgermeister als Ortspolizeibehörde, Harsewinkel, Kreis Warendorf, an das Stalag VI D, Gruppe 4a, Dortmund, 24.1.1941; Stalag VI D, Gruppe Verwaltung, Oberzahlmeister Bode, an den Amtsbürgermeister in Harsewinkel, 28.1.1941, Stadtarchiv Harsewinkel, C 143, Bd. 3.

in den Verträgen nicht erwähnt. Zunächst waren die juristischen und polizeilichen Maßnahmen bezüglich des Arbeitseinsatzes von polnischen Kriegsgefangenen wenig ausgearbeitet und uneinheitlich. Erst allmählich wurden sie differenzierter und formalisierter. So schloss der Landrat des Kreises Lüdinghausen im November 1939 mit dem Kommandeur des Stalag VI D Dortmund einen „Arbeitsdienstvertrag" zwecks „Überlassung" von 700 polnischen Kriegsgefangenen, die dem Kreis für landwirtschaftliche Arbeiten bzw. für Handwerksbetriebe zur Verfügung gestellt werden sollten, um sie dann an einzelne Betriebe weiterzuvermitteln.[63]

Die polnischen Kriegsgefangenen hatten Vertrauensmänner wie Aleks Dnewiecki, der aus dem Stalag VI F kam.[64] In den Arbeitskommandos Nr. 2990 und 2992 wurden die polnischen Kriegsgefangenen schlecht behandelt und mehrere von ihnen saßen im Arrest. Polnische Kriegsgefangene im Stalag VI D konnten am Gottesdienst teilnehmen. Im Stalag VI D verdienten sie 10 RM und 15 bis 16 RM in den Arbeitskommandos.[65] Dank einer amerikanischen Lieferung waren sie im Besitz von ungefähr 100 Sardinenbüchsen und von Kisten mit 2 kg Konserven und Reis. Es gab drei polnische kriegsgefangene Ärzte, ein polnischer Anatomieprofessor aus Warschau assistiere dem französischen Zahnarzt.

Trotz umfangreicher Zivilschreibungen wechselten nicht alle Kriegsgefangenen aus Polen ihren Status – einige wollten den Schutz ihres militärischen Status nicht aufgeben. Im Februar 1943 waren z. B. noch 404 im Stalag VI D registriert, davon lediglich 13 im Lager selbst, fünf in der Krankenstation und neun im Lazarett.[66]

Erinnerungen von Stanislaw Fert

Zu den seltenen Überlieferungen von polnischen Kriegsgefangenen in Dortmund zählt die Aufzeichnung von Stanislaw Fert. Er schrieb seine Erinnerungen über seine sechsjährige Zeit in deutscher Kriegsgefangenschaft in polnischer Sprache auf.[67] Darin reflektiert er die Jahre von 1939 bis 1945, die er im Stalag VI A (Hemer), im Stalag VI D (Dortmund) und im Stalag XI B (Fallingbostel) sowie in verschiedenen Arbeitskommandos verbringen musste. Genaue biographische Angaben fehlen, es lässt sich lediglich vermuten, dass Fert im Jahre 1917 geboren wurde, also zu Beginn der Kriegsgefangenschaft etwa 22 Jahre alt war. Nachdem er einige Monate im Stalag VI A in Hemer gewesen war, war Fert von Frühling bis Dezember 1940 im Stalag VI D. Die Zeit im Stalag VI D, die räumlichen Begebenheiten bzw. den Aufbau des Lagers, die Lebensbedingungen und das soziale Umfeld beschrieb Fert für das Jahr 1940 folgendermaßen:

63 Arbeitsdienstvertrag (mit der Schreibmaschine getippt) zwischen dem Deutschen Reich, vertreten durch den Lagerkommandanten des Stalag VI D und dem Kreis Lüdinghausen, vertreten durch den Landrat Herbert Barthel, 11.11.1939, Stadtarchiv Lüdinghausen, Bestand 11, Nr. 1089.

64 Besuche des Stalag VI D, 21.10.1941, 11.02.1943, ACICR, C SC, Service des camps, Allemagne, WK VI, RT.

65 Besuch des Stalag VI D, 12.9.1943, ACICR, C SC, Service des camps, Allemagne, WK VI, RT.

66 Besuch des Stalag VI D, 11.2.1943, ACICR, C SC, Service des camps, Allemagne, WK VI, RT.

67 Die 62 Seiten umfassenden Erinnerungen von Stanislaw Fert werden aufbewahrt in der Stiftung niedersächsische Gedenkstätten, Dokumentationsstelle Widerstand und Verfolgung 1933-35 auf dem Gebiet des Landes Niedersachsen (Celle). Lediglich Kapitel IV über die Zeit im Stalag XI B wurde bisher aus dem Polnischen ins Deutsche übersetzt. Kapitel II (S. 7-12), bisher nur in polnischer Sprache, schildert die Zeit im Stalag VI A, Kapitel III (S. 13-18) die im Stalag VI D.

„Das Stammlager VI D in Dortmund war als ein provisorisches Kriegsgefangenenlager zu sehen, da es nicht aus Wohnbaracken bestand. Die polnischen Kriegsgefangenen wurden in einer runden, zur damaligen Zeit größten Sporthalle in Europa untergebracht. Wir schliefen auf dem nackten Fußboden, der lediglich mit etwas Heu abgedeckt war. Zum Schlafen konnten wir uns mit Wolldecken zudecken.
In dem oberen Teil der Sporthalle befanden sich Büros der Lagerführung, ein Friseur- und ein Fotoladen. In dem Friseurgeschäft arbeitete ein polnischer Kriegsgefangener. Er war Friseur von Beruf und hat nur die Wehrmachtssoldaten bedient. Für seine Arbeit erhielt er Brot, Zigaretten oder Tabak. Im Fotoladen war ein Wehrmachtssoldat beschäftigt, der die Kriegsgefangenen für die Gefangenenkartei fotografiert.
Einen Tag, nachdem ich im Lager VI D war, musste ich mich fotografieren lassen. Man hatte ein Bild mit meiner Kriegsgefangenennummer 7516 aufgenommen.
Innerhalb des Lagers VI D befanden sich zwei Holzbaracken, die als Pferdestall genutzt wurden. Am Eingangstor, durch das jeden Tag viele polnische Kriegsgefangene marschierten, standen den ganzen Tag und die ganze Nacht, also rund um die Uhr, Wehrmachtssoldaten. Auf dem Stalagplatz erschien fast täglich derselbe Unteroffizier, der immer wieder die polnischen Kriegsgefangenen mit Fußtritten traktierte. Wir nannten ihn deswegen „Fußballspieler".
Das Essen in dem Lager war sehr schlecht. Zum Mittag bekamen wir eine Suppe aus irgendeinem Unkraut, in der sandige Kartoffelschalen schwammen. Der Sand knirschte ständig zwischen unseren Zähnen. Die täglichen Brotrationen waren sehr klein. An Zigaretten und Tabak konnten wir erst gar nicht kommen. Nur selten hatte man Glück auf dem Stammlagerhof eine Zigaretten- oder Zigarrenkippe zu finden. Trotzdem kamen die polnischen Kriegsgefangenen irgendwie zurecht. Viele von ihnen schnitzten in dieser Zeit Holzpfaue; dafür erhielten sie von den Offizieren und Unteroffizieren ganze Brotlaibe, Butter, Zigaretten und Tabak. Somit habe auch ich die Kunst des Schnitzens erlernt.
Am 10. Mai 1940 war in Dortmund sehr schönes, sonniges Wetter. Am frühen Morgen zogen an diesem Tag Bomben- und Jägerstaffeln Richtung Westen. Anfang Mai 1940 begann der Transport französischer Kriegsgefangener nach Dortmund, die ihr Leben von diesem Zeitpunkt an auf dem Lagerhof verbrachten. Ich erfuhr, dass Deutschland den Krieg mit Belgien, den Niederlanden und Frankreich angefangen hatte. Das bedeutete nur eins, dass unser Leben im Lager nicht so schnell vorbei gehen würde.
Im Stammlager VI D war ich nicht lange, dann wurde ich zur Arbeit nach Bohun Gerte (Bochum-Gerthe, Anm. d. Übersetzerin) abtransportiert. Dort waren schon andere polnische Kriegsgefangene. Das Lager befand sich in einem gemauerten Gebäude im ersten Stock. Die Wohnverhältnisse waren gut. Wir schliefen in Holzbetten und auf Strohsäcken mit Keilkissen und konnten uns mit Wolldecken zudecken. Die Verpflegung und die Arbeit waren an diesem Ort ziemlich gut. Wir mussten nur acht Stunden am Tag arbeiten und das gelbe Salz, das wahrscheinlich aus Polen kam, entladen. Die Sonntage waren arbeitsfrei. Die Kriegsgefangenen verbrachten die Zeit von morgens bis abends damit, Bridge – ein Kartenspiel – zu spielen. Die leidenschaftlichen Spieler waren Herr Kacerka aus Sosnowiec und der schwarzbärtige Jan Kalinowski sowie Tadeusz Lirsz, der von Beruf Lehrer war und zwischen den beiden Kriegen in Łączny im Kreise Kielce gearbeitet hatte.
Ein Wachmann hatte mir und zwei weiteren Kriegsgefangenen eine andere Arbeit zugewiesen. Wir mussten Blechfässer mit einer schwarzen Flüssigkeit zu einer Fabrikhalle rollen. Eines von den Fässern war undicht und eine schwarze Flüssigkeit lief aus. Wir fingen an ein polnisches Lied zu singen:
Es fließt die Weichsel durch polnisches Land
sie sah Krakau und will das nicht umgehen
sie sah Krakau und hat es gleich lieb gewonnen
und aus Liebe mit einem Band umgeben.

Abb. 14: Stanislaw Fert, polnischer Kriegsgefangener Nummer 7516 des Stalag VI D, 1940, in: Erinnerung des polnischen Kriegsgefangenen Stanislaw Fert, S. 13, aufgeschrieben 1989, Stiftung niedersächsische Gedenkstätten, Dokumentationsstelle Widerstand und Verfolgung 1933-35 auf dem Gebiet des Landes Niedersachsen (Celle)

- 13 -

R O Z D Z I A Ł III

Stalag VID w Dortmundzie był prowizorycznym obozem jenieckim, gdyż nie było w nim baraków mieszkalnych. Kilkanaście tysięcy polskich jeńców wojennych kwaterowało na parterze w wielkiej hali sportowej okrągłego kształtu, która w okresie międzywojennym była ponoć największą halą sportową w Europie. Sypialiśmy na drewnianej podłodze, która była zasłana grubą warstwą słomy i do nakrycia się podczas snu mieliśmy koce.

W górnej partii tej sportowej hali mieściły się biura obozowego dowództwa oraz zakład fryzjerski i fotograficzny, zaś w podziemiu istniały magazyny i areszt dla jeńców wojennych. W zakładzie fryzjerskim był zatrudniony polski jeniec wojenny pochodzący z Radomia, który był zawodowym fryzjerem z cywila i usługi fryzjerskie wykonywał tylko dla osób wojskowych, za co otrzymywał od nich w formie grzecznościowej chleb, papierosy i tytoń. W zakładzie fotograficznym był zatrudniony żołnierz Wehrmachtu, który wykonywał zdjęcia fotograficzne jeńców wojennych, które były przeznaczane do prowadzonych kartotek na jeńców wojennych.

Po przybyciu do Stalagu VID w następnym dniu, zostałem skierowany do zakładu fotograficznego, w którym pozowałem do zdjęcia za żelazną szyną, do której była przyczepiona tabliczka z numerem 7516, gdyż był to mój numer jeńca wojennego.

Na zdjęciu polski jeniec wojenny nr 7516 w Stalagu VID w Dortmundzie w 1940 roku.

W obrębie Stalagu VID istniały dwa drewniane baraki, które były przeznaczone na stajnie dla koni. Cały teren Stalagu był okolony kolczastym drutem. Przy bramie, przez którą każdego dnia przechodziły kolumny polskich jeńców wojennych, przez całą dobę pełnili służbę żołnierze Wehrmachtu. Na stalagowym dziedzińcu niemal każdego dnia pojawiał się podoficer Wehrmachtu, który posiadał skłonności do kopania butami polskich jeńców wojennych i z tego powodu polscy jeńcy wojenni nazywali go " futbolistą".

Wyżywienie w Stalagu VID było marne, gdyż każdego dnia na obiad otrzymywaliśmy zupę z jakiegoś zielska i ziemniaczanych obierzyn z piaskiem, który podczas spożywania zupy trzeszczał mi w zębach. Dzienne racje chlebowe też były mikre, a papierosy i tytoń były dla jeńców nieosiągalne. Tylko czasami udało się znaleść na stalagowym dziedzińcu niedopałka papierosa lub cygara. Ale polscy jeńcy wojenni jakoś sobie radzili. Wielu z nich wyrabiało z drewna ptaki zwane pawiami, za które otrzymywali od oficerów i podoficerów Wehrmachtu całe bochenki wojskowego chleba, masło, papierosy i tytoń, więc i ja nauczyłem się tego rodzaju ptaki z drewna wyrabiać.

./.

Unser Singen hatte einem Deutschen, der mit uns zusammen in der Fabrik arbeitete, nicht gefallen. Er telefonierte mit den Wachmännern, die dann zu dritt kamen und uns mit ihren Gewehren schlugen.

Ich war derjenige, der die meisten Schläge bekam, und musste anschließend zwei Tage und zwei Nächte in einem Loch ohne Essen auf dem Betonfußboden überleben. Nach der Strafe kam ich wieder zurück in das Stammlager VI D in Dortmund. Da habe ich dann wieder mit meinen bekannten Mitgefangenen Holzpfaue geschnitzt.

Nach ein paar Tagen im Stammlager VI D wurde ich zu einer Dorfkommandantur abtransportiert. An den Namen des Dorfes kann ich mich nicht mehr erinnern. Die Lagerumstände waren hier vergleichbar mit den in anderen Lagern, wir hatten lediglich etwas weniger Platz. Ich und die anderen Kriegsgefangenen arbeiteten auf den umliegenden Bauernhöfen. Der Hof, auf dem ich arbeitete, war nicht so groß und der Bauer selbst hatte nicht viel zu tun. Deswegen musste ich von morgens bis abends Arbeit vortäuschen. Das Essen war gut. Sonntags hatten wir frei und wir gingen mit einem Wachmann in die Kirche, immer in der Zeit, in der keine Deutschen da waren. Der Priester las die Messe auf Latein und wir sangen auf Polnisch:

„Gott, der du Polen so viele Jahrhunderte hindurch,
Umgeben hast mit dem Glanze der Macht und des Ruhmes,
Der du es beschirmt hast mit dem Schilde deiner Vorsehung,
Vor Unglücksfällen, die es niederbeugen sollten,
Vor deinen Altären erheben wir unser Flehen,
Herr ! Gib uns das Vaterland, die Freiheit wieder."

Ich war sehr erleichtert, als wir in der deutschen Kirche das polnische Lied sangen. Wir hatten es einem deutschen Wachmann zu verdanken, dass wir sonntags in die Kirche gehen und polnische Lieder singen konnten.

In diesem Dorf war ich auch nicht lange. Bei meiner Arbeit - ich musste Äste abschneiden - verletzte ich meine linke Hand so sehr, dass mich der deutsche Dorfarzt, nach dem er mir einen Verband angelegt hatte, krankschrieb. Der Wachmann transportierte mich wieder in das Stammlager VI nach Dortmund. Dort schnitzte ich wieder die Holzvögel, um einen Laib Brot oder Tabak von den Wehrmachtsoffizieren zu bekommen.

Meine Verletzung heilte sehr schnell und ich musste wieder in eine andere Dorfkommandantur. Den Namen des Dorfes weiß ich nicht mehr. Das Lager dort befand sich in dem Saal eines Restaurants, in dem wir gut untergebracht waren. Die polnischen Kriegsgefangenen arbeiteten auch hier auf den Bauernhöfen. Keiner von ihnen beklagte sich über zu viel Arbeit oder schlechtes Essen. Der Bauernhof, auf dem ich arbeitete, gehörte einem jungen Bauern und seiner Schwester. Die Beiden waren unverheiratet. Das Essen, das ich in einem großen Raum unter einer Palme einnahm, war sehr gut.

Irgendwann, als ich Erlen an einem Bach fällte, fiel ich dem Bauern ein wenig unangenehm auf. Er beobachtete deutsche Stukas am Himmel und sagte zu mir, dass diese Warschau und Polen bombardiert hätten und Polen untergegangen sei. Darauf erwiderte ich ihm, dass Polen noch lange nicht zerstört sei und dass dieser Zustand nur vorübergehend ist; Polen wird kämpfen und die Deutschen aus dem Land vertreiben. Der Bauer war sprachlos, schaute mich an und sagte, dass ich kein Pole, sondern ein Russe sei. Da lachte ich nur. Der Bauer war hierüber nicht sauer und wir arbeiteten weiter.

Wir arbeiteten aber nicht mehr lange zusammen. Nach ein paar Tagen wurde der Bauer zum Wehrdienst einberufen. Er verließ sein Zuhause nicht mit Freude. Er verabschiedete sich von seiner Schwester und von mir mit Tränen in den Augen. Er bat seine Schwester, sich um den Bauernhof weiter zu kümmern und auch mich sollte sie weiterhin gut behandeln. Ich bedauerte sehr, dass er uns verließ.

Es sollte ein Schicksalstag werden. Als ich abends ins Dorflager kam, sagte mir der Wachmann, dass er mich am nächsten Tag zurück ins Stammlager VI D nach Dortmund

zu bringen habe. Ich packte meine Sachen zusammen, und dachte sehr lange über meine Zukunft nach. Ich war mir sehr unsicher, ob ich wirklich nach Dortmund ins Stammlager VI D abtransportiert werden würde.
Am nächsten Morgen gingen alle anderen Kriegsgefangenen zu ihrer Arbeit auf den Bauernhöfen, wobei ich mich mit meinem Karton und mit dem Wachmann, der mich wie seinen Kameraden behandelte, zum Bahnhof begab. Unterwegs gingen wir in eine Kneipe, in der er für mich ein Glas Bier und ein Päckchen Tabak mit Blättchen und Streichhölzern bestellte. Hierfür war ich ihm sehr dankbar. Für einen Gefangenen, der rauchte, hatte Tabak im Lager einen sehr hohen Wert, manchmal sogar einen höheren Wert als Brot. Nach Dortmund fuhren wir mit dem Zug. Durch die Stadt musste ich nicht zu Fuß gehen, da der Wachmann mit mir mit der Straßenbahn fuhr, obwohl polnische Kriegsgefangene hier nicht einsteigen durften.
Im Stammlager VI D brachte mich der Wachmann in ein Büro, in dem drei Wehrmachtsoffiziere saßen. Der Wachmann meldete, dass er mich aus einem Arbeitslager zu überstellen habe. Sofort erhielt er von einem der Offiziere einen Verweis, dass wir einen Tag zu spät kämen. Der Wachmann hatte sich unverzüglich wieder ins Dorf abzumelden.
Nach den Fragen der Offiziere zu meinem Geburtsort, zu meiner Nationalität und zu meinen Deutschkenntnissen wurde ich dem Unteroffizier mit dem Spitznamen „Fußballspieler" zugeteilt. Der brachte mich in den unteren Teil der Sporthalle (Kellergeschoss), in dem sich ein weiteres Lager und ein Gefängnis befanden. Vor meiner Arrestzelle wartete schon ein weiterer Wachmann. Der „Fußballspieler" stand ebenfalls vor der Zellentür, um mich in seiner bekannten Weise mit Tritten zu traktieren. Sein Vorhaben klappte jedoch nicht, weil ich mich mit meinem Karton schützen konnte. Ich rannte schnell in meine Zelle. Mein Karton hatte danach ein großes Loch durch einen Tritt des „Fußballspielers".
In der Arrestzelle war es sehr dunkel; es gab kein Fenster und kein elektrisches Licht. Die ganzen Tage und Nächte lag ich auf einer Holzpritsche. Ich stand nur auf, wenn der Schließer die Tür öffnete, um mir das Frühstück, das Mittagessen und das Abendbrot zu bringen. Zum Frühstück und zum Abendessen bekam ich ein Stück Brot und einen Becher schwarzen Kaffee, zum Mittagessen eine Kelle Suppe aus irgendeinem Unkraut. So verbrachte ich einige Tage in der Arrestzelle, bevor ich von dem Schließer erfuhr, weshalb ich überhaupt eingesperrt wurde. Danach erhielt ich 14 Tage Gefängnis, weil ich angeblich meine Arbeit verweigert und Eier bei einem Bauern in Warendorf gestohlen haben soll.
Nach ein paar Tagen brachte mir der Schließer eine Glühbirne in meine Zelle. Sofort fand ich wieder eine Beschäftigung. Von der Holzpritsche entfernte ich ein Brett. Ich hatte ein Taschenmesser und Wasserfarben mit Pinsel bei mir. So fing ich wieder an, einen Pfau zu schnitzen. In meiner Gefängniszelle sah es aus wie in einer Tischlerei. Auf dem Fußboden lagen überall Holzspäne herum, die ich nicht weggeräumt hatte. Hierzu fehlte mir auch die Möglichkeit, da weder Feger noch Mülleimer in meiner Zelle vorhanden waren. Den Schließer störte die Unordnung nicht.
Eines Tages - mein Vogel stand unfertig auf dem Tisch, da er noch nicht bemalt war – öffnete der Schließer die Zellentür und ein Wehrmachtsoffizier trat ein. Ich nahm sofort Haltung an und dachte, ich würde eine Bestrafung wegen der Unsauberkeit in meiner Zelle erhalten. Der Offizier interessierte sich aber mehr für meine Schnitzarbeit als für die herumliegenden Holzspäne. Er blickte auf seine Armbanduhr und fragte, ob der Vogel bis 14.00 Uhr fertigt wird. Der Schließer lächelte nur und war froh, dass er keine Strafe für die Duldung der dreckigen Arrestzelle bekam.
Ich war nicht sicher, ob ich bis 14.00 Uhr den Vogel fertig bemalen konnte. Trotzdem versprach ich es dem Offizier. Genau um 14.00 Uhr öffnete der Schließer die Zellentür und der Offizier stand da. Er gab mir einen Laib Brot, Butter und eine Packung deutscher Zigaretten aus seiner Ledertasche und nahm den Vogel mit. Wir waren beide zufrieden. Als er die Zelle verließ, stand ich vor meiner Pritsche in den überall herumliegenden Holzspänen

und der Offizier verabschiedete sich mit einem Gruß. Danach machte ich Ordnung in meiner Zelle.

Am nächsten Tag um die Mittagszeit öffnete der Schließer meine Zellentür und ich holte meine Suppenschüssel hervor. Er lachte jedoch nur und sagte, dass meine Strafe für die Verweigerung der Arbeit und das Klauen der Eier beendet sei. Er befahl mir, meine Sachen zu packen und die Zelle zu verlassen. Schnell befand ich mich wieder bei meinen Kameraden in dem Stammlager VI D in Dortmund, die gar nicht wussten, dass ich in dem Lagerarrest gesessen habe.

Im Sommer 1940 erließen die deutschen Behörden eine Verordnung, nach der die polnischen Kriegsgefangenen auch als zivile Arbeiter auftreten konnten. Jeder polnische Kriegsgefangene, der dies wollte, musste seine Uniform abgegeben, wofür er 10 deutsche Mark erhielt. Die Zivilkleidung wurde auf dem Revers mit einem „P" versehen; nur so durfte die Zivilkleidung getragen werden.

Obwohl es kein Zwang war, hatte sich bereits im Sommer 1940 die Mehrheit der polnischen Kriegsgefangenen in „zivile Arbeiter" umschreiben lassen. Dadurch waren mehr polnische zivile Arbeiter als polnische Kriegsgefangene im Stammlager VI D in Dortmund. Diejenigen, die sich nicht in zivile Arbeiter haben umschreiben lassen, mussten die Sporthalle verlassen und wurden in Feldzelte [wahrscheinlich ein Areal in unmittelbarer Nähe der Westfalenhalle, Anm. d. Verf.] auf dem Stammlagerhof umquartiert. In den Zelten mussten wir unsere Schlafstätten selbst einrichten. Hierbei verwandten wir wieder die Holzspäne, die uns eine bequeme und warme Lagerstätte gaben. Die sehr warmen Sommermonate kamen uns gleichfalls entgegen.

In einer Augustnacht, in der es ausnahmsweise mal sehr stürmisch war, wurden unsere Zelte weggeweht und die Holzspäne verteilten sich im ganzen Stammlager VI D. Am nächsten Tag wurden wir in die beiden Gebäude, in denen die Pferde untergebracht waren, umquartiert.

In der neuen Unterkunft gab es weder Holzbetten noch Strohsäcke oder Kopfkissen. Jeder von uns bekam lediglich zwei Wolldecken. Die Gefangenen schliefen auf dem Stroh, auf dem noch zuvor die Pferde lagen. Auch Ratten liefen durch unser neues Quartier. Manche Gefangenen hatten Läuse. Ich bekam über die ganze Zeit meiner Gefangenschaft zum Glück keine. Wir erhielten ein Stück Toilettenseife im Monat. Dies war jedoch zu wenig, um auch noch unsere Wäsche damit zu waschen. Zudem fehlte es in unserer Unterkunft an Wasser.

Irgendwann wollte ich meine zwei Hemden ganz gründlich waschen. Aus der Lagerlatrine besorgte ich mir Chlor. In einem Eimer vermischte ich das Wasser mit dem Chlor und weichte meine beiden Hemden darin ein. Nach einer Stunde wollte ich meine Hemden waschen, leider hatten sie sich aufgelöst. Da ich mir keine neuen Hemden leisten konnte – meinen Kameraden wollte ich auch keine wegnehmen – ging ich zu dem Unteroffizier, der die Wäschekammer im Stammlager VI D führte und erzählte ihm die ganze Geschichte um meine Hemden. Er schenkte mir zwei neue Hemden, die ich danach aber nie mit Chlor wusch. Ich war dem Unteroffizier für sein Verständnis sehr dankbar.

Unser Gefangenenleben in den Pferdeställen war nicht so langweilig. Man sorgte dafür, dass wir ziemlich oft auf dem Stammlagerhof „Spaß" hatten. Dieser sah so aus, dass wir uns mit unseren Habseligkeiten auf dem Hof sammeln mussten, wo wir zunächst abgezählt wurden. Danach mussten wir sinnlos unsere Runden laufen, wobei die Letzten von den Wehrmachtssoldaten mit Gummiknüppeln geschlagen wurden.

Nicht selten standen bei diesem „Spaß" LKWs auf dem Lagerhof, unter die wir kriechen mussten. Wenn einer von uns auf der anderen Seite des LKWs auftauchte, wurde er von den Wehrmachtssoldaten mit dem Gewehr auf den Rücken geschlagen und musste wieder zurück kriechen. Dieser „Spaß" dauerte manchmal so lange, dass ältere und gebrechliche Gefangene nicht nur in ihrem eigenen Schweiß, sondern auch in ihren Tränen „badeten".

Das größte Vergnügen an diesem Spiel hatte der Unteroffizier, den wir „Fußballspieler" nannten. Sein Name war angeblich Karl Musol.
Die Kriegsgefangenen hatten ständig Angst vor den Wehrmachtssoldaten. Zeigten sie sich in der Nähe des Zeltlagers bzw. der Pferdeställe, um Arbeiter auszusuchen, versteckten sich die Gefangenen wie Ratten in ihrem Loch.
Als ich irgendwann einmal unvorsichtig war, erwischte mich ein Soldat und befahl mir, mit ihm zu gehen. Wie sich dann später herausstellte, war es jedoch nicht so schlimm, dass ich mich nicht vor ihm versteckt hatte. Sein Befehl lautete, einen Leiterwagen voll Brot zu entladen. Die Arbeit macht mir nichts aus, im Gegenteil, sie machte mich sogar glücklich, soviel Brot zu riechen. Als Belohnung für meine Arbeit erhielt ich von dem Soldaten einen frischen Laib Brot. Diesen versteckte ich unter meinem Mantel und langsam ging ich zurück in das Quartier. Auf dem Stammlagerhof sah ich den „Fußballspieler", hatte jedoch nicht mehr die Möglichkeit, mich vor ihm zu verstecken. Ich wollte keine Tritte von ihm bekommen und auf gar keinen Fall mein Brot verlieren, so dass ich ihm höflichst meine Ehre erwies.
Er gehörte zu den wenigen Wehrmachtsoffizieren, der die Gefangenen nicht in Ruhe lassen konnten. Er fragte mich sofort, woher ich käme. Ich hatte nur mein Brot im Kopf, das ich auf keinen Fall verlieren wollte. Ich drückte es feste an meinen Bauch und log den „Fußballspieler" an, dass ich in der Lagerverwaltung war und mich zu einem zivilen Arbeiter habe umschreiben lassen. Damit war er zufrieden und ich durfte weiter gehen. So hatte ich mein Brot gerettet.
In unserem Quartier war ich überrascht, meinen alten Freund Roman Kaczorek zu treffen, der zwischen den beiden Kriegen in meinem Dorf Kołomań im Kreise Kielce gewohnt hatte. Vor dem Zweiten Weltkrieg dienten wir beide bei dem 4. Infanterieregiment Legion in Kielce.
Roman vertraute mir an, dass er sich in einen zivilen Arbeiter habe umschreiben lassen. Im Stammlager VI D wartete er jetzt auf eine Arbeitszuteilung auf einem Bauernhof. Er wollte, dass ich mich auch umschreiben lasse, um mit ihm zu einem Bauern zu fahren, bei dem es uns gut gehen würde. Zu zweit wäre es für uns beide viel leichter.
Ich habe meinem damaligen Freund nie nachgetragen, dass er sich von einem polnischen Kriegsgefangenen in einen zivilen Arbeiter hat umschreiben lassen und an dem Revers – wie alle Polinnen und Polen, die im Dritten Reich arbeiteten – den Buchstaben „ P" tragen musste. Gleichzeitig habe ich nie meine Entscheidung bereut, polnischer Kriegsgefangener geblieben zu sein, auf dessen Uniform mit weißer Ölfarbe auf dem Rücken die Buchstaben „KG", geschrieben standen.
Es wurde Dezember und wir machten uns Gedanken über unser Winterquartier. Die Kälte zog ein und wir hatten keine Möglichkeit, unsere Räume zu beheizen. In vielen Fenstern fehlten die Scheiben; uns war klar, dass es nicht einfach sein würde, den Winter zu überstehen. Wir machten uns zu früh Sorgen. Am 12. Dezember 1940 wurden wir mit Güterwaggons von Dortmund aus ins Unbekannte abtransportiert."[68]

Kriegsgefangene aus Belgien und Frankreich

Am 10. Mai 1940 begann die Westoffensive der deutschen Wehrmacht mit dem Einmarsch in die neutralen Länder Niederlande, Belgien und Luxemburg; am 14. Juni folgte die Besetzung von Paris. Mit kurzer Verzögerung machten sich diese Feldzüge im Stalag VI D in Gestalt neu eintreffender belgischer und französischer Kriegsgefangener bemerkbar. Aufgrund der Aktivitäten der Mission Scapini sowie wegen der Besuche des IKRK sind ihre Lebensbedingungen im Stalag VI D relativ gut

[68] Ich danke Barbara Dobruchowski aus Dortmund für die Übersetzung des Dokumentes.

Abb. 15: Französische Kriegsgefangene des Stalag VI D, 1941, Rückseite handschriftlich: „Gefangenenlager in Dortmund-Westfalenhalle, 1941", Geschenk von Klaus Winter an R. Mentner

zu rekonstruieren,[69] zumal sie auch zu der Gruppe von Kriegsgefangenen zählten, die zeitlich am längsten immer wieder dem Stalag VI D zugewiesen wurden.

Die ersten französischen Kriegsgefangenen kamen nach einer Reise von acht Tagen in der Nacht vom 12. auf den 13. Juni 1940 in Dortmund an. Nach dreitägiger Aufnahmeprozedur (Registrierung, Entlausung, Erholung) in der Westfalenhalle wurden die Franzosen, wie auch niederländische und belgische Kriegsgefangene, dem Zeltlager auf dem angrenzenden Nebengelände der Volkswiese zugewiesen. Es bestand aus 15 Zelten für je 500 Menschen, einer Infektionsbaracke, die nicht so gut ausgestattet wie die Infektionsstation in der Halle war, Werkstätten für Schuhmacher und Schneider, Latrinen sowie weiteren Baracken. Die Aufenthaltsdauer in Dortmund überstieg nie sieben Tage: drei Tage in der Westfalenhalle und etwa vier Tage in den Zelten, bevor die Kriegsgefangenen per Zug auf andere Stalags oder Oflags verteilt wurden.[70] Die Gefangennahme der französischen und belgischen Kriegsgefangenen wurde an das Internationale Rote Kreuz in Genf gemeldet.[71]

Im August 1940 befanden sich überwiegend Franzosen, nämlich 15.785 Soldaten plus 105 Zivilisten,[72] im Stalag VI D; 667 von ihnen waren „coloured", also Soldaten aus den französischen Kolonien.[73] Kriegsgefangene Kolonialsoldaten wurden im Sommer 1940 von den deutschen Stalags in Kriegsgefangenenlager im Norden des besetzten Frankreichs deportiert. Im Herbst waren alle bis auf 1.000 dorthin weitergeleitet worden.[74] Die Zahl französischer Kolonialsoldaten in Dortmund ist unbekannt.

Während das IKRK und die Mission Scapini keine Gewalt gegen Kriegsgefangene erwähnten, ist in einem amerikanischen Bericht über das Stalag VI D ein Fall illega-

69 Zum Arbeitseinsatz französischer Kriegsgefangener allgemein und speziell in Bremen siehe: Bories-Sawala, a.a.O.

70 Besuch des Aufnahmelagers VI D, 13.06.1940, ACICR, C SC, Service des camps, Allemagne, WK VI, RT.

71 Besuch des Stalag VI D, 15.11.1940, ACICR, C SC, Service des camps, Allemagne, WK VI, RT.

72 Ob diese Zivilisten, Protestler, Ärzte oder Franctireurs, also Partisanen, waren, kann nicht gesagt werden.

73 Bericht von Jefferson Patterson, 7.8.1940, PRO, FO 916/2575.

74 *Rheinisches Journalistenbüro, Recherche International e.V. (Hg.)*, „Unsere Opfer zählen nicht". Die Dritte Welt im

len Arrestes überliefert. Jefferson Patterson fand bei einer Inspektion des Stalag VI D am 7. August 1940 fünf Kriegsgefangene aus Nord-Afrika in einer winzigen Zelle, die lediglich Platz für einen Menschen bot. Sie waren zu sechs Tagen Haft verurteilt worden, weil sie ein Feuer aus Zeltpflöcken gemacht hatten, um Kartoffeln zu garen. Patterson legte eine energische Beschwerde beim Kommandanten und dem OKW ein, worauf sich die Situation schnell verbessert haben soll.[75]

Wie erwähnt, unterlagen nur die Lebensbedingungen der belgischen und französischen Kriegsgefangenen der Kontrolle des IKRK und des Diplomatischen Kriegsgefangenendienstes. Die Berichte der Inspektoren geben wichtige Einblicke in die Situation dieser Kriegsgefangenen, von denen sich die meisten außerhalb des Stalag in den unterschiedlichen Arbeitskommandos befanden. Von anfangs 1.060 Belgiern waren bereits bis auf 60 alle außerhalb des Lagers in Arbeitskommandos eingesetzt. Ferner befanden sich 196 Briten, darunter vier Offiziere, im Lager.[76] Kommandant Eck sonderte einige Hundert der französischen Kriegsgefangenen im Sinne der nationalsozialistischen Volkstumspolitik von den übrigen ab; es waren 203 Elsässer, 323 Bretonen, ein Korse sowie zwei angebliche Russen, aber keine „Rotspanier",[77] ferner einige Fremdenlegionäre und polnische Legionäre. Letztere wurden als Franzosen betrachtet und als solche behandelt, obwohl die nationalsozialistische Volkstumspolitik Polen sonst generell einen niedrigeren Platz in ihrer rassistischen Hierarchie zuwies. Gemäß ihrer Position in der Hierarchie sollten die Elsässer als erste, danach die belgischen Flamen entlassen werden.[78]

Ab Juli 1941 wurde begonnen, „in der Nähe der Sportplätze" neue Baracken zu errichten. Der Diplomatische Kriegsgefangenendienst hoffte, dass sich die Internierungsbedingungen der Gefangenen verbessern würden sobald die neuen Baracken fertig gestellt und die Sicherheit der Kriegsgefangenen bei Luftangriffen gewährleistet wäre.[79] Im Umkehrschluss bedeutete dies, dass die Internierungsbedingungen bis zu diesem Zeitpunkt noch sehr schlecht waren.

In einer Propaganda-Broschüre des französischen Kriegsministeriums zur Information der Familien in Frankreich [80] wurden das Stalag VI D und die Lebensbedingungen der Kriegsgefangenen in idealisierender Weise beschrieben. So heißt es darin, die belgischen und französischen Kriegsgefangenen lebten in einem Lager, das in der Westfalenhalle eingerichtet sei. Die frühere Veranstaltungshalle sei mit Dreifach-Bettstellen für ungefähr 2.500 Mann vollgestellt. Trotz der beachtlichen Größe dieses Raumes sei er beheizbar. Wegen der Feuergefahr müssten die

Zweiten Weltkrieg, Berlin, Hamburg 2005, S. 147.

75 Bericht über das Stalag VI D von Jefferson Patterson am 7.8.1940, in: National Archives, College Park (NACP), RG 59, Box 2776, zit. in: Raffael Scheck, S. 50.

76 Bericht von Jefferson Patterson, 7.8.1940, PRO, FO 916/2575.

77 Mit Ende des Spanischen Bürgerkriegs (März 1939) flüchteten zwischen 400.000 und 500.000 Republikanische Spanier nach Frankreich. Nach der Besetzung des nördlichen Teils Frankreichs durch die Deutsche Wehrmacht ordnete Heinrich Himmler an, dass alle Spanienkämpfer in Schutzhaft zu nehmen seien. Der erste große Transport mit „Rotspaniern" traf am 6.8.1940 in Mauthausen ein.

78 Berichte von Jefferson Patterson, 7.8.1940, PRO, FO 916/2575.

79 Ebd.

80 Les Camps de Prisonniers de Guerre en Allemagne, herausgegeben im Oktober 1940 und auf den neusten Stand gebracht im Februar 1942, editiert vom französischen Kriegsministerium, Abteilung Kriegsgefangene (Publikation für Angehörige von Kriegsgefangenen über den Rahmen der Kriegsgefangenschaft und die Lebensbedingungen), Stadtarchiv Hemer.

Kriegsgefangenen strenge Vorsichtsmaßnahmen einhalten, d. h. es sei u. a. verboten in der Halle zu rauchen. Neben der Westfalenhalle befänden sich Baracken aus Ziegelsteinen, die ebenfalls normal beleuchtet und beheizt würden. Die Kriegsgefangenen dürften wöchentlich je einmal duschen, darüber hinaus stünde eine ausreichende Zahl von Waschbecken zur Verfügung. Die Verpflegung sei knapp bemessen, aber von der französischen Regierung mit zahlreichen Lieferungen immer wieder ergänzt worden. Ende Dezember 1941 beispielsweise lieferte sie an Nahrungsmitteln und Kleidungsstücken: „Kriegsbrot", Fleisch- und Fischkonserven, Früchte, Zucker, Konfitüre etc. im Gesamtgewicht von 492.200 kg, 26.556 kg Tabak und Zigaretten sowie 150.385 Kleidungsstücke. Für welchen Zeitraum diese Waren reichen sollten, ist nicht überliefert.[81] Auch die in den Arbeitskommandos eingesetzten Kriegsgefangenen erhielten Paketsendungen mit Lebensmitteln.

Der Schriftverkehr für die Kriegsgefangenen war auf je zwei Briefe, Karten und Pakete pro Monat begrenzt. Die Pakete, so die Broschüre von 1940/1942, seien in der Regel in gutem Zustand angekommen. Die zumindest anteilig aus Sammelspenden stammenden Lieferungen der französischen Regierung wurden von einem Vertrauensmann der Kriegsgefangenen entgegengenommen und kontrolliert. Ihm oblag auch die Verteilung der Sendungen aus Frankreich.

Auch der Tagesablauf für die französischen Kriegsgefangenen wurde in der Broschüre in idealisierter Form geschildert: Um vier Uhr morgens, so der Text, wurden die Kriegsgefangenen geweckt, die Arbeit begann um fünf und endete um 17 Uhr, wobei es eine Mittagspause von einer halben bis einer dreiviertel Stunde gebe. Einsatzorte für die Gefangenen seien Bauernhöfe und Felder, sie seien bei der Verladung von Militärgütern oder bei Erdarbeiten, im Straßenbau oder bei der Montage von Trägern, Balken, Standpfeilern in einer Metallwerkstatt beschäftigt. Als Freizeitbeschäftigung im Lager, so schilderte es die französische Regierung den Angehörigen, wurden Theater- und Musikveranstaltungen organisiert, und zwar von den Kriegsgefangenen selbst. Die daran beteiligten Künstler seien von der Verpflichtung zur Arbeit befreit. Französische Priester und Pfarrer kümmerten sich um die religiösen Bedürfnisse der Kriegsgefangenen. Ferner werde eine Vielzahl von Vorträgen gehalten und es stünde eine Lager-Bibliothek zur Verfügung, die 6000 bis 7000 Bücher zählte. Teile dieses Bestandes würden zu den Arbeitskommandos geschickt und zirkulierten unter den Kriegsgefangenen.

Die medizinische Versorgung erfolge in einer Krankenabteilung, die 230 Betten zählte, von denen 30 für Männer mit ansteckenden Krankheiten reserviert seien. Die Schlafsäle seien komfortabel und gut ausgerüstet. Acht französische und zwei serbische Ärzte gewährleisteten die medizinische Versorgung. Für die Arbeitskommandos seien fünf französische Ärzte eingeteilt. Die Krankenabteilung verfüge über ein eigenes Labor für Analysen, Röntgenuntersuchungen müssten in einem Dortmunder Lazarett vorgenommen werden. Die Zahnarztpraxis sei gut ausgerüstet und beschäftige einen französischen Zahnarzt und zwei Zahntechniker.[82]

Auch wenn diese Beschreibungen von Februar 1942, wie gesagt, aus einer Propagandaschrift des französischen Kriegsministeriums stammen, entbehrte doch

[81] Ebd.

[82] Les Camps de Prisonniers de Guerre en Allemagne, herausgegeben im Oktober 1940 und auf den neusten

nicht alles einer Grundlage. Propaganda waren die geschönte Darstellung und das Verschweigen von Problemen im Lager und auf den Arbeitsplätzen. Es wurde ein idyllischer Soll-Zustand geschildert, nicht der weniger schöne Ist-Zustand.

Arbeitseinsatz (Arbeitskommandos), Entlohnung und Bewachung

Bereits kurz nach dem Waffenstillstand zwischen Frankreich und dem Deutschen Reich am 22. Juni 1940 meldeten die Betriebe „erfreuliche Anfangserfolge" beim Arbeitseinsatz der belgischen und französischen Kriegsgefangenen. Die meisten von ihnen waren Bauern, Handwerker und manchmal auch kaufmännische Angestellte.[83] Am schwierigsten für die Planer in den Betrieben war es, Unterbringung, Verpflegung und Bewachung der Kriegsgefangenen zu gewährleisten.[84] Das Anlernen für die Arbeit in den Arbeitskommandos schien dagegen kein nennenswertes Problem darzustellen.

Die französischen Kriegsgefangenen des Stalag VI D arbeiteten zu 90 Prozent in Fabriken und in Bergwerken. Nur vereinzelt waren Kriegsgefangene als Einzelpersonen eingesetzt. Die Themen Unterbringung, Verpflegung und Bewachung waren u. a. Gegenstand der Verträge, die ein Einsatzträger mit dem Stalag abschloss. So hieß es in einem im August/September 1940 abgeschlossenen Vertrag zwischen dem Kreis Lüdinghausen und dem Stalag VI D zwecks Überlassung von 433 westlichen – darunter auch französischen – Kriegsgefangenen für den Einsatz in der Landwirtschaft:

> „[d]er Unternehmen hat die Wachmannschaften und Kriegsgefangenen zu verpflegen und unterzubringen. Die Verpflegung und Unterkunft der Wachmannschaften hat getrennt von der der Kriegsgefangenen in geeigneter Weise und ausreichender Güte zu erfolgen. Die Zubereitung der Speisen für die Wachmannschaften hat in einer von der der Kriegsgefangenen räumlich getrennten Küche zu erfolgen. Die Lebensmittel- und Seifenzuteilung erfolgt durch die zuständigen Wirtschaftsämter."[85]

In einem ähnlich formulierten Vertrag vom April 1942 zwischen der Harpener Bergbau A.G., Zeche Hugo in Gelsenkirchen-Buer, und dem Stalag VI D wurde der Einsatz von 39 belgischen Kriegsgefangenen als Fach- bzw. Bauhilfsarbeiter geregelt. Über die Vergütung für Verpflegung und Unterkunft wurden

Stand gebracht im Februar 1942, editiert vom französischen Kriegsministerium, Abteilung Kriegsgefangene; Publikation für Angehörige von Kriegsgefangenen über den Rahmen der Kriegsgefangenschaft und die Lebensbedingungen, S. 26f, Stadtarchiv Hemer.

83 *Yves Durand*, Vichy und der „Reichseinsatz", in: *Ulrich Herbert (Hg.)*, Europa und der „Reichseinsatz". Ausländische Zivilarbeiter, Kriegsgefangene und KZ Häftlinge in Deutschland 1938-1945, Essen 1991, S. 184-199, hier S. 192.

84 Kriegstagebuch des Rüstungskommando Dortmund, Nr. 3, Eintrag vom 27.6.1940, S. 27, 1.6.1940 – 31.8.1940, BAMA, RW 21/14 – 3.

85 Arbeitsvertrag (Vordruck) zwischen dem Deutschen Reich, Reichsfiskus Heer, vertreten durch den Lagerkommandanten des Stalag VI D, Oberstleutnant Eck, und dem Kreis Lüdinghausen vertreten durch den Landrat des Kreises Lüdinghausen als Vertreter der Stadt- bzw. Amtsbürgermeister des Kreises, 7.9.1940/30.8.1940, Stadtarchiv Lüdinghausen, Bestand 11, Nr. 1089. Siehe: Zwangsarbeit in den Kreisen Coesfeld und Lüdinghausen, *Kreis Coesfeld (Hg.)*, Coesfeld 2003, S. 101.

> „(...) vom STALAG VI D auf dem Verrechnungswege für jeden Wachmann täglich RM 1,20 für Verpflegung und 20 Pfg. für Unterkunft gewährt. Unter Berücksichtigung der jeweiligen Lohnregelung werden für den Kriegsgefangenen für Unterkunft 0,20 RM täglich und für Verpflegung die folgenden Sätze gewährt:
> RM 0,80 täglich für allgemeine Arbeitskräfte
> RM 0,90 täglich für Lang- und Nacharbeit (...)
> RM 1,00 täglich für Schwerarbeiter
> RM 1,20 täglich für Schwerstarbeiter nur in besonderen Fällen,
> die vom STALAG VI D genehmigt werden.(...)
> Die Arbeitszeit der Kriegsgefangenen richtet sich im allgemeinen nach dem Ortsgebrauch."[86]

Deutsche Städte auch im Ruhrgebiet waren bis Ende 1941 noch vergleichsweise wenig unmittelbar von Kriegsschäden betroffen. Das wirkte sich auch auf die Lebens- und Arbeitsbedingungen der französischen Kriegsgefangenen aus, die vom Schutz der Mission Scapini profitierten. Die Inspektoren besuchten allerdings nicht alle Arbeitskommandos, sondern lediglich solche in ausgewählten Betrieben. Sie wurden in jedem Fall von deutschen Offizieren begleitet. Wer die zu inspizierenden Arbeitskommandos vorschlug oder auswählte, ist unbekannt. Denkbar ist sowohl, dass es Beschwerden einzelner Kriegsgefangener gab, als auch obligatorisch durchgeführte Besichtigungen von Arbeitskommandos. Nicht zuletzt geben die Berichte der Inspektoren Einblicke in die Lebens- und Arbeitsbedingungen in den Arbeitskommandos. Das gilt z. B. für die Arbeitskommandos 771 a, b und c in Bochum.[87]

Diese drei Bochumer Arbeitskommandos des Stalag VI D umfassten 1.134 französische und belgische Kriegsgefangene, die zur Schichtarbeit in verschiedenen Betrieben der Hüttenindustrie eingesetzt waren. Ihre durchschnittliche Arbeitszeit betrug 60 Stunden wöchentlich. Die Kriegsgefangenen aller drei Arbeitskommandos waren in einer großen Werkshalle untergebracht, von der ein Teil als Theater eingerichtet war. Sie schliefen in eisernen Bettgestellen, hatten einen Strohsack und zwei Decken (im Winter vier). Im Winter gab die Zentralheizung ausreichend Wärme, so der Bericht der Inspektoren. Die Verköstigung entsprach nach Art und Menge den Vorschriften, war jedoch in der Regel nicht ausreichend. In der Kantine konnten die Kriegsgefangenen Bier und verschiedene andere Waren zu ortsüblichen Preisen kaufen. Es gab Waschbecken und die Kriegsgefangenen konnten täglich warm duschen. Auch bestand die Möglichkeit, die Wäsche mit warmem Wasser zu waschen. Die Arbeitskommandos verfügten zwar über ein Kleiderlager und über eine Ausbesserungswerkstatt und die Betriebe lieferten auch grundsätzlich Arbeitsanzüge, doch gab es nicht genügend Kleiderkarten, so dass Mangel an Hosen und Schuhen herrschte. Der Priester der Kommandos, Abbé Laurant, hielt regelmäßig Gottesdienste ab, und ein Schauspieler aus Paris, Pierre Lecour, hatte eine kleine Theatergruppe und ein Orchester aus sieben Musikern zusammengestellt. Der Arzt, Leutnant Salmon, verfügte über einen kleinen, gut eingerichteten Behandlungsraum. Er war mit dem

86 Vertrag zwischen dem Deutschen Reich, Reichsfiskus Heer, vertreten durch den Lagerkommandanten des Stalag VI D, Wilhelm Eck und dem Harpener Bergbau A.G., Zeche Hugo in Gelsenkirchen-Buer, 13.4.1942, WWA, S1, NI-3117(I), Bl. 958-961.

87 Bericht des Diplomatischen Kriegsgefangenen Dienstes, Besichtigung des Stalag VI D durch den Delegierten A. Gourmel und dem begleitenden Offizier Hauptmann Dr. Beckmann, 30.7.1941, PAAA, R 40988.

Gesundheitszustand der Kommandos zufrieden. Die Bücherei der Kommandos war mit lediglich 200 Büchern unzureichend ausgestattet und die Gefangenen wünschten sich weitere Bücher, Tischtennis- und Fußbälle sowie Boxhandschuhe. Die Kriegsgefangenen waren in Bezug auf ihre Sicherheit bei Luftangriffen beunruhigt. Das galt ganz allgemein für alle Lager im Ruhrgebiet, wo „Gefangene in ziemlich großer Zahl in Räumlichkeiten in unmittelbarer Nähe der Betriebe untergebracht" wurden, mit deren Bombardierung zu rechnen war.

Beispielhaft beschreibt der Arbeitskreis „Hörde damals" das Lager im „Wiggerhaus" in Dortmund-Hörde in unmittelbarer Nähe des Hörder-Hüttenvereins. Das Gebäude, in dem das Lager untergebracht war, gehörte der Stiftsgemeinde „St. Clara" und war bereits im April 1937 beschlagnahmt worden. Seit dem 26. April 1940 dienten der Saal, die Nebengebäude und die Kegelbahn als Lager für 300 belgische und französische Kriegsgefangene, die von 18 Wachmännern bewacht wurden. Die Kriegsgefangenen arbeiteten in unterschiedlichen Arbeitskommandos beim Dortmund Hörder-Hüttenverein. Als Eigentümerin und Vermieterin hatte das katholische Stiftspfarramt für die Verpflegung der Kriegsgefangenen und der Wachmannschaften zu sorgen. Die notwendigen Lebensmittelscheine stellte der Dortmund Hörder-Hüttenverein. Für Unterkunft und Verpflegung mussten 1,80 RM pro Tag und Kopf an die Stiftsgemeinde „St. Clara" gezahlt werden: 0,20 RM für die Unterkunft, einschließlich aller Unkosten wie Strom, Wasser und Versicherung, 1,60 RM für die Verpflegung. Auf Anweisung des Stalag VI D wurde der Verpflegungssatz ab dem 1. August 1940 auf 1,35 RM gekürzt. Dafür wurden aber die für den Küchenbetrieb notwendigen Kohlen kostenlos geliefert. Einige der Kriegsgefangenen waren Friseure, Schreiner und Polsterer, die im St. Josefs Hospital arbeiten mussten.[88]

Trotz vieler guter Erfahrungen bestimmter Firmen mit Kriegsgefangenen und trotz des dringenden Bedarfs an Arbeitskräften war vielen „Werken nicht bekannt, wie sie ihre Anträge auf Überlassung von Gefangenen anbringen können. Weiter bestehen erhebliche Schwierigkeiten sowohl in der Unterbringungsfrage wie in der Frage der Bewachung. Von verschiedenen Stellen kommt die Mitteilung, dass die Bewachung durch Polizei und Werkschutz übernommen werden soll; eine Verantwortung, die die Werke ihrem Werkschutz nicht gern übertragen wollen. Die Betriebe können dahin unterrichtet werden, dass ihre Wünsche bezügl. der Gefangenen in formulierten Anträgen beim zuständigen Arbeitsamt einzureichen sind."[89]

Von der strengen Bewachung durch die üblichen Wachmannschaften der Wehrmacht waren französische Kriegsgefangene seit November 1941 ausgenommen. Unter der Bedingung, dass sie Disziplin wahrten und keine Fluchtversuche unternähmen, wurden „bewährte und ehrenwerte franz. Soldaten" ausgewählt, die als so genannte Lagerälteste fortan die Überwachung zu übernehmen hatten. Auch die Überwachung durch deutsche Soldaten auf dem Hin- und Rückweg zur Arbeit und bei der Arbeit wurde aufgehoben. Ferner wurde angeordnet, dass es Bezirke geben sollte, in denen sich die Gefangenen in der Freizeit frei bewegen durften. Ihre per-

88 *Arbeitskreis „Hörde damals" (Hg.)*, Verdrängt. Vergessen. Verschwiegen, Beiträge zur Geschichte des Dortmunder Stadtteils Hörde vor und während der Zeit des Nationalsozialismus, Dortmund 2002, S. 114. Überarbeitete und ergänzte Neuauflage 2013, S. 304f.

89 Kriegstagebuch des Rüstungskommandos Dortmund, Nr. 3, 1.6.1940 – 31.8.1940, Bericht vom 10.6.1940, BAMA, RW 21/14 – 3.

sönlichen Daten mussten in eine Ausweiskarte eingetragen werden, die den polizeilichen Dienststellen eine bessere Kontrollmöglichkeit gab. Das Betreten von Kirchen, Gastwirtschaften, Kinos sowie das Benutzen von öffentlichen Verkehrsmitteln war verboten. Ebenso jeder Kontakt zu deutschen Zivilisten, insbesondere zu Zivilistinnen.[90]

Die im Stalag VI D beschäftigten Handwerker verdienten Ende 1940 durchschnittlich 13 RM im Monat. Es war ihnen lange nicht möglich, das von ihnen verdiente Geld nach Hause zu senden.[91] Die nicht arbeitenden Kriegsgefangenen im Lager erhielten monatlich ausnahmslos drei RM.[92] Insgesamt gesehen, scheinen die Arbeitsbedingungen der französischen Kriegsgefangenen in den Arbeitskommandos des Stalag VI D von Beginn der Kriegsgefangenschaft bis Ende 1941 relativ konstant geblieben zu sein. Gelegentlich wurden Klagen wegen schlechten und geringen Essens geäußert, es stünde in keinem Verhältnis zu der oft neun bis zwölfstündigen täglichen Arbeit. Auch der Mangel an Schuhen und Hosen war ein permanentes Problem.[93]

Erinnerungen von Albert Laurent

Der belgische Kriegsgefangene Albert Laurent (13.12.1913 - 17.9.2012) erreichte am 6. Juni 1940 das Stalag VI D. Er beschrieb, dass die belgischen Kriegsgefangenen mit den französischen Gefangenen zusammengelegt wurden. Im Stalag gab es verschiedene Zonen, die durch Stacheldrahtzaun abgetrennt waren. Die Gefangenen wurden nach Berufen aufgeteilt. Die Glücklichsten unter ihnen waren diejenigen, die auf einem Bauernhof eingesetzt wurden, da dies die beste Garantie war, ausreichend Nahrung zu bekommen. Außerdem war ein Aufenthaltsort, der von den Industrieanlagen entfernt lag, sicherer, weil die Wahrscheinlichkeit von Bombardierungen geringer war. Das schlimmste im Stalag „war die Untätigkeit, nichts zu tun, wir dachten an unsere Familie, die Besorgnis vergrößerte sich, der Hunger plagte uns, die dürftigen Reserven waren aufgebraucht". Laurents einziger Gedanke war, endlich arbeiten zu können und nicht mehr permanent hungern zu müssen.

Seit dem 26. Juni 1940 war Laurent dem belgischen Arbeitskommando 502a im Walzwerk der „Hermannshütte" in Dortmund-Hörde zugeteilt. Die Aufgabe der Kriegsgefangenen war es „Wagen zu schieben, Flaschenzüge zu bedienen, Waggons zu beladen." Einen Winter verbrachte er damit, die Waggons zu entladen bis der Vorarbeiter fragte, ob unter ihnen jemand Kenntnisse von Elektrik hätte. In der Hoffnung, einer weniger anstrengenden Arbeit zugeteilt zu werden, gab Laurent an, eine Ausbildung als Elektriker zu haben.

Unterbracht waren die Kriegsgefangenen in der Gaststätte Walrabe (dem heutigen Cabaret Queue, Hermannstr. 74, in Dortmund-Hörde) und im bereits er-

90 Oberstleutnant Eck, Stalag VI D, Bekanntmachung, betr. Erleichterung in der Überwachung franz. Kr. Gef., 15.11.1941, Stadtarchiv Harsewinkel, C 9, Bd. 1.

91 Bericht von Jefferson Patterson, 7.8.1940, PRO, FO 916/2575, Bl. 276.

92 Besuch des Stalag VI D, 15.11.1940, ACICR, C SC, Service des camps, Allemagne, WK VI, RT.

93 Bericht des Diplomatischen Kriegsgefangenen Dienstes, Besichtigung des Stalag VI D durch die Delegierten Hauptmann Devaux und A. Gourmel und dem begleitenden Offizier Rittmeister von Friedberg, 8.11.1941, PAAA, R 40990. Dem Bericht war ein Anhang beigefügt, der die Rundreise der Delegation durch 22 Arbeitskommandos in Dortmund und Umgebung dokumentierte.

wähnten Wiggerhaus; in beiden Häusern waren Lager eingerichtet worden. Um zu ihrem Arbeitsplatz zu kommen, nahmen die Kriegsgefangenen die damalige Hermannstraße, die das Gebiet der Fabrik Phoenix-Ost und die Walzwerke der „Hermannshütte" umschloss. Die Arbeit war schwer und es gab zu wenig Brot. Als sich Kriegsgefangene beschwerten und die Arbeit niederlegten, wurden sie von einem Offizier mit einer bewaffneten Eskorte gezwungen im Hof zu laufen, ohne anzuhalten. Die Gefangenen hätten nach einiger Zeit aufgegeben, ohne dass auf ihre Forderung nach mehr Brot eingegangen wurde. In der Regel überwachten die Vorarbeiter und spezielle Wachposten die Kriegsgefangenen. Laurent war wie überrascht vom Begrüßungsritual der deutschen Arbeiter: „Das war nicht Guten Tag zu sagen, aber ihre Art es zu zelebrieren, den Arm gen Himmel erhoben mit einem überwältigenden, donnernden «Heil Hitlerrr». Mit unserem Widerstandsgeist antworten wir nur mit einem «Guten Tag»."

Die Kriegsgefangenen trugen blaue Arbeitskleidung, auf die ihre Gefangenennummer genäht war. An den Hosenbeinen trugen sie ein rotes Band, auf dem Rücken war „KG" geschrieben. „Das erlaubte auf den ersten Blick die Wiedererkennung eines Gefangenen. Wir sind sehr schnell von Weitem erkennbar. (...) Wir haben nur Zugang zu den Orten, an den wir verpflichtet sind zu arbeiten und uns war es strikt verboten, sich woanders zu treffen."

Laurent hatte Kontakt zu ukrainischen Zwangsarbeiterinnen, die in der Nähe in einem Lager lebten. Er traf sich heimlich mit Clava, einer circa 17-jährigen jungen Frau, die aus der Ukraine deportiert worden war. Er berichtete: „Die Situation der russischen Deportierten ist wenig beneidenswert und wir müssen sehen, dass wir gut untergebracht sind im Hinblick auf ihre Bedingungen. (...) Russland hat die Genfer Konventionen nicht unterschrieben und die Deutschen müssen sie nicht verschonen, es gibt keine Rücksichtnahme und keinen Respekt für seine Staatsbürger. Sie sind am Verhungern und werden als Packtiere betrachtet. Die Deutschen nennen sie «Untermenschen»."

Laurent erinnerte sich an die „unerwünschte Gäste" in den Schlafstellen des Lagers: „Unsere «Matratzen» wurden sehr schnell zu Flohkolonien. Jeden Abend haben wir sie gejagt und zwischen unseren Fingern zerquetscht. Trotz unserer Anstrengungen haben wir es nicht geschafft, sie zu vernichten. Es bleibt nur eine radikale Lösung, die Strohmatratzen zu zerstören. Gemacht getan, wir haben auf den nackten Brettern geschlafen und der Rucksack diente als Kopfkissen. Das war nicht sehr komfortabel, (...) aber es hatte uns ermöglicht weniger Hautprobleme zu haben, da die Stiche der Parasiten Juckreiz und Irritationen auslösten, ganz zu schweigen von den Krankheiten. Auch hatten wir Bettwanzen, die über unsere Schlafstelle herfielen, was für ein Gestank, das war unerträglich."

Für ärztliche Untersuchungen und Behandlungen mussten die Kriegsgefangenen aus den Arbeitskommandos ins Stalag VI D. „Wenn wir krank sind, müssen wir das dem Wachposten sagen, die uns zur Visite ins Stalag VID begleiten. Selbstverständlich gehen wir zu Fuß, egal wie die Wetterbedingungen sind. (...) Die Krankenstation wird von deutschen Ärzten geleitet und einige französische Ärzte assistieren. (...) Für ihre Unterstützung sind Krankenschwestern unterschiedlicher Nationalitäten da. Die französischen Ärzte versuchen uns im Allgemeinen zu verschonen, aber das letzte Wort haben immer die deutschen Ärzte. (...) Meist ist die Diagnose die gleiche: «ARBEIT», wenn ich nicht die Bedeutung dieses Wortes kennen würde, könnte ich an eine Epidemie denken, denn nahezu in allen Fällen fällt dieses Urteil. (...) Wir erhalten oft als Medikament ein Aspirin. (...) Die Arbeitsbedingungen führen zu einer Vielzahl von Krankheitsbildern: Lungenkrankheiten, Verdauungsstörungen, Kraftlosigkeit.(...) Jedes Mal, wenn der Arzt unseren Zustand als ernst bezeichnete, bringt man uns ein oder zwei Tage in der Holzbaracke unter. (...) In extremen Fällen werden wir in eins der Krankenhäuser von Dortmund eingeliefert. (Man musste praktisch im Sterben liegen). (...) Während meines Krankenhausaufenthalts habe ich russische Gefangene gesehen; wahre «Geister». Später habe ich verstanden, dass einige sie «Muselmänner» nannten. Sie sind dürr und in einem unbeschreiblichen Schwächezustand und können kaum stehen. Das ist eine Schande und skandalös, Menschen so einer Verwahrlosung zu überlassen. Ich hatte wirklich viel Mitleid."[94]

Unterkunft, Ernährung und Kleidung

Im August 1940 hatte die Westfalenhalle überhaupt kein Stroh für die Bettgestelle der französischen Kriegsgefangenen. Darüber hinaus besaßen die Männer keine Decken. Von Seiten der Lagerverwaltung wurde erklärt, dass das Stroh wegen seiner Tendenz, mit Ungeziefer verseucht zu werden, beseitigt worden sei, und dass es außerdem unmöglich sei, das Stroh mit jeder neu eintreffenden Gruppe von Soldaten im Transit auszutauschen.[95] Die Männer in den neben der Halle aufgestellten Baracken, bei denen es sich um semi-permanentes Personal handelte, besaßen zu diesem Zeitpunkt Strohsäcke, ebenso die englischen Offiziere,[96] die sich im Lager befanden. Die Männer in den Zelten schliefen in Etagenbetten wie die in der Halle, ebenso ohne Strohschütte. Der Kommandant behauptete, dass die Kriegsgefangenen in den Arbeitskommandos über Strohsäcke und manchmal über Betten verfügten.[97] Auch anderen Quellen zufolge schienen sich die Lagerbedingungen für französische und belgische Kriegsgefangene zu verschlechtern. Ab Sommer 1943 schliefen sie lediglich auf einem Rost bzw. auf Brettern und ihre beiden Decken waren in schlechtem Zustand. Sie wurden von Ratten und Flöhen geplagt, auch die Krankenbaracke war von Ungeziefer befallen, da sie sechs Monate lang nicht mehr desinfiziert worden war.[98]

Die Küchen- und Heizungsanlagen waren seit Bestehen der Westfalenhalle noch nicht derart intensiv beansprucht worden. Nach Angaben des Regierungspräsidenten in Arnsberg vom August 1940 wurden sämtliche Küchenanlagen tagtäglich mindestens dreimal, wenn nicht noch öfter benutzt. Ferner wurden die Heizungsanlagen, insbesondere im strengen Winter 1939/1940, in vollem Maße ausgenutzt.[99] In den Baracken reichte die Heizung nicht aus. Die französischen Kriegsgefangenen klagten

94 Der Bericht des Belgiers Albert Laurent wurde von Pascal van den Broeck aufgezeichnet und 2012 als Teil seiner Arbeit „La Politique Nazie d'Asservissement" im www veröffentlicht. Eine Druckfassung von v. d. Broecks Arbeit ist nicht bekannt und der Bericht ist nicht mehr online.

95 Bericht von Jefferson Patterson, 7.8.1940, PRO, FO 916/2575, Bl. 274.

96 Anscheinend waren die Offiziere nur zum Krankenaufenthalt im Lager, weil sie dort im Hospital behandelt wurden, denn das Stalag VI D war ein Mannschaftsstammlager.

97 Bericht von Jefferson Patterson, 7.8.1940, PRO, FO 916/2575, Bl. 274.

98 Besuch des Stalag VI D, 12.9.1943, ACICR, C SC, Service des camps, Allemagne, WK VI, RT.

99 Der Regierungspräsident in Arnsberg an die Stadt Dortmund und die Wehrkreisverwaltung VI, 14.8.1940, BArch, R 122, X. Senat, 1404, Bl. 44.

trotz der ununterbrochenen Beheizung der neu aufgestellten Baracken z. B. über die im Sommer häufig auftretende „Schafskälte".[100]

Französische Vertrauensleute[101] berichteten, dass es drei Mahlzeiten täglich gebe. Die Speisen wurden in drei Küchen zubereitet und entsprachen dem Standard in anderen Lagern.[102] Das Essen wurde von französischen Kriegsgefangenen unter Kontrolle von Deutschen zubereitet. Zusätzlich hatten französische Kriegsgefangene sogar Zugang zu einem Herd in der Küche, der ihnen zum Kochen der Lebensmittel aus den Paketen der Hilfsorganisation und der Angehörigen diente.[103] Spenden der französischen Regierung und von Hilfsorganisationen waren für die Küche eine geschätzte Ergänzung. Selbst Tabak soll in ausreichender Menge vorhanden gewesen sein.[104]

In der Kantine konnte man mit dem Lagergeld[105] die üblichen Gebrauchsgegenstände wie Seife und Tabak sowie nichtalkoholische Getränke kaufen. Toilettenartikel waren jedoch wegen der allgemein schwierigen Versorgungslage sehr selten zu haben. Sie wurde nach wie vor von einem zivilen Verwalter geleitet; französische Kriegsgefangene unterstützten ihn bei der Bedienung.[106]

Der Diplomatische Kriegsgefangenen Dienst behauptete im September 1941: „Dieses gut instand gehaltene Lager, in dem die Gefangenen mit der verständnisvollen Haltung seitens der deutschen Behörden rechnen können, macht einen guten Eindruck. Die Stimmung wird durch die gemeinsamen Bemühungen des Vertrauensmannes und seiner Stellvertreter aufrechterhalten."[107] Im Spätherbst 1941 drangen die Klagen von französischen Kriegsgefangenen aber doch einmal in einen der meist geschönten Berichte vor. So heißt es in einem Inspektorenbericht vom November 1941, die schlechte Suppe enthalte ungeschälte Kartoffeln, der Zustand der Kleidung und der Schuhe sei mangelhaft und es würden Pakete geöffnet und daraus Dinge gestohlen. Diese Klagen flossen in einen weiteren Bericht ein, der zusätzliche Kritikpunkte aufzählte:

> „Im Hinblick auf den herannahenden Winter wird es nötig sein, den Gefangenen einen Strohsack zu geben; dies wird ihnen etwas mehr Bequemlichkeit und besseren Schutz

[100] Bericht des Diplomatischen Kriegsgefangenen Dienstes, Besichtigung des Stalag VI D durch den Delegierten A. Gourmel, 29.9.1941, PAAA, R 40990.

[101] Vertrauensleute waren auf Verlangen der Genfer Konvention zur Vertretung von Kriegsgefangenen eingesetzt. Sie sollten die Gefangenen gegenüber den Militärbehörden und Schutzmächte vertreten und die Sammelsendungen in Empfang nehmen und verteilen. Vertrauensleute sollten folgende Kriterien erfüllen: jung, aktiv, gebildet, Deutschkenntnisse, Verantwortungsbewusstsein gegenüber den Kameraden und dem Marschall Pétain. *Rolf Schwarz*, Das Stammlager XA, in: *Gerhard Hoch, Rolf Schwarz (Hg.)*, Verschleppt zur Zwangsarbeit in Schleswig Holstein, 2. Aufl. Alveslohe, Rendsburg 1988, S- 30-59, hier S. 40.

[102] Bericht von Jefferson Patterson, 7.8.1940, PRO, FO 916/2575, Bl. 274.

[103] Besuch des Stalag VI D, 25.9.1942, ACICR, C SC, Service des camps, Allemagne, WK VI, RT.

[104] Bericht des Diplomatischen Kriegsgefangenen Dienstes, Besichtigung des Stalag VI D durch den Delegierten A. Gourmel und dem begleitenden Offizier Hauptmann Dr. Beckmann, 30.7.1941, PAAA, R 40988.

[105] Ab dem 1. Oktober 1944 gab es kein Lagergeld mehr. Bis zu 30 RM des monatlichen Verdienstes konnten den Kriegsgefangenen ausgezahlt werden, der Rest wurde gutgeschrieben. Einkaufen konnten sie nur in den Magazinen der Wehrmacht. Mitteilung des OKW vom 12.9.1944 über den Fortfall des Kriegsgefangenen-Lagergeldes, in: BAMA, RW 59/142, angegeben in: Keller/Petry, Sowjetische Kriegsgefangene, S. 25f.

[106] Bericht des Diplomatischen Kriegsgefangenen Dienstes, Besichtigung des Stalag VI D durch den Delegierten A. Gourmel und dem begleitenden Offizier Hauptmann Dr. Beckmann, 30.7.1941, PAAA, R 40988.

[107] Bericht des Diplomatischen Kriegsgefangenen Dienstes, Besichtigung des Stalag VI D durch den Delegierten A. Gourmel, 29.9.1941, PAAA, R 40990.

> vor der Kälte gewähren. Leider sieht der Lagerkommandant keine Möglichkeit, sie zu beschaffen. Trotzdem die draussen befindlichen Lichter ausgelöscht sind, wäre es aus rein hygienischen Gründen zweckmässig, die Türen der Baracken offen zu lassen, damit die Gefangenen nachts hinausgehen können. Die Luft in den Zimmern würde zweifellos eine viel bessere sein. Die Delegierten haben den Lagerkommandanten in diesem Sinne ersucht; dieser hat jedoch erklärt, er könne den Befehl des Wehrkreises nicht zuwiderhandeln. Die Aussicht auf einen zweiten Winter in der Gefangenschaft ohne Hoffnung auf Freilassung macht die Leute niedergeschlagen; sie fragen sich, ob sie wirklich noch einmal wieder nach Frankreich werden zurückkehren dürfen."[108]

Im Verlauf des Jahres 1943 schlug sich eine Verschlechterung der Lebensbedingungen in den sehr vorsichtig formulierten Berichten des IKRK nieder. In der Beurteilung über den Gesamteindruck des Lagers bemerkten die Kontrolleure im September 1943, dass die Lagerbedingungen für französische und belgische Kriegsgefangene schlechter als früher seien.[109]

Die Kleidung der französischen Kriegsgefangenen war über die Jahre hinweg in einem schlechten Zustand, obgleich die Ausbesserungswerkstätten zufriedenstellend arbeiteten. Es fehlten vor allem Hosen und Schuhwerk. Oft trugen französische und belgische Kriegsgefangene drei Jahre lang dieselbe Hose. Neu eingetroffene Kleidung stammte aus der „Kriegsbeute" deutscher Behörden oder von den Kriegsgefangenendiensten.[110] Eine Gemeinschaftssendung für die Franzosen enthielt zwar 17.000 Hemden, doch hätte eine Hose auf fünf, eine Unterhose auf sechs und ein Paar Holzschuhe auf 17 Kriegsgefangene aufgeteilt werden müssen.[111] Auf Ersuchen des Delegierten des Diplomatischen Kriegsgefangenen Dienstes vom Juli 1941 sollte die Lagerleitung Waschbretter liefern, damit die Kriegsgefangenen ihre Wäsche besser waschen könnten.[112] Es war vermutlich möglich, die Kleidung in den Waschräumen zu waschen, wo jedoch ausschließlich kaltes Wasser verfügbar war.[113]

Wegen der fehlenden Schuhe trugen die meisten Kriegsgefangenen Holzschuhe, die zu Fußverletzungen führten. Den Schneidern und Schustern im Lager fehlte entsprechendes Rohmaterial für Reparaturen. Da zumindest Mäntel in zahlreicher Zahl vorhanden waren, schneiderten sich französische Kriegsgefangene daraus Hosen.[114]

Medizinische Versorgung und Hygiene

Die Organisation der Krankenversorgung im Stalag VI D oblag dem Wehrkreiskommando VI. Das Sanitätswesen im Lager leitete der Militärarzt Dr. Hamaker.[115] Chefarzt für die Krankenbaracken des Lagers war der in Dortmund niedergelassene

[108] Bericht des Diplomatischen Kriegsgefangenen Dienstes, Besichtigung des Stalag VI D durch Hauptmann Devaux und A. Gourmel, 8.11.1941, PAAA, R 40990.

[109] Besuch des Stalag VI D, 12.9.1943, ACICR, C SC, Service des camps, Allemagne, WK VI, RT.

[110] Bericht des Diplomatischen Kriegsgefangenen Dienstes, Besichtigung des Stalag VI D durch den Delegierten A. Gourmel und den begleitenden Offizier Hauptmann Dr. Beckmann, 30.7.1941, PAAA, R 40988.

[111] Besuch des Stalag VI D, 12.9.1943, ACICR, C SC, Service des camps, Allemagne, WK VI, RT.

[112] Bericht des Diplomatischen Kriegsgefangenen Dienstes, Besichtigung des Stalag VI D durch den Delegierten A. Gourmel und dem begleitenden Offizier Hauptmann Dr. Beckmann, 30.7.1941, PAAA, R 40988.

[113] Bericht von Jefferson Patterson, 7.8.1940, PRO, FO 916/2575, Bl. 276.

[114] Besuch des Stalag VI D, 11.2.1943, ACICR, C SC, Service des camps, Allemagne, WK VI, RT.

[115] Barbero, S. 64. Weitere biographische Angaben über Dr. Hamaker konnten nicht ermittelt werden.

Nervenarzt Major Oskar Feyerabend.[116] Die eigentliche medizinische Versorgung der Kriegsgefangenen im Stalag VI D übernahm im Wesentlichen eine variierende Zahl kriegsgefangener Ärzte und Sanitäter. Verletzte und erkrankte Kriegsgefangene aus den Arbeitskommandos wurden entweder im Krankenrevier des Arbeitskommandos, im Stalag oder auch in einem Dortmunder Krankenhaus versorgt. Dazu dienten u. a. das Evangelische Krankenhaus in Dortmund-Lüdgendortmund[117] und das Katholische Krankenhaus in Dortmund-Kirchlinde. Die Kooperation zwischen kriegsgefangenen Ärzten und Sanitätern verschiedener Nationalität scheint von Solidarität geprägt gewesen zu sein, wogegen das Verhältnis von den deutschen zu den kriegsgefangenen Ärzten eher von Misstrauen geprägt zu sein schien.[118]

Zivile und militärische Institutionen arbeiteten in der Gesundheitsfürsorge eng zusammen. So waren die zivilen Kreisärzte grundsätzlich für die „Seuchenverhütung" zuständig;[119] für das Stalag VI D trug deshalb Dr. Julius Caesar[120] die Verantwortung. Grundsätzlich sollte das medizinische Personal in einem Stalag mit 5.000 Gefangenen einen deutschen Arzt, vier deutsche Hilfsärzte und 20 deutsche Sanitäter umfassen.[121] Da die Zahl der Gefangenen im Stalag VI D zeitweise doppelt so hoch war, hätten nach diesem Schlüssel auch doppelt so viele Ärzte, Hilfsärzte und Pfleger dort arbeiten müssen. Ob diese Vorschrift eingehalten wurde, lässt sich derzeit nicht feststellen.

Im Juni 1940 wurde die so genannte Krankenstube in der Westfalenhalle von drei deutschen Ärzten, einem polnischen und einem belgischen Arzt geführt. Auch ein Flame, Sergeant Léon Criem, musste dort arbeiten. Er verdiente 50 Reichspfennige je Stunde, während das deutsche Sanitätspersonal eine Reichsmark erhielt. Criem berichtete einer Untersuchungskommission des IKRK, das er nie Zeuge einer Brutalität gewesen sei, im Gegenteil, die Kriegsgefangenen seien zu jener Zeit gut behandelt worden. Auf die Untersuchungskommission machte die sogenannte Krankenstube im Sommer 1940 einen „exzellenten" Eindruck.[122] Die Zahl der Ärzte und Sanitäter va-

116 Der Nervenarzt Dr. med. et. phil. Oskar Feyerabend (1889 - 1960) wohnte in Dortmund in der Lindemannstr. 71. Feyerabend stimmte bei den Wahlen im November 1932 für die deutsche Volkspartei. Er wurde im Entnazifizierungsverfahren in die Kategorie V unbelastet eingestuft. LAV NRW R, NW 1097 Nr. 5523. Feyerabend erhielt seine Approbation am 30.5.1914. Bis zum 1.1.1959 war er als Kassenarzt in Dortmund tätig. Auskunft der Meldeabteilung der Ärztekammer Westfalen-Lippe in Münster vom 16.6.2005 an die Verfasserin. Besuch des Aufnahmelagers VI D, 13.6.1940, ACICR, C SC, Service des camps, Allemagne, WK VI, RT.

117 Landesamtes für Gesundheit und Soziales, Versorgungsamt, Krankenbuchlager, Berlin, Krankenbuch 2219 K, 2128 K, 2132 K, 2149 K. Amtsärztliches Gutachten, Dr. Caesar, 27.5.1942, BArch, R 122, X. Senat, 1404.

118 Aslanow, S. 59f. Bericht des Diplomatischen Kriegsgefangenen Dienstes, Besichtigung des Stalag VI D, 30.7.1941, PAAA, R 40990.

119 Protokoll der Sitzung vom 3.10.1939 in Arnsberg, anwesend: Direktor des Landesarbeitsamtes Westfalen, Dr. Petersen, Vertreter des Wehrkreis-Kommandos, Oberstleutnant Heider, Leiter des Kriegsgefangenenlagers Hemer (Lagerkommandant), Major der Landwehr, Prof. Dr. Naendrup, Regierung Minden, Regierungsrat Dr. Agricola, LAV NRW W, Regierung Arnsberg, Nr. 13196.

120 Obermedizinalrat Dr. Julius Caesar (geb. 25.3.1889) arbeitete seit November 1921 als Stadtschularzt, Stadt- und Kreisarzt im Dienste der Stadt Dortmund. 1942 wurde ihm das Amt des hauptamtlichen Beigeordneten für das kommunale Gesundheitswesen der Stadt Dortmund übertragen. Gleichzeitig war er Beisitzer des Erbgesundheitsgerichts beim Amtsgericht Dortmund und Gaubeauftragter des DRK sowie dessen Katastrophenbeauftragter. Högl, Widerstand und Verfolgung, S. 353. Reisebericht vom 10.7.1942 für den RP Arnsberg, LAV NRW W, Regierung Arnsberg, Nr. 13268. LAV NRW W, Regierung Arnsberg, Personalakten A, Nr. 1472, Dr. med. Julius Caesar. Amtsärztliches Gutachten, Dr. Caesar, 27.5.1942, BArch, R 122, X. Senat, 1404.

121 Otto, Lager in Westfalen/Jahrbuch, S. 169.

122 Besuch des Aufnahmelagers VI D, 13.6.1940, ACICR, C SC, Service des camps, Allemagne, WK VI, RT,

riierte; beispielsweise waren Ende 1941 acht französische und zwei serbische Ärzte eingesetzt. Fünf weitere französische Ärzte versorgten die Kriegsgefangenen in den Arbeitskommandos.[123]

Ein Arzt war Tag und Nacht in der Krankenstube anwesend. Verschiedenen Berichten aus dem Jahr 1940 zufolge, meldeten sich lediglich zwei Kriegsgefangene pro Tag krank. Im August 1940 wurden 120, im November 125 Kranke in der Krankenbaracke versorgt.[124] In der Krankenstube wurden polnische, belgische, französische und serbische Kriegsgefangene behandelt.[125] Die Krankenstube besaß ein Labor für laufende Analysen. Radiologische und andere Untersuchungen wurden in einem Dortmunder Militärlazarett[126] vorgenommen. Den Standard der Krankenstube, die in einem Teil der Westfalenhalle untergebracht war, schätzte Patterson im Sommer 1940 dagegen als leicht unterhalb des in den Lagern üblichen Standards liegend ein. Der zur Verfügung stehende Platz war mit dünnen Trennwänden unterteilt. Die Krankenstube erhielt wenig Tageslicht, denn wegen der Gefahr von Luftangriffen waren die Fenster verdunkelt.[127]

Ende Juli 1941 beherbergte die Westfalenhalle 400 nach einer Krankheit schonungsbedürftige Kriegsgefangene aus Frankreich und Belgien, die bis zu ihrer Wiederherstellung im Lager bleiben und dann den Arbeitskommandos zugeteilt werden sollten. Wenn ihr Zustand es gestattete, durften sie täglich zwei Stunden im Lager umhergehen. Die Anzahl der stationär behandelten Kranken belief sich auf 200, wobei Nervenentzündungen häufiger wurden, ohne dass eine Ursache hätte festgestellt werden können. Die französischen Ärzte waren deswegen beunruhigt und hatten bei dem Vertreter des Diplomatischen Kriegsgefangenen Dienstes zweimal vergebens nachgefragt, ob es nicht möglich sei, einen deutschen Arzt zur Unterstützung heranzuziehen. Gravierend war, dass inzwischen 40 Prozent der Kranken an Tuberkulose litten und schnellstens repatriiert werden sollten. Eine zunehmende Gefahr für Leib und Leben der Kriegsgefangenen stellten die mittlerweile häufigen Luftangriffe auf Dortmund dar.[128]

Ende September 1941 hatten die Ärzte etwa 100 Patienten täglich zu untersuchen. Sie litten in den meisten Fällen an Überanstrengung, Erkältungen oder leichten Verletzungen. Jeden Tag wurden drei bis vier Kranke aus dem Stalag an eines der Reserve-Lazarette überwiesen. Ungefähr 100 kranke französische Kriegsgefangene warteten auf ihre Repatriierung. Trotz eines Rückgangs der Tuberkulose-Erkrankungen waren weiterhin noch 10 Prozent der erkrankten französischen Kriegsgefangenen tuberkulös. Da immer noch bei vielen Kriegsgefangenen Nervenentzündungen diagnos-

123 Besuch des Stalag VI D, 21.10.1941, ACICR, C SC, Service des camps, Allemagne, WK VI, RT.

124 Besuch des Stalag VI D, 15.11.1940, ACICR, C SC, Service des camps, Allemagne, WK VI, RT. Bericht von Jefferson Patterson, 7.8.1940, PRO, FO 916/2575, S. 3, Bl. 275.

125 Besuch des Stalag VI D, 21.10.1941, ACICR, C SC, Service des camps, Allemagne, WK VI, RT.

126 Die Kriegsgefangenen wurden im zentralen Militärlazarett in Dortmund-Lüdgendortmund oder in Teillazaretten in Castrop-Rauxel (Rochushospital), Dortmund-Kirchlinde und Dortmund-Dorstfeld behandelt. Auskunft des Landesamtes für Gesundheit und Soziales, Versorgungsamt, Krankenbuchlager, Berlin, 30.12.2005.

127 Bericht von Jefferson Patterson, 7.8.1940, PRO, FO 916/2575, Bl. 274.

128 Bericht des Diplomatischen Kriegsgefangenen Dienstes, Besichtigung des Stalag VI D, 30.7.1941, PAAA, R 40988; Bericht des Diplomatischen Kriegsgefangenen Dienstes, Besichtigung des Stalag VI D, 29.9.1941, PAAA, R 40990.

tiziert wurden, baten die französischen Ärzte erneut vergebens um Entsendung deutscher Ärzte. Als Ursache der Nervenentzündungen wurde inzwischen Vitaminmangel vermutet.[129] Die Krankenstube verfügte über eine abgetrennte Infektionsabteilung und über einen Zahnarzt. Ein französischer Zahnarzt behandelte dort aber lediglich die dringendsten Fälle. In der gut ausgestatteten Zahnarztpraxis arbeiteten außerdem zwei Zahntechniker. Prothesen wurden nicht angefertigt.[130]

Im November 1941 hatte sich der Gesundheitszustand der französischen Kriegsgefangenen nach Einschätzung der Lagerärzte verbessert. Die Zahl der Tuberkulose-Kranken war zurückgegangen, so dass es nur noch vier an Tuberkulose und elf an Nervenentzündung Erkrankte gab. Über die Gründe für das Sinken der Zahl der Tuberkulösen und der an Nervenentzündungen leidenden Kriegsgefangenen sind keine Informationen bekannt. Die Gesamtzahl der Todesfälle seit Errichtung des Lagers belief sich bei den Kriegsgefangenen aus Frankreich, Belgien und Serbien im November 1941 auf 130.[131]

Obwohl im zweiten Kriegsjahr im Stalag VI D erstmals Krankheiten wie Nervenentzündungen und vor allem Tuberkulose diagnostiziert worden waren, galt die medizinische Versorgung der polnischen, belgischen, französischen und serbischen Kriegsgefangenen in den Augen des IKRK und des Diplomatischen Kriegsgefangenen Dienstes als relativ zufriedenstellend. Die Arbeit der kriegsgefangenen Ärzte trug anscheinend wesentlich zum Funktionieren der medizinischen Versorgung bei. Mangels Quellen lassen sich keine besonderen Auffälligkeiten in Bezug auf Krankheitsbilder, Unterversorgung oder gehäufte Mortalität nachweisen. Belegt ist jedoch, dass die Kriegsgefangenen von Läusen[132] und anderem Ungeziefer gequält wurden, was zur Ausbreitung von ansteckenden Krankheiten führte. Dies bereitete Amtsarzt Dr. Caesar allerdings weniger Sorgen als die Befürchtung, dass der alte Zustand der Halle nach ihrer Räumung nicht mit unbedingter Sicherheit durch Säuberungs-, Desinfektions- und Entlausungsmaßnahmen wieder herzustellen wäre,[133] so dass Deutsche beim Besuch der Halle einer Ansteckungsgefahr ausgesetzt wären.

Bis September 1942 hatte sich die gesundheitliche Situation der französischen und belgischen Kriegsgefangenen im Stalag verschlechtert, sodass eine Isolierbaracke mit insgesamt 220 Betten errichtet wurde. Zusätzlich zu den kriegsgefangenen Ärzten war der Sanitätsdienst um 29 kriegsgefangene Sanitäter erweitert worden. Ernste Erkrankungen wurden nun generell per Ambulanz in das St. Josefs-Hospital nach Dortmund-Kirchlinde oder in ein anderes Dortmunder Krankenhaus gebracht. [134] Gemäß einer Übersicht vom 28. November 1942, die nach Angaben der Reichsvereinigung Kohle erstellt worden war, hatte sich die gesundheitliche Situation der Kriegsgefangenen so weit verschlechtert, dass sich

129 Bericht des Diplomatischen Kriegsgefangenen Dienstes, Besichtigung des Stalag VI D, 29.9.1941, PAAA, R 40990.

130 Ebd.

131 Ebd.

132 Am 29.1.1942 veröffentlichte die Bezirksgruppe Steinkohlenbergbau Ruhr der Wirtschaftsgruppe Bergbau das Merkblatt „Achtet auf Kleiderläuse" in russischer, ukrainischer, polnischer, kroatischer, italienischer und französischer Sprache, Montan.dok/BBA, 40/491.

133 Amtsärztliches Gutachten, Dr. Caesar, 27.5.1942, BArch, R 122, X. Senat, 1404.

134 Besuch des Stalag VI D, 25.9.1942, ACICR, C SC, Service des camps, Allemagne, WK VI, RT.

circa 2.000 Kriegsgefangene im Stalag VI D in krankheitsbedingter Quarantäne befanden.[135] Dennoch wurden die Bedingungen für französische und belgische Kriegsgefangene bis Februar 1943 als relativ gut bewertet. Kriegsgefangene, die in der Krankenstube der Westfalenhalle bzw. in der Krankenbaracke untergebracht waren, litten an Tuberkulose, Nervenentzündungen, Lungenentzündungen, Ruhr, Typhus, Überanstrengung, Erkältungen, leichten Verletzungen sowie verschiedenen Erkrankungen der Atemwege, des Verdauungsapparates und des Herzens.

Die medizinische Versorgung in den Arbeitskommandos war schlechter als im Stalag. Für einige offenbar sehr nachlässig geführte Lager der Arbeitskommandos ist dokumentiert, dass deutsche Ärzte die Rekonvaleszenz eher behinderten als förderten. Existenzielle medizinische Untersuchungen wie Röntgenaufnahmen bei Tuberkuloseverdächtigen lehnten sie ebenso ab wie Maßnahmen der Krankheitsprophylaxe.[136] Zwar konnten kriegsgefangene Ärzte der Arbeitskommandos Gesuche zwecks Einweisung ins Krankenrevier des Stammlagers stellen, entscheidungsberechtigt waren jedoch allein der deutsche Lagerarzt des Stalag und an zweiter Stelle die zuständigen deutschen Zivilärzte der Arbeitskommandos. Diese urteilten durchaus unterschiedlich.[137] Als z. B. im September 1942 430 französische und belgische Kriegsgefangene aus den Arbeitskommandos zurück ins Stalag VI D gebracht wurden, wo ihre von zivilen Ärzten diagnostizierte „Arbeitsuntauglichkeit" erneut untersucht wurde, erklärten die strengeren Stalag-Ärzte beinahe 30 Prozent von ihnen wieder für „arbeitstauglich" und sandten sie in die Arbeitskommandos zurück.[138] Wurden Kriegsgefangene aus einem Arbeitskommando in die Krankenbaracken des Stalag VI D eingeliefert, waren sie oft in einem so schlechten Zustand, dass einige bereits starben, bevor sie die Krankenabteilung erreicht hatten.[139]

Ausschließlich der Lagerarzt konnte ferner anordnen, welche Kriegsgefangenen als „aufpäppelungsbedürftig" galten und zu diesem Zweck landwirtschaftlichen Betrieben zugeteilt werden sollten, weil sie „körperlich derart herunter waren", dass sie für Industriearbeiten nicht mehr in Frage kamen.[140] Die rücksichtslose Ausbeutung der Arbeitskraft der Kriegsgefangenen zeigte sich auch im Umgang mit Repatriierungen. Gesuche auf Rückführung in die Herkunftsländer konnten zwar von kriegsgefangenen Ärzten gestellt werden, sie wurden aber nur genehmigt, wenn der Lagerarzt eine Heilung als zu aufwendig eingestuft und er die Kriegsgefangenen daher für dauerhaft arbeitsunfähig erklärt hatte. Jährlich wurden etwa 100 bis 250 Kriegsgefangene krankheitsbedingt repatriiert.[141] Kranke, aber nicht tuberkulöse Männer, die zur Repatriierung vorgesehen waren, wurden in das Lazarett Iserlohn

135 BArch, R 10 VIII 52 Bl. 98/99, zit. in: Otto, Lager in Westfalen/Jahrbuch, S. 176.

136 Barbero, S. 63f.

137 Besuch des Stalag VI D, 25.9.1942, ACICR, C SC, Service des camps, Allemagne, WK VI, RT.

138 Besuch des Stalag VI D, 25.9.1942, ACICR, C SC, Service des camps, Allemagne, WK VI, RT.

139 Barbero, S. 65. Bericht des Diplomatischen Kriegsgefangenen Dienstes, Besichtigung des Stalag VI D, 8.11.1941, PAAA, R 40990.

140 Vermittlungsstelle, LAA Westfalen, Stalag VI D an Firma Krampe, 25.6.1943, Stadtarchiv Hagen, Firma Carl Krampe Rummenohl, Kriegsgefangenenlager, Bl. 6, SamHa 20.

141 Besuche des Stalag VI D, 25.9.1942/11.2.1943, ACICR, C SC, Service des camps, Allemagne, WK VI, RT.

verlegt, Kriegsgefangene mit Tuberkulose ins Lazarett Kloster Thuine bei Lingen im Emsland.[142]

Eine geringe Anzahl von Kriegsgefangenen aus den Arbeitskommandos des Stalag VI D wurde seit etwa Juni 1943 auch in Dortmunder Krankenhäusern nicht nur chirurgisch, sondern auch allgemein medizinisch versorgt: zum Beispiel wurden 18 belgische Kriegsgefangene der Zeche Gneisenau in Dortmund-Derne stationär im dortigen St. Josefs-Hospital behandelt, jeweils sechs französische, italienische und sowjetische Kriegsgefangene im Marien-Hospital in Dortmund-Hombruch und ein weiterer sowjetischer Kriegsgefangener im St. Elisabeth-Hospital in Dortmund-Kurl.[143]

Am 20. Februar 1945 war die französische Krankenstube mit 220 Betten komplett belegt. Allein 30 litten an Tuberkulose. Die französischen Ärzte beschwerten sich, dass die Militärärzte Kriegsgefangene, die an offener Tuberkulose erkrankt waren, wegen Platzmangels aus dem Lazarett Kloster Thuine zurück in die Arbeitskommandos sandten. Die Ernährung war unzureichend; es fehlte v. a. Milch. Strohsäcke und Stroh waren seit zwei Jahren nicht ausgetauscht worden, so dass ihr Zustand eine veritable Quelle für Infektionen darstellte.[144]

Das Stalag VI D verfügte über eine moderne Entlausungsanlage. Sie konnte 800 bis 1.000 Menschen täglich entlausen, vorausgesetzt, der Vorgang begann um fünf Uhr morgens. Wegen der großen Zahl von Kriegsgefangenen im Lager wurde sie aber meist nur einmal während des gesamten Lageraufenthaltes eines Kriegsgefangenen, nämlich bei seiner Ankunft, genutzt, ebenso die Duschen.[145] Im Gegensatz dazu wurde in der französischen Propagandabroschüre die wöchentliche Nutzung der Dusche hervorgehoben.[146]

Die Baracken waren mit einem Waschraum, die Zelte mit Waschtrögen im Freien und Fließendwasser ausgestattet. Toiletten waren in Form offener Latrinen vorhanden und verfügten über Sichtschutz aus Beton und eine Spülung.[147] Im September 1943 bestanden die Latrinen immer noch lediglich aus einem Spalt zwischen zwei Balken.[148]

Pakete, Postüberwachung und Korrespondenz

Während es noch im August 1940 Beschwerden von Kriegsgefangenen wegen fehlender Post gegeben hatte,[149] war im November 1940 die Korrespondenz mit den Herkunftsländern der westeuropäischen Kriegsgefangenen anscheinend bes-

[142] Besuch des Stalag VI D, 21.10.1941, ACICR, C SC, Service des camps, Allemagne, WK VI, RT.

[143] StadtA Do, 167/01, Nr. 43, Nr. 44, Nr. 45, Nr. 47. In Dortmunder Zivil-Krankenhäusern wurden sowjetische Kriegsgefangene behandelt, die z. B. einen Bauch- oder Beinschuss erlitten hatten oder an Tuberkulose erkrankt waren, StadtA Do, 167/01-04.

[144] Besuch des Stalag VI D, 20.2.1945, ACICR, C SC, Service des camps, Allemagne, WK VI, RT.

[145] Bericht von Jefferson Patterson, 7.8.1940, PRO, FO 916/2575, Bl. 275.

[146] Les Camps de Prisonniers de Guerre en Allemagne, herausgegeben im Oktober 1940 und auf den neusten Stand gebracht im Februar 1942, editiert vom französischen Kriegsministerium, Abteilung Kriegsgefangene; Publikation für Angehörige von Kriegsgefangenen über den Rahmen der Kriegsgefangenschaft und die Lebensbedingungen, S. 27, Stadtarchiv Hemer.

[147] Bericht von Jefferson Patterson, 7.8.1940, PRO, FO 916/2575, Bl. 274.

[148] Besuch des Stalag VI D, 12.9.1943, ACICR, C SC, Service des camps, Allemagne, WK VI, RT.

[149] Bericht von Jefferson Patterson, 7.8.1940, PRO, FO 916/2575, Bl. 276, PRO.

ser geregelt. Laut Bericht der Kontrolleure des IKRK wurden täglich ankommende Pakete zügig kontrolliert und an die Empfänger ausgegeben; 12.000 Briefe, die von 50 Zensoren kontrolliert wurden, verließen vierzehntägig das Lager. Karten und Briefe, die an Kriegsgefangene in den Arbeitskommandos adressiert waren, wurden innerhalb von zwei Tagen weitergeleitet. Täglich wurden 4.000 Pakete von der Lagerpost quittiert und kontrolliert.[150] Die Verteilung von Karten und Briefen, so hieß es im Juli 1941, erfolgte sowohl im Lager als auch in den Arbeitskommandos ohne Beanstandungen. Auch Beschwerden und Gesuche seien ohne weiteres an den Lagerkommandanten weitergeleitet worden. Der Vertrauensmann der französischen Kriegsgefangenen korrespondierte regelmäßig mit der Berliner Delegation des Diplomatischen Kriegsgefangenen Dienstes und mit den Vertrauensleuten der Arbeitskommandos.[151]

Die Abteilung Spionageabwehr[152] des Kommandeurs der Kriegsgefangenen im Wehrkreis VI überwachte und kontrollierte die für die Kriegsgefangenen eintreffende Post und die Pakete. Die Spionageabwehr im Stalag VI D leitete Major Ernst Bleckmann[153], unterstützt durch 120 sprachkundige Angestellte, von denen einige aus der Wehrmacht stammten.[154] Die ein- und ausgehende Post der französischen Kriegsgefangenen im Stalag VI D wurde von Sprachmittler/innen und Dolmetscher/innen[155] kontrolliert. Eine dieser Dolmetscherinnen war Maria H. Ausgebildet als Sprachkundige für die französische Sprache war sie in der Post- und Paketüberwachung des Stalag VI D als Dolmetscherin eingestellt.[156] Ihre Erinnerungen lassen die durchweg positiven Berichte der Kontrollkommissionen zum Bereich Pakete und Korrespondenz zumindest in einigen Punkten zweifelhaft erscheinen. Der folgende Textabschnitt bezieht sich auf das lebensgeschichtlich geführte Interview mit Maria H.[157]

Maria H. wuchs im Sauerland auf, machte dort ihr Abitur und kam mit ihrer Familie nach dem Regierungsantritt der Nationalsozialisten ins Ruhrgebiet nach Lünen. Sie absolvierte ihre Sprachprüfungen zur Dolmetscherin an der Sprachschule Berlitz[158] in Dortmund. Im Herbst 1941 erhielt sie eine Vorladung des Arbeitsamts Dortmund. Ihr wurden zwei Stellen als Dolmetscherin in Dortmund angeboten: im Lager des

150 Besuch des Stalag VI D, 15.11.1940, ACICR, C SC, Service des camps, Allemagne, WK VI, RT.

151 Bericht des Diplomatischen Kriegsgefangenen Dienstes, Besichtigung des Stalag VI D durch den Delegierten A. Gourmel und dem begleitenden Offizier Hauptmann Dr. Beckmann, 30.7.1941, PAAA, R 40988.

152 Der Dienstbetrieb der Stapostellen war in drei Abteilungen organisiert: Abteilung I (Verwaltung), Abteilung II (Exekutive oder innerpolitische Polizei), Abteilung III (Abwehr). Die Abteilung III war für die Verfolgung von Sabotage, der so genannten Wehrmittelbeschädigung, und für den Einsatz von Kriegsgefangenen in der Rüstungsindustrie zuständig. Gabriele Lotfi, KZ der Gestapo. Arbeitserziehungslager im Dritten Reich, Stuttgart, München 200, S. 33.

153 Weitere biographische Angaben über Ernst Bleckmann waren nicht zu ermitteln.

154 Zentrale Stelle der Landesjustizverwaltungen Ludwigsburg (zit. als: ZStLJ), 302 AR-Z 30/65.

155 Dolmetscher/innen konnten simultan übersetzen, Sprachmittler/innen nicht. Im Stalag VI D gab es auch Dolmetscher/innen und Sprachmittler/innen, die englische und/oder russisch übersetzten.

156 Bescheinigung des Stalag VI D, Gruppe Abwehr, für Maria H., 12.3.1945, Schenkung an die Verfasserin.

157 Interview der Verfasserin mit Maria H. (1919 – 2015) am 30.6.2014 in ihrem Zimmer im Seniorenheim in Lünen.

158 Die erste Sprachschule Berlitz wurde 1878 von dem deutschen Auswanderer Maximilian Berlitz im amerikanischen Providence gegründet. Das heute international verbreitete Sprachinstitut, dessen didaktisches Lernkonzept das Lernen direkt in der Zielsprache ist, hat seid 1899 eine Sprachschule in Dortmund.

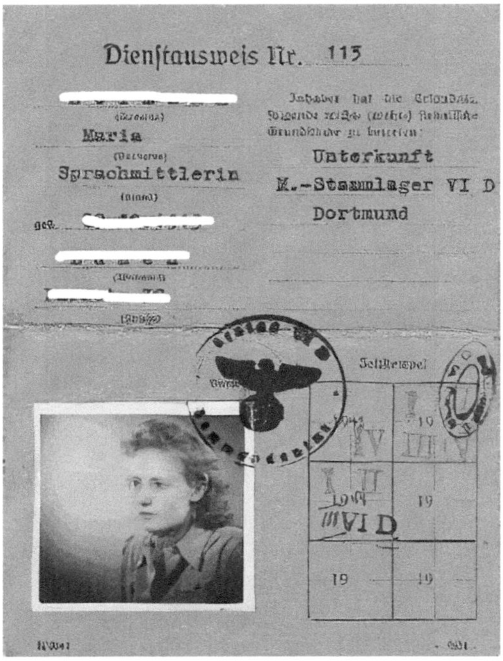

Abb. 16: Dienstausweis einer Sprachmittlerin des Stalag VI D, 1944 (R. Mentner)

Fabrikanten C. J. Jucho in Dortmund-Wambel und im Stalag VI D. Im Einvernehmen mit dem Arbeitsamt entschied sich Maria H. für die Arbeit im Stalag VI D. Meist fuhr sie mit der Straßenbahn von Lünen zur Westfalenhalle und betrat das Lager auf der Südseite durch einen Nebeneingang, nachdem sie die Rosenterrassen passiert hatte. Ihren Dienstausweis musste sie beim Betreten und Verlassen des Lagers sowie auf Verlangen allen Soldaten und Wächtern im Dienst der Wehrmacht vorzeigen.[159] Als die Straßenbahn im Verlauf des Kriegs den Betrieb einstellte, ging Maria H. oft vom Dortmunder Bahnhof zu Fuß zum Stalag VI D oder legte die gesamte Strecke von Lünen bis zum Lager mit dem Fahrrad zurück.

Beim Antritt ihrer neuen Arbeitsstelle musste Maria H. ein ärztliches Attest und eine Bescheinigung von zwei Bürgen einreichen. Am ersten Tag erläuterte ihr ein Hauptmann in einer Schreibstube der Verwaltungsbaracke, wie sie die Post der französischen Kriegsgefangenen zu kontrollieren habe. Insbesondere musste sie in den Briefen und Karten auf versteckte, mit einer Nadel eingestochene Hinweise über Sabotage/Spionage und verschlüsselte Nachrichten über den Kriegsverlauf achten, sie ggf. schwärzen bzw. abreißen und dies melden. Die kontrollierte Post[160] wurde von ihr abgestempelt und abgezeichnet. Beim Feldgericht in Wuppertal übersetzte Maria H. bei Vernehmungen französischer Kriegsgefangener, bei denen verbotene Gegenstände gefunden worden waren. Sie kontrollierte Pakete, die aus Frankreich kamen, da es vorkam, dass in Marmeladengläsern Flugschriften klebten. Des Weiteren war Maria H. Zeugin einer Leibesvisitation, die sie in ganz besonderer Erinnerung hat, da sie bei dieser Gelegenheit zum ersten Mal nackte Männer sah.

Maria H. musste sich nach den öffentlichen Verkehrsmitteln richten und traf morgens zwischen sieben Uhr und halb acht im Stalag VI D ein, das sie um 16 Uhr verlassen durfte.[161] Die Mittagspause ließ sie meist ausfallen und verließ das Lager stattdessen oft früher, da sie, wie die meisten Bediensteten im Stalag VI D von auswärts kam und abends häufig Luftangriffe waren. Gegessen wurde in einer Baracke, die als Kantine für die deutschen Offiziere und Unteroffiziere diente; in einem gesonderten Bereich aßen die Zivilangestellten wie Maria H. Unter den Dolmetscher/innen und Sprachmittler/innen des Stalag VI D lag die Zahl der Frauen höher als die der Männer.

[159] Dienstausweis des Stalag VI D, Nr. 113, 16.11.1942, für Maria H, Schenkung an die Verfasserin.

[160] Josep Murlà, Edith et Fernand Mathieu, Correspondance de Guerre, Chronique de Charroux 1939-1945, Livre 3, Edicions Saragossa, 2017, S. 295-302.

[161] Bescheinigung des Stalag VI D, Gruppe Verwaltung, 5.12.1944, für Maria H., Schenkung an die Verfasserin.

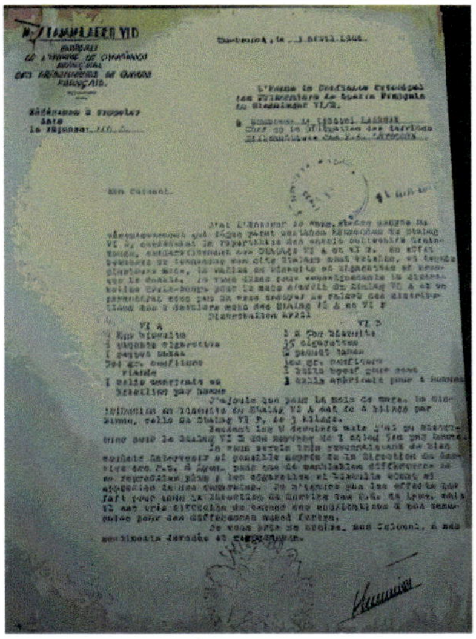

Abb. 17: Schreiben des Stammlagers VI D, Bureau de l'Homme de Confiance Principal des Prisonniers de Guerre Français du Stammlager VI D an Monsieur le Colonel Laureux, Chef de la Delegation des Services Diplomatiques des P.G., 03.04.1944, Archives Nationales, Paris, F/9/2680

Abb. 18: Stempel des Bureau de l'Homme de Confiance Principal des Prisonniers de Guerre Français du Stammlager VI D, Le Clos VI D, Organ Fraternel des P.G. du Stalag VI D, No. 35, September 1944, S. 7, Archives Nationales, Paris, F/9/2897

Sie gehörten zum Ersatzheer der Wehrmacht und erhielten von der Wehrmacht ihren Lohn. Sie mussten jedes halbe Jahr vor zwei Vertretern der Handelskammer und der Wehrmacht eine Auffrischungsprüfung absolvieren, die aus einem Diktat, einer Übersetzung von französischer in deutsche Sprache und einer mündlichen Prüfung bestand. Die Bezahlung, an die Höhe erinnerte sich Maria H. nicht, richtete sich nach den Dolmetscherscheinen: es gab einen A-, B- und C-Schein. Maria H. besaß den B-Schein, wobei der A-Schein am höchsten bezahlt wurde. Sie war Mitglied in der nationalsozialistischen Reichsfachschaft für das Dolmetscherwesen (RfD) und verstand ihre Arbeit im Stalag als „Dienst fürs Vaterland". Ihre Zuweisung zum Stalag VI D erklärt sich auch dadurch, dass im März 1943 der RfD vom Generalbevollmächtigten für den Arbeitseinsatz, Fritz Sauckel, die Aufgabe erhalten hatte, die kriegsverwendungsfähigen Männer in Sprachmittler-Stellen durch Frauen zu ersetzen.[162]

Ernst Bleckmann, Chef der Gruppe Abwehr im Stalag VI D, hatte unter den Kriegsgefangenen offizielle Sprecher als Spitzel ausgewählt, die ihn über Spionagetätigkeiten der Kriegsgefangenen informieren sollten. Eine Zusammenarbeit

[162] Die Reichfachschaft für das Dolmetscherwesen wurde 1933 im Zuge der Gleichschaltung den der NSDAP angeschlossenen Nationalsozialistischen Rechtswahrerbund der Deutschen Rechtsfront eingegliedert, in dem alle Berufsgruppen organisiert waren, die sich mit der Rechtspflegebeschäftigten. Auch die Kommunikation mit zivilen Zwangsarbeitenden und Kriegsgefangenen wurde als Aufgabenbereich gesehen. Siehe: Miriam Winter, Das Dolmetscherwesen im Dritten Reich. Gleichschaltung und Indoktrinierung, Beiträge zur Dolmetschwissenschaft, in: INTERPARTES 10, *Prof. Dr. Dörte Andres, Martina Behr (Hgin.)*, Frankfurt a. M., Berlin, Bern, Bruxelles, Frankfurt am M. 2012, S. 47-52, 28ff. Leider geht Winter nur auf Hochschulen ein, die englisch lehrten. Andere Sprachinstitute wie z. B. die Berlitz-Schulen werden nicht untersucht.

zwischen der Gruppe Abwehr im Stalag VI D und der Gestapo-Leitstelle mit Sitz in Dortmund-Hörde gab es, jedoch sollen im Stalag VI D keine Gestapo- oder SS-Kommandos eingesetzt worden sein.[163]

Die französischen Kriegsgefangenen des Stalag VI D kamen aus allen Landesteilen Frankreichs und erhielten Post, die von mehreren Stellen geprüft wurde. Ein Schriftstück vom 3. April 1944 war mit drei Stempeln versehen: einem Stempel vom Service Diplomatique des Prisonniers de Guerre, Berlin, einem weiteren „Geprüft vom Stalag VI D" und einem letzten vom Büro des Vertrauensmannes der französischen Kriegsgefangenen des Stalag VI D. Dieser letztgenannte Stempel zeigt die Umrisse der Karte von Frankreich, in der Mitte die Silhouette eines französischen Soldaten, Strahlen gehen von einem Punkt, dem Stalag VI D, in die Umrisse von Frankreich aus, umschrieben ist der Stempel mit dem Schriftzug "Homme de Confiance Principal".[164]

Freizeit und Gottesdienst

Französische Kriegsgefangene konnten in den Jahren 1940/41 täglich an einer morgendlichen Gymnastik teilnehmen. Sie hatten die Möglichkeit, die lagereigenen Sportplätze für Fußball, Volleyball und andere Sportarten zu nutzen, wobei ihnen jedoch Pingpongbälle, Fußbälle und Boxhandschuhe fehlten.[165] Die drei Vertrauensmänner aus Frankreich, Belgien und Serbien baten das IKRK 1941 um Schuhe, Noten für klassische Musik und zwei Alt-Saxophone für das Orchester, einige Fußbälle, Pfeifen für die Schiedsrichter und Trikots in französischen Nationalfarben.[166]

Die Lager-Bibliothek enthielt 1.500 Bücher, doch wurde nach weiteren Büchern gefragt, speziell nach Romanen, Musikpartituren und kleinen Theaterstücken bzw. Lustspieleinaktern, mit möglichst wenig weiblichen Rollen. Die zahlreichen Musiker unter den französischen und belgischen Kriegsgefangenen hatten ein Orchester gründet.[167] Es trat zeitweise viermal wöchentlich auf. Andere Kriegsgefangene hatten eine Theatergruppe ins Leben gerufen, die ebenfalls regelmäßig spielte.[168]

Im Lager befanden sich zudem mehrere kriegsgefangene belgische und französische Pfarrer, die täglich die Messe lasen. Für einen regelmäßigen sonntäglichen Gottesdienst war außerhalb der Halle ein großes Zelt als Kapelle errichtet worden. Im Oktober 1941 wurden die religiösen Dienste von jeweils zwei katholischen Priestern und protestantischen Pastoren ausgeübt. 27 Priester waren den größten Arbeitskommandos zugeordnet, andere Arbeitskommandos wurden regelmäßig sonntags von Geistlichen besucht, um eine Messe zu lesen.[169] Im Laufe des Krieges veränderte sich diese Situation geringfügig: im Juli 1944 fand im Stalag VID D jeden Sonntag eine Messe statt, die von einem Priester im Offiziersrang geleitet wurde, in den Arbeitskommandos wurde einmal im Monat eine

163 *Gabriele Lotfi*, KZ der Gestapo. Arbeitserziehungslager im Dritten Reich, Stuttgart, München 2000, S. 33, zit. als: Lotfi. ZStLJ, 302 AR-Z 30/65.

164 Archives Nationales Paris, F/9/2680.

165 Bericht des Diplomatischen Kriegsgefangenen Dienstes, Besichtigung des Stalag VI D durch den Delegierten A. Gourmel und dem begleitenden Offizier Hauptmann Dr. Beckmann, 30.7.1941, PAAA, R 40988.

166 Besuch des Stalag VI D, 21.10.1941, ACICR, C SC, Service des camps, Allemagne, WK VI, RT.

167 Besuch des Stalag VI D, 15.11.1940, ACICR, C SC, Service des camps, Allemagne, WK VI, RT.

168 Bericht des Diplomatischen Kriegsgefangenen Dienstes, Besichtigung des Stalag VI D durch den Delegierten A. Gourmel und dem begleitenden Offizier Hauptmann Dr. Beckmann, 30.7.1941, PAAA, R 40988.

169 Besuche des Stalag VI D, 21.10.1941, 25.9.1942, ACICR, C SC, Service des camps, Allemagne, WK VI, RT.

Abb. 19: Zeichnung des katholischen Messeraumes, der in einer der Baracken eingerichtet war, in: Le Clos VI D, Organ Fraternel des P.G. du Stalag VI D, No. 35, September 1944, S. 8, Archives Nationales, Paris, F/9/2897

Messe von einem Unteroffizier gehalten.[170] Mit der wachsenden Zahl der Kriegsgefangenen zum Kriegsende wuchs auch die Zahl der kriegsgefangenen Militärseelsorger im Stalag VI D. Im Februar 1945 betreute ein katholischer Militärseelsorger, unterstützt von sieben Militärseelsorge-Offizieren und 35 Unteroffizieren, 25.000 Franzosen, 800 bis 900 Belgier und 500 bis 600 Polen. Zu diesem Zeitpunkt wurden die Arbeitskommandos mangels Wachleuten nicht mehr von Seelsorgern besucht. Bis Herbst 1944 hatte es sogar liturgische Paket-Sendungen mit Bibeln, Wein und Hostien aus Frankreich gegeben, die aber im Februar 1945 ausblieben.[171]

Kontakte mit der Außenwelt: Solidarität, Beziehungen zu deutschen Frauen

Besonders die belgischen und französischen Kriegsgefangenen aus den Arbeitskommandos des Stalag VI D hatten die Möglichkeit, soziale Beziehungen zur deutschen Bevölkerung herzustellen, da sie sich zum Teil relativ frei bewegen konnten. Kontakte mit der Außenwelt eröffneten die Möglichkeit für einen illegalen Markt und für Tauschgeschäfte. Kriegsgefangenen war der Umgang mit deutschen Frauen verboten. Das Verbot wurde jedoch immer wieder missachtet. Bei Zuwiderhandlungen meldete z. B. der jeweilige Leiter des Arbeitskommandos die Angelegenheit der Gruppe Abwehr des Stalag VI D, die den Fall zur weiteren Ermittlung an die Staatspolizeistelle für den Regierungsbezirk Arnsberg mit Sitz in Dortmund-Hörde weiterleitete. So befanden sich am 20. Februar 1945 50 Männer in Untersuchungshaft im Lager. Sie warteten darauf, vor Gericht gebracht zu werden. 25 Prozent der insgesamt geahndeten Fälle betrafen Beziehungen zu deutschen Frauen. Im Allgemeinen wurden Kriegsgefangene deswegen zu Haftstrafen zwischen zwei und drei Jahren

170 Besuch des Stalag VI D, 26.7.1944, ACICR, C SC, Service des camps, Allemagne, WK VI, RT.

171 Besuch des Stalag VI D, 20.2.1945, ACICR, C SC, Service des camps, Allemagne, WK VI, RT.

verurteilt.[172] Im Folgenden werden beispielhaft drei Strafsachen vorgestellt, die vor dem damaligen Sondergericht Dortmund verhandelt wurden.

Beispiel 1: Am 22. September 1944 wurde die Verkäuferin Annemarie C. aus Dortmund-Wellinghofen wegen verbotenen Umgangs mit einem belgischen Kriegsgefangenen vor dem Sondergericht Dortmund angeklagt. In Folge der Bombardierung der Möhnetalsperre im Mai 1943 war die Angeklagte wie alle Einwohner von Dortmund-Wellinghofen genötigt gewesen, Wasser an einer Stelle im Romberg-Park zu holen. Dort lernte sie den belgischen Kriegsgefangenen Roger N. aus dem Stalag VI D kennen. Er war von Beruf Maschinensetzer. Roger N. war dem Arbeitskommando Nr. 3191 der Zeche Krone in Dortmund-Wellinghofen zugeordnet und arbeitete als Fuhrmann beim Bauhof der Luftwaffe in Dortmund-Hacheney. Das Lager, in dem er lebte, befand sich in unmittelbarer Nähe des Wohnortes von Annemarie C. Sie sagte bei ihrer Vernehmung aus, es sei ihr bekannt gewesen, dass der Kontakt zu Kriegsgefangenen verboten war. Anfang 1944 wurde sie schwanger. Roger N. hatte ihr ein Heiratsversprechen gegeben und auch die Bereitschaft bekundet, zur Waffen-SS überzuwechseln. Von einer Festnahme der Frau wurde im Mai 1944 wegen der fortgeschrittenen Schwangerschaft abgesehen.

Zum Zeitpunkt seiner Vernehmung im Juli 1944 arbeitete Roger N. seit fast zwei Jahren in dem oben erwähnten Arbeitskommando. Er war laut Aussageprotokoll „in jeder Beziehung zufrieden sowohl mit der Arbeit wie auch mit der Behandlung und Beköstigung" und konnte „nur Gutes" über die bisherigen Erfahrungen in der Gefangenschaft sagen. Annemarie C. kenne er seit Mai 1943 und habe sich von Anfang an als Kriegsgefangener zu erkennen gegeben. Er habe darauf hingewiesen worden, dass er sich infolge seiner Einstellung und seiner Haltung dem Deutschen Reich gegenüber nicht mehr als solcher betrachte. Er habe ihr erklärt, dass seine Entlassung als Flame bald bevorstünde, doch habe er nicht gewusst, dass er als aktiver Unteroffizier nicht entlassen werden konnte. Roger N. erklärte, dass er Annemarie C. die Ehe versprochen habe und auch die Familie und ihre Eltern kenne. Das Kind erkannte er als seines an, obwohl er das Verbot bezüglich des Umgangs mit deutschen Frauen kenne und wisse, dagegen verstoßen zu haben. Als mildernden Umstand für seine „Formalentgleisung" führte Roger N. an, dass er in seiner Eigenschaft als überzeugter Flame ein „Vorkämpfer für die Verständigung mit Deutschland" und „über den Kampf und das gesteckte europäische Ziel Deutschlands" genau im Bilde sei. In seiner vierjährigen Kriegsgefangenschaft habe er trotz aller damit verbundenen Verfeindungen immer wieder seine Ideen vertreten. Er genösse in Dortmund-Wellinghofen wegen seiner „überall bekannten Einstellung" den besten Ruf. Zu seiner Position gegenüber der deutschen Politik äußerte sich Roger N. wie folgt:

> „Da ich mich inzwischen weiterhin durch Zeitung, Rundfunk etc. völlig in das deutsche Geistesleben eingefunden habe und mein Lebensziel darin sehe, mir meine hier gefundene Heimat unter allen Umständen, auch mit der Waffe in der Hand zu erhalten und aus diesen meinen Überzeugungen nie einen Hehl gemacht habe, kam mir auch das Delikt eines Verbotsübertrittes garnicht recht zum Bewusstsein. Ich habe auch schon vor Monaten

[172] Besuch des Stalag VI D von MM. A. de Cocatrix und P. Wyss, 20.2.1945, ACICR, C SC, Service des camps, Allemagne, WK VI, RT.

> einen Antrag gestellt, um als Freiwilliger in das flämische Freiwilligen-Korps der Waffen-SS eingereiht zu werden, um so auch meinerseits meinen Anteil an der Neugestaltung des Europas der Zukunft beizutragen und hoffe nur, dass meinem Antrage recht bald entsprochen werden möge."[173]

Wie das Verfahren ausging ist nicht bekannt.

Beispiel 2: Ebenfalls wegen verbotenen Umgangs mit einem französischen Kriegsgefangenen wurde Margarete D. aus Dortmund-Hörde vor dem Sondergericht Dortmund angeklagt. Sie war verheiratet, hatte zwei Kinder und arbeitete als Weichenstellerin beim Dortmund Hörder-Hüttenverein. Wegen ihres Kontaktes mit dem französischen Kriegsgefangenen Josef T. (Stalag VI D) wurde dieser am 2. Dezember 1944 vor dem Sondergericht Dortmund vernommen. Er sagte folgendes aus:

> „Im Juli 1940 geriet ich in Sommard/Frankreich in deutsche Kriegsgefangenschaft und kam zum Stalag VI D. Ich hatte den Dienstgrad als Soldat. Ich gehörte bis zum 1.4.1944 dem Arb.-Kdo. 3130 in Dortmund-Schüren an. Nach dieser Zeit flüchtete ich, wurde in Köln festgenommen und 3 Monate einer Strafkompanie in Hagen zugeteilt. Seit Juli 1944 bin ich beim Grossmarkt in Dortmund als Krgf. [Kriegsgefangener, Anm. d. Verf.] des Arb.-Kdo. 3015 beschäftigt und war hier bis zum Terrorangriff auf Dortmund am 6.10.1944 tätig. Die Krgf.-Unterkunft des bezeichneten Arb.-Kdo. 3015 in Dortmund wurde durch Bombenangriff völlig zerstört und dabei verbrannten auch meine Uniformstücke. Nach diesem Angriff habe ich das Stalag VI D in Dortmund nicht wieder aufgesucht und hielt mich bei der RD. [Reichsdeutschen, Anm. d. Verf.] Frau D. in Dortmund-Hörde, Benninghoferstr. 43, verborgen. Ich habe bei der Frau D. übernachtet und mit ihr etwa 5-6-mal den G.V. [Geschlechtsverkehr, Anm. d. Verf.] ausgeführt. Ich wurde von der Frau D. verpflegt und habe auch von ihr Zivilkleidungsstücke bekommen, die ich z.Zt. trage. Mir ist bekannt, dass der Umgang zwischen französischen Krgf. und RD. Frauen verboten ist. Am 2.12.1944, gegen 10.00 Uhr, wurde ich von einem Soldaten der deutschen Wehrmacht aus der Wohnung der Frau D. festgenommen und der hies. [hiesigen, Anm. d. Verf.] Staatspolizeistelle zugeführt. Es entspricht nicht der Tatsache, wenn der deutsche Soldat behauptet, ich hätte ihn mit dem bezeichneten Messer bedroht. Weitere Angaben kann ich nicht machen."[174]

Die Strafsache gegen Margarete D. galt als „besonders schwerer Fall", da sie als Verheiratete Umgang und Geschlechtsverkehr mit einem französischen Kriegsgefangenen hatte, ihn nach der Flucht aus einem Lager beherbergte und ihn mit Zivilkleidungsstücken versah.[175] Sie wurde am 19. Januar 1945 zu einem Jahr und drei Monaten Zuchthaus sowie zu zwei Jahren Ehrverlust verurteilt. Des Weiteren musste sie die Kosten des Verfahrens übernehmen. Margarete D. war im siebten Schwangerschaftsmonat und wurde daher mit Auflagen aus der Haft entlassen. Sie starb 1946 im Alter von 33 Jahren.

Beispiel 3: Zwei Frauen aus Dortmund wurden vom Sondergericht Dortmund wegen verbotenen Umgangs mit einem belgischen Kriegsgefangenen angeklagt. Es handelte sich um Roger S. (Stalag VI D), zuletzt eingesetzt bei der Firma Deilmann & Co. in

[173] LAV NRW W, Sondergericht Dortmund, Nr. 364 (18a Js 825/44).

[174] LAV NRW W, Sondergericht Dortmund, Nr. 429 (18a Ls 359/44).

[175] Ebd.

Dortmund-Kurl. Roger S. kam im Juni 1940 in deutsche Kriegsgefangenschaft, wurde dem Stalag VI D unterstellt und beim Dortmund Hörder-Hüttenverein in Dortmund-Hörde eingesetzt. Dort arbeitete er bis zum Mai 1944. Im Januar 1944 hatte er in der Gaststätte Ophoff am Westfalendamm Elisabeth R. kennen gelernt. Roger S. hatte im wöchentlichen Wechsel Früh- und Nachtschicht. Bei Frühschicht macht er fast täglich Besuche bei Elisabeth R. und blieb auch über Nacht. Er machte die Besuche in Uniform und verschwieg auch nicht, dass er Kriegsgefangener war. Das Verhältnis zu Elisabeth R., so seine Aussage vor dem Sondergericht, sei „sehr innig" gewesen:

> „Sämtliche Lebensmittel, die ich als Kgf. [Kriegsgefangener, Anm. d. Verf.] durch das IRK [Internationale Rote Kreuz, Anm. d. Verf.] erhielt, habe ich der R. in die Wohnung gebracht, wo wir sie gemeinsam verzehrten. Unter diesen Lebensmitteln befanden sich vor allen Dingen Kaffee und Schokolade."[176]

Bei einem Kinobesuch mit Elisabeth R. lernte Roger S. zwei belgische Zivilarbeiter kennen, die im Dortmund-Hörder Gemeinschaftslager an der Wilhelm-van-Vloten-Straße untergebracht waren und die einige Monate später zu seinen Briefvermittlern wurden. Im Mai 1944 wurde Roger S. nach Meschede in die Honselwerke versetzt. Er vermutete, dass das Verhältnis zu Elisabeth R. im Stalag bekannt geworden war. Ein belgischer Zwangsarbeiter in Meschede sorgte für die Weiterleitung der Briefe von Roger S. an Elisabeth R., wodurch ein wechselseitiger Briefverkehr entstand. In vierzehntägigem Abstand sonntags kam Elisabeth R. zu Besuch, einmal brachte sie ihre Schwägerin und deren Kind mit. Bei einem dieser Treffen soll Roger S. zum Ausdruck gebracht haben, dass er es in der Kriegsgefangenschaft nicht mehr aushalten könne und fliehen wolle. Über die eigentliche Flucht, so seine Aussage, sei er sich nicht im Klaren gewesen. Obwohl ihn beide Frauen vor einer Flucht warnten, flüchtete er am 7. September 1944 aus dem Arbeitskommando 2920 in Meschede. Er gab an, dass er nicht die Absicht gehabt habe, sich zu den Engländern und Amerikanern zu schlagen, sondern dass er sich in das Zivilarbeitsverhältnis habe einschleichen wollen. Nach der Flucht ging er in das belgische Zivilarbeiterlager in Dortmund-Hörde, wo seine Bekannten wohnten. Er verbrachte dort die Nacht und kaufte sich für drei Pakete Zigaretten einen „Zivilrock". Roger S. besaß durch den Verkauf von Zigaretten an Zivilarbeiter deutsches Geld. Am 8. September 1944 ging er zum Arbeitsamt Dortmund, wo er sich als Flüchtling ausgab. Er war im Besitz einer alten Identitätskarte aus Belgien. Auf Grund seiner Angaben wurde er vom Arbeitsamt Dortmund zur Firma Deilmann nach Dortmund-Kurl vermittelt. Bis er seine Arbeit dort begann, verbrachte er einige Nächte im Lager und besuchte tagsüber Elisabeth R. Nachdem er die Arbeit begonnen hatte, besuchte Roger S. Elisabeth R. in der Wohnung von deren Schwägerin in der Pekingstraße in Dortmund-Schüren jeweils am Mittwoch, Samstag und Sonntag. Am 26. September 1944 wurde das Stalag VI D von der Festnahme des flüchtigen Roger S. durch das Dortmunder Polizeigefängnis unterrichtet und er wurde ins Stalag VI D überführt. Elisabeth R. wurde am 28. Februar 1945 zu zwei Jahren Zuchthaus und zwei Jahren Ehrverlust, ihre Schwägerin zu sechs Monaten Gefängnis verurteilt. Was aus Roger S. wurde, bleibt unklar.[177]

[176] LAV NRW W, Sondergericht Dortmund, Nr. 755 (18a Ls 1233/42).

[177] LAV NRW W, Sondergericht Dortmund, Nr. 897 (18b Ls 86/44).

Besuche im Stalag VI D

Vereinzelt bestand die Möglichkeit, Kriegsgefangene im Stalag VI D zu besuchen oder Treffen mit Kriegsgefangenen außerhalb des Lagers zu organisieren. Alfred Dusautier (*2.7.1920), ein französischer Zwangsarbeiter aus Armentières in Nordfrankreich, der als ausgebildeter Binnenschiffer im Rahmen des S.T.O. (Service du Travail Obligatoire) auf nordwestdeutschen Wasserstraßen zwischen Elbe und Rhein in der Zeit von März 1943 bis Mai 1945 eingesetzt war, fand nach langer Suche seinen Bruder René in Kriegsgefangenschaft in Dortmund.[178] Er wusste, dass er als Kriegsgefangener mit der Nummer 20228 in einem Arbeitskommando der Maschinenfabrik Deutschland[179] arbeiten musste und in der Westfalenhalle untergebracht war.[180]

René Dusautier war Anfang 1940 mit dem 73. Infanterie-Regiment auf vorgeschobenem Posten in der Gegend von Sierck zwischen der deutschen Grenze im Saarland und Thionville stationiert. Dort wurde er im Mai 1940 von der deutschen Offensive überrascht. Die Einheit zog sich nach einigen sporadischen Kämpfen zurück, wurde jedoch in der Gegend um Dijon gefangen genommen. René Dusautier wurde dem Stalag VI D zugeteilt, um als Schlosser in der Maschinenfabrik Deutschland zu arbeiten.[181] Obwohl René Dusautier als Kriegsgefangener einem Arbeitskommando zugeteilt war, konnten sich die Brüder mal legal, mal illegal treffen.[182] Da er von seinem Meister geschätzt wurde, fand das erste halblegale Wiedersehen zwischen Alfred und René am Morgen des 15. Juli 1943 während der Arbeitszeit von René statt:

> „Das Wiedersehen mit meinem Bruder war sehr bewegend und wir brauchten eine gewisse Zeit, um zu begreifen, wie es uns nach 3 Jahren der Trennung erging. Nachdem mein Bruder von seinem Meister die Erlaubnis erhalten hatte, sich vom Arbeitsplatz zu entfernen, ist er den ganzen Nachmittag bis 20:00 Uhr abends mit uns zusammengeblieben."[183]

Einen illegalen Besuch im Stalag VI D schilderte Alfred Dusautier ausführlich in seinen Erinnerungen:

> „**Sonntag, 26.September 1943:** Im STALG VID (Stadion)
> Von Krefeld zurückgekommen, wo wir die Gerste ausgeladen hatten, luden wir am 25.

[178] *Eckhard Schinkel (Hg.),* Totaler Arbeitseinsatz für die Kriegswirtschaft – Zwangsarbeit in der deutschen Binnenschifffahrt 1940-1945, Erinnerungen – Dokumente - Studien, Westfälisches Industriemuseum Quellen und Studien, Bd. 11, Essen 2005, S. 66, zit. als: Schinkel.

[179] Die Maschinenfabrik Deutschland wurde 1872 gegründet und hatten seinen Firmensitz mit dazugehörigen Werkshallen im Norden der Dortmunder Innenstadt. Es war ein_Hersteller von Werkzeugmaschinen zur mechanischen Bearbeitung von Werkstücken größter Abmessungen, von Lastenbewegungsmaschinen sowie zum Bau von Eisenbahn-Weichen. Gemeinsam mit dem damaligen Leiter der Borsigwerke in Berlin, August Julius Albert Borsig, und Louis Baare vom Bochumer Verein für Gußstahlfabrikation gründete der Obermaschinenmeister der Köln-Mindener Eisenbahn Julius Weidtmann 1872 die Maschinenfabrik. 1911 fiel sie an die Eisen- Stahlwerke Hoesch AG. Im Jahr 1952 wurde die Maschinenfabrik neu gegründet und operierte seither weitgehend eigenständig unter dem Namen Hoesch MFD. 1995 wurde die Fabrik geschlossen und komplett abgerissen.

[180] Schinkel, S. 79f.

[181] Ebd., S. 148.

[182] Ebd., S. 148.

[183] Ebd., S. 124, 149.

September 1943 in Wanne-Eickel Schlamm-Kohle. Weil wir erst am Montagmorgen abfahren sollten, nutzte ich den freien Sonntag, um nach Dortmund zu fahren. Ich hatte meinen Bruder vorher nicht benachrichtigen können und erwartete ihn am Mittag vor dem Werkstor. Um den Nachmittag mit ihm zu verbringen, musste ich mit in das Lager gehen, das nach dem Bombardement provisorisch in einem Sport-Stadion untergebracht war. Den Lagerchef um Zutrittserlaubnis zu bitten, war ausgeschlossen. Er war für jedes Gefühl unempfindlich, sein einziges Ziel war die strikte Einhaltung der Lagerordnung [Eine Lagerordnung ist bisher als Dokument nicht gefunden worden, Anm. d. Verf.]. Es blieb mir nichts anderes übrig, als heimlich durch eine Bresche im Zaun, die den Gefangenen gut bekannt war, in das Lager einzudringen. Alles ging gut. Zusammen mit der kleinen Gruppe, zu der mein Bruder gehörte, haben wir gegessen. Dann schaute ich einem Fußballspiel zu, das die Gefangenen organisiert hatten. Wir waren so vom Spielverlauf gefesselt, dass wir den Lagerchef nicht hatten kommen sehen. Er stürzte auf uns zu. Die Anwesenheit eines Zivilisten musste ihm gemeldet worden sein und er verlangte zu wissen, wieso sich dieser Eindringling hier aufhalten konnte. Trotz der Warnung eines Gefangenen war es für einen Rückzug zu spät. Ungestüm forderte er mich dazu auf, ihm die Gründe meiner Anwesenheit im Lager zu erklären. Nachdem ich sie ihm genannt hatte, befahl er mir, ihm mit meinem Bruder in sein Büro zu folgen. Dort bekräftigte er mir gegenüber, dass das Betreten der Gefangenenlager für Zivilisten verboten sei. Er forderte mich auf, mich auszuweisen. Ich zeigte ihm meinen „Ausweis". Unsere Bordordnung schrieb vor, dass jeder ausländische Arbeiter ständig einen Nachweis über seine Person und über sein Recht, am Ort der Kontrolle anwesend zu sein, bei sich haben musste. Ich hatte also einen Verstoß begangen und war auf Strafe gefasst. Unser „Höllenhund" kündigte an, mich festzuhalten, um meine Situation zu klären. Ich informierte ihn dann darüber, dass mein Schiff am nächsten Morgen Wanne-Eickel frühzeitig verlassen müsste, um seine Ladung Schlamm Kohle bei den Hermann-Göring-Werken in Watenstädt abzuliefern. Bei der Erwähnung dieses Namens beruhigte er sich und erklärte, er werde mich unter diesen Bedingungen gehen lassen. Er ging sogar so weit, dass er uns zur Tür seines Büros leitete und das mit einer Höflichkeit, die man Leuten von Rang schuldet. Als die Wache dies sah, ließ sie uns beide ohne Murren hinausgehen. Den Freunden des Chefs macht man keine Schwierigkeiten. Mein Bruder ging nicht gleich zurück ins Lager. Mutig geworden durch den Ausgang dieser Angelegenheit, begleitete er mich bis zum Bahnhof. Er war nicht im Geringsten beunruhigt, gesehen zu werden, obwohl dieses Viertel für Gefangene streng verboten war. Bei seiner Rückkehr ins Lager war die Wache sichtlich erleichtert, ihren Gefangenen zurückkehren zu sehen. Er war nicht geflüchtet. Wie man sagt: Ende gut, alles gut. Nach diesem bewegenden Besuch hatten wir keine Schwierigkeiten mehr bei unseren Treffen. Tatsächlich fand mein Schiffsführer immer wieder Mittel und Wege, um vom Braunschweiger Büro Erzladungen für den Hafen Dortmund zu erhalten. Um in Dortmund einen freien Sonntag verbringen zu können, sorgte er dafür, dass wir Samstagnachmittag ankamen. Dafür waren alle Tricks gut genug. (...) Ich war sehr froh über diese Umstände, weil ich so meinen Bruder auf der „Wettstein" empfangen konnte. Zwischen dem 17. Oktober 1943 und dem 15. August 1944, also in zehn Monaten, sind wir acht Mal nach Dortmund gefahren. Das ermöglichte meinem Bruder, vierzehn Mal an Bord zu kommen. Das Vorgehen bei unseren Treffen war immer dasselbe. Nach der Beladung in Beddingen [bei Salzgitter, Anm. der Verf.] kam der Kapitän vom Büro zurück und kündigte triumphierend an, dass wir nach Dortmund [über den Mittellandkanal, Anm. der Verf.] führen. Ich setzte unverzügliche meinen Bruder davon in Kenntnis, indem ich ihm per Adresse eines französischen Zivilisten schrieb, der mit ihm arbeitete. So war er über unsere Ankunft informiert und bereitete sich vor, einen Sonntagnachmittag an Bord unseres Schiffs zu verbringen. Dank der Tricks des Schiffsführers kamen wir im Allgemeinen am Samstagnachmittag an. Nach dem Passieren des Schiffs-Hebewerks Henrichenburg veranlasste er den Kapitän

des Schleppers, uns am Schleppzug-Ende fahren zu lassen. So konnte er sich im Vorhafen des Dortmunder Hafens loswerfen lassen und einer sofortigen Entladung entgehen. Noch bevor wir festgemacht hatten, war er schon im Sonntagsstaat und kaum war das Schiff festgemacht, musste er an einer bestimmten Stelle mit dem Kahn an Land gebracht werden. Von diesem Moment an konnten wir sicher sein, einen ruhigen Sonntag zu verbringen. Ohne zu zögern, machten wir die Einkäufe für den Empfang meines Bruders, den ich gegen Mittag im Pförtnerhaus der Maschinenfabrik Deutschland erwartete. Dort hatte man sich an mich gewöhnt. Während dieser Zeit bereitete Francis [ein französischer Zwangsarbeiter und Kollege von Alfred Dusautier, Anm. d. Verf.] ein gepflegtes Mittagessen vor, das wir uns gegen 13.30 Uhr gemeinsam schmecken ließen. Am Nachmittag backte Francis eine große Anzahl von Crepes, die wir aßen bis wir rundum satt waren. Mein Bruder blieb bis gegen 21 Uhr bei uns und ich begleitete ihn dann bis zum Eingang seines Lagers zurück, wo wir uns nach mehrmaligem Auf- und Abgehen am Zaun entlang trennten.
In diese vergleichsweise glückliche Periode zwischen dem 29. Mai 1943 und dem 20. Mai 1944 fielen auch das Weihnachtsfest 1943 und Neujahr 1944."[184]

Weihnachten 1943 trafen sich die Brüder legal im Stalag VI D. Alfred Dusautier hatte eine Zutrittserlaubnis für das Stalag VI D erhalten, um dort mit seinem Bruder zu feiern.[185]

„**Weihnachten 1943:** Wir waren am Samstag (18.12.1943) in Dortmund angekommen und mein Bruder hatte den folgenden Sonntagnachmittag gewöhnlich mit uns verbracht. Plangemäß hätten wir mit unserem Schiff zu Weihnachten an den Bergwerken sein müssen. Aber unser Kapitän muss noch einen Trick gefunden haben und wir blieben für die gesamte Woche in Dortmund. Am Freitag, den 24. Dezember, um 13 Uhr erwartete ich meinen Bruder am Werksausgang, weil ich wusste, dass er an diesem Nachmittag nicht arbeitete. Er ist mit mir an Bord gekommen, wo wir ihn nach dem Essen alleine ließen, um unsere Einkäufe zu machen.
Den Weihnachtsabend haben Francis und ich dann im STALAG VI D verbracht. Zu diesem Anlass hatten wir die Zutritts-Erlaubnis erhalten. Um 18 Uhr gingen wir zu dritt zum Lager. Kurz nach unserem Eintreffen bereiteten mein Bruder und seine Kollegen das Weihnachtsessen vor, eine Vorspeise, dann Hühnerragout, dazu Bier nach Belieben und Wein rationiert. Inzwischen wohnten wir einem Unterhaltungsabend mit Boxkämpfen und Liedern bei, den die Gefangenen selbst organisiert hatten. Um Mitternacht fand die traditionelle Messe statt und um 5.30 Uhr morgens verließen wir das Lager. Für Sonntag (26.12.) verabredeten wir mit meinem Bruder und einem seiner Kameraden ein Wiedersehen auf der „Wettstein". Sie kamen zur verabredeten Zeit, und um 13.30 Uhr speisten wir Roastbeef, Kartoffeln und junge Erbsen aus der Dose. Am Nachmittag gab es die traditionellen Crepes. Was übrig blieb, nahmen unsere Gäste für die anderen Kameraden mit, die nicht hatten kommen können."[186]

Das letzte Treffen zwischen Alfred und René Dusautier fand am 19. November 1944 im Stalag VI D statt, bevor sie sich am 26. Mai 1945 zu Hause in Armentières wiedersahen.[187]

„Der 19. November muss ein Sonntag gewesen sein, weil ich direkt zum Lager ge-

[184] Ebd., S. 150-153.
[185] Ebd., S. 127, 147.
[186] Ebd., S. 153.
[187] Ebd., S. 147, 155.

gangen bin; an einem anderen Tag wäre ich zuerst zur Maschinenfabrik gegangen. Als ich ankam, war mein Bruder nicht da. Er war mit einer Gruppe Gefangener zum Friedhof [vermutlich zum heutigen „Friedhof am Rennweg" in Dortmund-Wambel, Anm. d. Verf.] gegangen, wo ihre durch das Bombardement vom April 1943 getöteten Kameraden beerdigt worden waren. Um ihn nicht zu verpassen, musste ich also in der Nähe des Lagereingangs auf seine Rückkehr warten. Die Zeit verging und mein Hin- und Hergehen wurde gewiss von den Wachen bemerkt. Sie ließen mich aber in Ruhe. Als mein Bruder zurückkam, war es fast dunkel. Er sah nur eine Lösung, um doch noch einige Augenblicke mit mir zusammen verbringen zu können. Er musste mir Zugang zum Lager verschaffen. Ich sollte mich auf die andere Lagerseite begeben. Dort würde er mich mit dem Kapuzenmantel eines Kameraden abholen, so dass ich das Lager ohne Aufmerksamkeit zu erregen durchqueren konnte. Wir hatten den Zwischenfall vom 26. September 1943 nicht vergessen. Als wir schließlich in seiner „Ecke" angekommen waren, mussten wir feststellen, dass es für meine Rückkehr auf das Schiff zu spät war. Er entschied, dass ich die Nacht im Lager verbringen und es am folgenden Morgen zusammen mit einem Kommando von Gefangenen, die zur Arbeit gingen, verlassen sollte. Da die Gefangenen vor dem Hinausgehen von der Wache gezählt wurden, musste ein Weg gefunden werden, um die Wächter abzulenken. Der Vertrauensmann der Gefangenen war selbst ein Gefangener; er war dazu bestimmt, seine Kameraden zu vertreten, aber er organisierte auch den Abmarsch des Kommandos an jedem Morgen in zwei Gruppen. Ich sollte mich in die erste einreihen, noch mit dem Kapuzenmantel verkleidet. Die abschließende Zählung der Männer hätte zwar einen zusätzlichen Mann in der zweiten Gruppe ergeben, aber ich wäre dann schon weit weg und in Zivilkleidung gewesen. Aber den Zwischenfall, der sich dann am Ausgang ereignete, hatten wir nicht voraussehen können. Gewöhnlich trugen einige Gefangene den Kapuzenmantel oder eine Kappe, andere nicht. Nun hatten aber die Deutschen entschieden, dass alle die gleiche Kleidung tragen müssten. So begann eine Diskussion, in deren Verlauf ein Gefangener auf Französisch flüsterte, dass diejenigen, die eine Kappe trügen, diese in ihre Tasche (französisch: poche) stecken sollten. Unglücklicherweise hatte ein alter Wachmann, ohne Zweifel ein alter Kämpfer aus dem Ersten Weltkrieg, „boche" verstanden, und er fühlte sich beleidigt. Eigentlich war die Bezeichnung keine Beleidigung, höchstens die Verkleinerungsform „d'alboche", die eine Veränderung des Argot-Wortes „Allemoche" ist und einen Deutschen bezeichnet. Der Gebrauch hat sich vor allem im Verlauf des Ersten Weltkrieges verbreitet und das aus sicherlich nachvollziehbaren Gründen. Kein Volk entgeht solchen Typisierungen! (...) Wir waren am Rande eines Zwischenfalls, als ein Dolmetscher deutscher Nationalität versuchte, den Betreffenden verständlich zu machen, dass das französische Wort „poche" im Deutschen „Tasche" bedeutet. Der Wachmann nahm diese Erklärung widerwillig zur Kenntnis. Aber aus Furcht, die Verantwortung für eine Verspätung der Gefangenen bei ihrer Arbeit übernehmen zu müssen, ließ er uns passieren. Es war höchste Zeit, weil sich die zweite Gruppe näherte. Als wir außerhalb des Blickfelds des Wachposten und der Soldaten waren, die uns begleiteten, steckte ich die Kappe schnell dem Gefangenen zu, der sie mir geliehen hatte und dann rannte ich zum Bahnhof, um den Zug nach Walsum zu erreichen. Übrigens waren nicht alle deutschen Veteranen so empfindlich. Eines Abends, als ich wider einmal im Lager gewesen war, gab es einen Fliegeralarm wie an jedem Abend. Die Gefangenen, die sich in den nächsten Bunker begeben wollten, gingen dorthin unter der Aufsicht eines alten Wachmanns, der sich sein Gewehr gerne von einem Gefangenen tragen ließ. Das war nun wirklich die Höhe!"[188]

[188] Ebd., S. 153-155.

Arrest und Disziplin

Der polnische Kriegsgefangene Stanislaw Fert hatte in seiner Schilderung über das Stalag VI D von einer fensterlosen Arrestzelle in der Westfalenhalle berichtet. Im August 1940 existierte ein Arrestgebäude vor der Westfalenhalle, welches über 12 Zellen verfügte, die jeweils mit einem kleinen Fenster und mit einer hölzernen Liege versehen waren. Zur Zeit des Besuchs des britischen Botschafters Anfang August 1940 befanden sich neun französische Kriegsgefangene im Arrest, von denen fünf aus Nordafrika stammten. Ihre Gefangennahme war Gegenstand heftiger Beschwerden sowohl beim Lagerkommandanten als auch beim OKW in Berlin. Die fünf Männer waren verurteilt worden, weil sie verbotenerweise ein Feuer aus Zeltpflöcken entzündet hatten, um Kartoffeln zu garen. Es wurde für Recht erkannt, dass sie die Sicherheit des Lagers damit gefährdet hätten, indem sie die Gefahr der Entflammung der Zelte geschaffen hätten. Sie hatten die Sicherheitsvorschriften missachtet, so dass sie zu sechs Tagen Haft in einem Raum, der für eine einzelne Person ausgelegt war, verurteilt wurden. Obwohl das Fenster der Zelle geöffnet war, wurde es durch einen hölzernen Fensterladen verdunkelt, der morgens von sechs bis acht und nachmittags von zwei bis vier Uhr entfernt wurde. Es wurde festgelegt, dass die Männer täglich für eine Stunde die Zelle verlassen könnten und dass ihre Kost aus Brot und Wasser dadurch erleichtert werde, dass ihnen an jedem dritten Tag eine volle Ration gewährt werde. Die Männer hatten keine Liege, sondern saßen auf einer Decke auf dem Betonfußboden.

Weitere Gefangene befanden sich in Einzelhaft, ebenfalls bei Wasser und Brot mit einer vollen Ration an jedem dritten Tag, und sie hatten eine hölzerne Liege. Sanitäre Einrichtungen boten die Zellen nicht, weil das als ungesund angesehen wurde, aber jede Zelle verfügte über eine Klingel, mit welcher der Wärter herbei gerufen werden konnte, um den Gefangenen zur Verrichtung seiner Notdurft herauszulassen. Diese Zustände scheinen einmalig gewesen zu sein, zumindest berichtete der britische Botschafter nach seinem Besuch, dass in keinem anderen der besuchten Lager etwas Vergleichbares bemerkt worden war.[189] Wo sich das Gefängnis, bzw. die Zellen für die Untersuchungs- und Vorbeugehaft befanden ist unbekannt.

Die Leistungen und das Verhalten der französischen Kriegsgefangenen wurden bis Ende 1941 als allgemein günstig beurteilt. Es wurde jedoch festgestellt, „[...] dass die den Franzosen neuerdings gewährten Erleichterungen nicht immer gute Ergebnisse zeigen. Neben Fluchtversuchen und Arbeitsverweigerungen in einzelnen Fällen traten sogar ganze Belegschaften, meist wegen kleiner Vorkommnisse, in den Streik. Die Stalag gaben nur allgemeine Anweisungen, ohne selbst direkt Hilfe zu leisten. Es war den wachhabenden Unteroffizieren überlassen, zur Selbsthilfe zu schreiten."[190]

Die Firma Paul Garthe in Milspe berichtet über die Arbeitsverweigerung von elf französischen Kriegsgefangenen. Als Grund hierfür gaben diese das kalte Wetter und den zu frühen Arbeitsbeginn an. Auf die Aussage, „[...] dass die deutschen Arbeitskameraden es doch auch nicht besser hätten, erklärten die Kriegsgefangenen dreist, sie wären keine Deutschen, sondern Franzosen. Dieses Verhalten kann auf kei-

189 Bericht von Jefferson Patterson, 7.8.1940, PRO, FO 916/2575, Bl. 275.

190 Kriegstagebuch des Rüstungskommandos Dortmund, Vierteljahresbericht, September, Oktober, November 1941, BAMA, RW 21/14-18.

nen Fall gebilligt werden, und die Firma Garthe forderte mit Recht vom Stalag eine ganz exemplarische Bestrafung der Kriegsgefangenen."[191]

Im Mai 1942 begründete der Generalbevollmächtigte für den Arbeitseinsatz Fritz Sauckel in einem Aufruf an die französischen und belgischen Kriegsgefangenen, dass derjenige, der nicht diszipliniert arbeite, hart bestraft würde:

> „Kriegsgefangene! Das Schicksal des Krieges, die Schuld der Kriegserklärer und die Macht des Reiches haben Euch in die Kriegsgefangenschaft geführt. Jeder von Euch muß in dieser Zeit, in der das Reich für die Erhaltung Europas und seiner Kultur kämpft, folgendes wissen: [...] Wer ordentlich, disziplinvoll und fleißig ist, darf nicht nur eine korrekte, sondern auch anständige Behandlung erwarten. Arbeitsunwillige Kriegsgefangene werden nach den Bestimmungen für die deutsche Wehrmacht wegen Ungehorsams bestraft und in ein Lager des besetzten Ostens verlegt werden. [...] Wer in Deutschland, das jetzt um den Bestand Europas kämpft, aber schlechten Willens ist, erfährt eine Behandlung wie er sie verdient. Das Reich wird in diesem Schicksalskampf Europas nicht dulden, dass Faulenzer und Nichtstuer, Saboteure oder Feinde den Krieg verlängern."[192]

Die Strafen im Stalag VI D waren hart; z. B. mussten Kriegsgefangene, die die deutschen Autoritäten nicht richtig gegrüßt hatten, an vier aufeinander folgenden Tagen jeweils anderthalb Stunden zur Strafe exerzieren. Der Kommandant verhöhnte diese Maßnahme als „sportliche Ertüchtigung". Über die Hälfte der französischen Gefangenen befand sich im September 1943 entgegen den sonst so positiven Beurteilungen der Inspektionsberichte in „vorbeugender Haft", wo sie ein bis drei Monate, manchmal sechs Monate bleiben mussten.[193]

Die Lagerzeitung des Stalag VI D „Le Clos"

Für die französischen Kriegsgefangenen des Stalag VI D wurde seit November 1941 die achtseitige Lagerzeitung „Le Clos VI D – Organe fraternel des P.G. du Stalag VI D"[194] herausgegeben, in der französische Autoren Artikel, Meldungen und Kurznachrichten veröffentlichten. Konzeption und Inhalt der Lagerzeitung reihten sich in das Erscheinen, die Aufmachung und die Funktion anderer Stalag-Zeitungen im Wehrkreis VI ein.[195] Ob die Zeitung wie viele andere aus dem „Apparat zur Erstellung von Propaganda für ausländische Arbeiter in Deutschland" von der Deutschen Arbeitsfront und vom Reichsministerium für Volksaufklärung und Propaganda herausgegeben und finanziert wurde, ist unklar.[196]

„Le Clos VI D" erschien vom 1. November 1941 bis Mai 1943 mit einem einfachen handgezeichneten Zeitungskopf. Ab Mai 1942 wurde die Zeitung mittels einer Matrizen-Abzugsmaschine vervielfältigt und erhielt eine deutlich professionelle-

[191] Kriegstagebuch des Rüstungskommandos Dortmund, 7.1.1942, BAMA, RW 21/14.

[192] Runderlasse für die Arbeitseinsatz-, Reichstreuhänder- und Gewerbeaufsichtsverwaltung (1939-1945), Hg. Reichsarbeitsministerium Berlin, hier Runderlass des ARG, 1942, 312, zit. in Spoerer, S. 174,

[193] Besuch des Stalag VI D, 12.9.1943, ACICR, C SC, Service des camps, Allemagne, WK VI, RT.

[194] Das Geschlossene. Gemeinschaftliches Organ der Gefangenen des Stalag VI D.

[195] *Thomas Schiller*, NS-Propaganda für den „Arbeitseinsatz". Lagerzeitungen für Fremdarbeiter im Zweiten Weltkrieg: Entstehung, Funktion, Rezeption und Bibliographie, Medien & Politik, *Hans J. Kleinsteuber* (Hg.), Bd. 10, Hamburg 1997.

[196] Ebd., S. 198.

re Gestaltung. Ab Juli 1943 wurde die Zeitung zweifarbig gedruckt, hatte einen Zeitungskopf mit dem Bild dampfender Schlote und eines Wachturms hinter Stacheldraht. Der Kopf der Titelseite gab dem Blatt ab September 1943 ein eigenes Erscheinungsbild: mittig stand der Name des Blattes LE CLOS VI D, hinterlegt mit einem Raster aus Stacheldraht, links davon waren stilisierte Hochöfen, Kühltürme und qualmende Schlote sowie eine Halde mit Kran und mit unter Tage arbeitenden Menschen skizziert, rechts ein Wachturm und ein Zaun mit dahinter stehenden dreieckigen Zelten.

LE CLOS 6
PRISONNIERS DE GUERRE DU STALAG VID
ORGANE FRATERNEL DES
Visite de l'Ambassadeur Scapini au Stalag VID
No. 21
10 JUILLET 1943

Abb. 20: Titelblatt der Lagerzeitung des Stalag VI D „Le Clos VI D", Nr. 21, 10.07.1943, Archives Nationales, Paris, F/9/2897

Abb. 21: Kopfzeile der Lagerzeitung „Le Clos VI D", Nr. 23, 10.09.1943, Archives Nationales, Paris, F/9/2897

Exemplarisch sei die Ausgabe vom April 1944 vorgestellt: Der Leitartikel stammte von Paul Bailly, dem Präsidenten der Organisation zur Unterstützung der Kriegsgefangenen. Er war mit einem Zitat von Marschall Philippe Pétain versehen und klärte die französischen Kriegsgefangenen allgemein über das bäuerliche Leben in der Geschichte Frankreichs, vor allem nach dem Ersten Weltkrieg, und über die aktuelle Situation der bäuerlichen Bevölkerung auf. Es wurde ein egalitäres Verhältnis zwischen Bauern und Arbeitern beschworen, wobei den Bauern eine besondere Rolle zugewiesen wurde, da sie die Stadt ernährten. Bedauerlich sei, dass Bauern trotzdem in der Literatur und beim Theater eher diskriminierend dargestellt würden. Daher gelte es, die Bauern in ihrer Bedeutung für die Gesellschaft besser anzuerkennen. Bauern sollten Vertrauen in die Politik von Marschall Pétain haben. Bauern, die in Kriegsgefangenschaft seien, sollten Vertrauen in ihre Frauen haben, die ihre Arbeit sicherlich gut übernehmen würden. Paul Bailly versicherte den Kriegsgefangenen, dass sie bei ihrer Rückkehr gute, gesetzlich abgesicherte Arbeitsbedingungen vorfinden würden, die ihnen einen guten Einstieg ins zivile Leben ermöglichten. Dies beträfe die Sozialgesetzgebung im Krankheitsfall, die Wohnsituation, den Städtebau, die Familienpolitik und die Altersversorgung. Voraussetzung sei aber, dass jeder seine maximale Kraft für die Nation einsetze.[197]

Des Weiteren wurden Nachrichten und Abrechnungen (Kassenstand, Ein- und Auszahlungen, Anfragen) des Komitees der gegenseitigen Hilfe der Familien von Kriegsgefangenen im Stalag VI D abgedruckt. Zur Festigung der nationalen Verbindung zu den Herkunftsregionen der französischen Kriegsgefangenen

197 Lagerzeitung Le Clos, Organe fraternel des P.G. du STALAG VI D, von April 1944, Nr. 30, 1-3, ohne Impressum, Deutschen Nationalbibliothek Leipzig.

(u. a. West-Bretagne, Paris, Region Orléans) übermittelten die Freundschaftlichen Vereinigungen verschiedener Landstriche Nachrichten und Mitteilungen. Über diese Freundschaftsorganisation erfolgte die Organisation und zentrale Zusendung von Geldspenden, Nahrungs- und Genussmitteln, Kleidung, Sportutensilien und Musikinstrumenten in das Stalag VI D.[198]

Viel Platz in der Lagerzeitung nahmen die Nachrichten über Theatervorstellungen, Musikdarbietungen, Informationen über Fußballspiele und über Kämpfe des Boxclubs in den Arbeitskommandos ein. Es wurde berichtet, dass ein Brand am 23. Mai 1943 die Infrastruktur des Theaters des Kommandos 3009 und die Bibliothek, beides in der Westfalenhalle, komplett zerstört habe und dass die Kriegsgefangenen fortan in Zelten lebten.[199] Am 24. Dezember 1943 fand die erste bescheidene Theatervorstellung mit anschließenden Gesangsdarbietungen und einem Boxkampf im Stalag VI D statt. Am 16. Januar 1944 folgte eine Theateraufführung in zwei Akten mit akrobatischen Einlagen. Gemeinsam sangen die französischen Kriegsgefangenen die Marseillaise. Es kam vor, dass französische Kriegsgefangene aus dem Stalag VI B und dem Stalag VI D gemeinsame Theatervorführungen darboten.[200] In der Rubrik „Kleinstanzeigen" wurde der An- und Verkauf von Musikinstrumenten vermittelt. Auf der letzten Seite der Zeitung war ein Kreuzworträtsel abgedruckt.

Obwohl „Le Clos" der Leistungssteigerung der Kriegsgefangenen dienen sollte, vermittelt sie den Eindruck, als ob sich der Aufenthalt im Lager im Wesentlichen um die Organisation von Freizeitaktivitäten drehte. Über die konkreten Arbeitsbedingungen war nichts zu lesen. Stattdessen wurde z. B. über ein Theaterstück informiert, bei dem zwischen den einzelnen Akten ein Orchester „heißen Jazz" von Duke Ellington spielte, ein Fecht-Turnier mit Material von der Föderation für Schwert- und Säbelkampf aus Frankreich angekündigt und Vorträge von Kriegsgefangenen annonciert, die über Themen wie Regionalgeschichte Frankreichs, Astronomie, Luftfahrt, Sport und Finanzen informierten.[201] „Le Clos VI D" diente primär dazu, die Verbindung nach Frankreich zu erhalten, den Zusammenhalt zur „Heimat" herzustellen, die Moral der Landsleute zu stärken und ein wenig Zerstreuung zu bieten. Flankiert wurde die Zeitung mit Durchhalteparolen von Marschall Pétain. „Le Clos VI D" war französisch-nationalistisch ausgerichtet und unterstützte in ihren Artikeln die Politik der Vichy-Regierung.

Auch für französische Kriegsgefangene anderer Stalags im Wehrkreis VI gab es Lagerzeitungen. Es gab sie im Stalag VI A (Hemer, Kreis Iserlohn), VI B (Neu Verse, Kreis Meppen) VI C (Bathorn, Kreis Grafschaft Bentheim) und VI F (Bocholt); sie folgten demselben Konzept wie „Le Clos VI D".

Erinnerungen von Robert Merle

Zu den französischen Kriegsgefangenen zählte der bekannte Literat Robert Merle, der 1949 für seinen Roman „Wochenend in Zuidcoote" den wichtigsten französischen

[198] Ebd., S. 3.
[199] Ebd., S. 4.
[200] Ebd., S. 5.
[201] Ebd., S. 7.

Literaturpreis erhielt, den Prix Goncourt.[202] Nach dem Überfall der Wehrmacht auf Frankreich im Mai 1940 kam Oberfeldwebel Merle Ende Juni in das Stalag VI D, wo er die Nummer 22418 erhielt.

In der von seinem Sohn Pierre Merle verfassten Biographie wird ein kleiner Eindruck über das Leben von Robert Merle in Dortmunder Kriegsgefangenschaft gegeben. Robert Merle führte eine ausgiebige Korrespondenz mit seiner Mutter.[203] Auf seiner ersten Postkarte aus dem Stalag VI D, die nur wenig Platz für Nachrichten bot, wünschte er sich ein Päckchen mit Handtuch, Waschlappen, Socken, Tabak sowie eine Schulausgabe von Goethes *Faust*.[204] Im Frühjahr 1941 wurde Merle bei Erdarbeiten eingesetzt und beklagte die ungewohnte harte körperliche Arbeit, das Exil, die Trennung von der Familie und den Verlust der Freiheit.[205]

Mit Unterstützung von Maria Steinmayer, die innerhalb der Lagerverwaltung des Stalag VI D diverse Funktionen in der Kantine ausübte, lernt er heimlich die deutsche Sprache. Sie besorgte ihm Zivilkleidung und genügend Geld für die Zugfahrt bis zur Grenze. Sein Fluchtversuch im März 1941 führte ihn bis zur belgischen Grenze nach Ouden. Dort wurde Merle verhaftet und zurück ins Gefängnis des Stalag VI D gebracht. Nach Ablauf von etwa fünf Monaten Arrest teilte ihn der Lagerkommandant den „Querulanten" zu, einem Trupp für Maurer- und Betonarbeiten. Die Arbeit war sehr anstrengend: „Aufstehen um 6.15 Uhr, Arbeitsbeginn 7 Uhr, Frühstück um 9.30 Uhr, eine halbe Stunde Mittagspause. Der Arbeitstag endete um 18 Uhr." Im August 1941 wurde Merle Chef der Essenszuteilung der kriegsgefangenen Belgier und Franzosen im Stalag VI D und arbeitete zudem als Dolmetscher im Krankenrevier.[206] Die Grundlagen für die medizinische Arbeit las sich Merle in Werken der Lagerbibliothek zu Fragen der Gesundheit an. Sein Sohn Pierre beschreibt die Arbeit seines Vaters im Krankenrevier folgendermaßen:

> „Seine Arbeit bestand vor allem aus der Übersetzung der Krankenakten der Patienten auf der Station. Zwischen den französischen Ärzten, die den Grossteil der Arbeit machten, und dem deutschen Arzt war ein Dolmetscher unabdingbar. In Abstimmung mit den französischen Ärzten konnte Robert durch die Wahl seiner Worte insgeheim die Heimreise einiger Gefangener aus medizinischen Gründen befördern."[207]

Für die Lagerzeitung „Le Clos Stalag VI D" schrieb Merle im Juli 1942 einen Artikel mit der Überschrift „Volpone",[208] benannt nach der Komödie des englischen Bühnenautors Ben Jonson, die im Jahre 1606 entstand und die von dem reichen Venezianer Volpone handelt, der mehrere Erbschleicher düpierte. Er beschrieb die Schwierigkeiten, mangels Verkleidungen und Requisiten dieses Bühnenstück im Stalag VI D aufzuführen.

[202] Robert Merle (1908 – 2004) kam ungefähr im Juni 1940 in deutsche Kriegsgefangenschaft ins Stalag VI D bis er im Juli 1943 repatriiert wurde. Ein Fluchtversuch misslang. Merle war zuerst mit dem Literaturpreis Prix Goncourt für seinen Roman *Weekend à Zuydcoote* (Deutsche Ausgabe 1950: „Wochenend in Zuitcoote") bekannt geworden, der von seiner Zeit in deutscher Kriegsgefangenschaft inspiriert war (http://de.wikipedia.org/wiki/Robert_Merle).

[203] *Pierre Merle*, Robert Merle. Ein verführerisches Leben. Biographie, Berlin 2009.

[204] Ebd., S. 86.

[205] Ebd., S. 88.

[206] Ebd., S. 92f.

[207] Ebd., S. 94.

[208] Le Clos, Nr. 9, 5.7.1942, Archives Nationales Paris, F/9/2897.

Auch hielt Robert Merle im Stalag VI D einen zweieinhalbstündigen Vortrag über den französischen Schriftsteller Gustave Flaubert.[209]

Merle war bis etwa September 1942 im Stalag VI D und danach noch ein weiteres Jahr im Stalag I A in der ehemaligen Provinz Ostpreußen, nahe der Stadt Preußisch Eylau [heute russisch: Bagrationowsk, Anm. d. Verf.], unweit des damaligen Königsberg. Seine Rückführung nach Frankreich erfolgte aus gesundheitlichen Gründen am 13. Juni 1943.[210]

Kriegsgefangene aus Jugoslawien

Die jugoslawischen Kriegsgefangenen, die seit April 1941 in das Stalag VI D kamen, waren überwiegend ethnische Serben. Über ihre Behandlung kann wegen der schlechten Quellenlage nicht viel gesagt werden; sie war auf jeden Fall schlechter als die der belgischen und französischen Kriegsgefangenen. Wie polnische und später sowjetische Kriegsgefangene galten jugoslawische Kriegsgefangene nicht als Völkerrechtssubjekte. Ihr rechtlicher Status war dem Gutdünken der nationalsozialistischen Regierung unterworfen.[211] Über ihre Arbeits- und Lebensbedingungen in den Arbeitskommandos liegen einige Angaben des Reise-Sekretärs Karl S. Schmid von der Kriegsgefangenenhilfe des Weltbundes des Y.M.C.A. vor. Er begutachtete die Arbeitskommandos S 841 und S 1460 des Stalag VI D im April und im Juni 1942. Die Kriegsgefangenen gehörten der serbisch-orthodoxen Kirche an und hätten bisher noch keinerlei religiöse Betreuung erhalten. Anscheinend gab es aber ein solches Bedürfnis, was geklärt werden sollte. Die seelsorgerische Betreuung der jugoslawischen Kriegsgefangenen übte ein orthodoxer Priester in einer kleinen Kapelle aus.[212]

Da sich unter den Kriegsgefangenen 17 Analphabeten befanden, gab es ein Verlangen nach leicht verständlichen Büchern. Diesem Wunsch sollte nachgegangen werden. Schmid wollte sich um die Lieferung von serbischen ABC-Sprachführern und von Schreibmaterial kümmern. Den Deutsch-Unterricht würde der Vertrauensmann übernehmen. Es existiere eine so genannte „Zigeunerkapelle", die für Abwechslung und Unterhaltung sorgte. Höchstwahrscheinlich befanden sich also Angehörige der Roma-Minderheit unter den serbischen Kriegsgefangenen. Schmid wollte sich weiterhin um die Zusendung einer Y.M.C.A.-Sportkiste an das Kommando kümmern sowie um Domino-, Dame- und Schach-Spiele [213] Die Bibliothek des Stalag VI D enthielt 200 serbische Bände, Anfragen nach weiteren Büchern waren gestellt. In ihrer Freizeit hatten serbische Kriegsgefangene wie die Franzosen eine Theatertruppe gebildet. Ein serbischer Vertrauensmann bedauerte es sehr, dass die Arbeitskommandos nicht wie die der anderen Nationen systematisch vom IKRK besucht und beurteilt wurden.

209 Pierre Merle, Robert Merle. Ein verführerisches Leben. Biographie, Berlin 2009, S. 94.

210 Ebd., S. 99, 103, 396. Kurt Lhotzky, Andrea Traxler, Mit Feder und Degen. Robert Merle, Grandseigneur des historischen Romans, in: Wiener Zeitung, 4.5.2001.

211 Spoerer, S. 102, 104.

212 Besuch des Stalag VI D, 11.2.1943, ACICR, C SC, Service des camps, Allemagne, WK VI, RT.

213 Berichte von Karl S. Schmid, YMCA, über das Arbeitskommando S 814 am 26.4.1942 und über das Arbeitskommando S 1460 am 15.6.1942, PAAA, R 4078.

Dennoch gab es in deren Berichten vereinzelt Ausführungen über die Anzahl und die Lebensbedingungen serbischer Kriegsgefangener.[214]

Jugoslawische Kriegsgefangene erhielten im Oktober 1941 500 Pakete und drei Kisten mit Unterwäsche, die vom Vertrauensmann, Ivan Moutchalow, (Stalag VI D, Nr. 36061) verteilt wurden.[215] Obwohl sie vom Roten Kreuz englische Mäntel erhalten hatten, fehlten weiterhin Unterhosen und -hemden, Hemden, Hosen und Lederschuhen.[216] Zwei serbische Ärzte arbeiteten in der Krankenstube. Kranke Serben, von denen es zu diesem Zeitpunkt laut Bericht des IKRK etwa 30 gab und die keine schweren Erkrankungen hatten, waren in einer eigenen Abteilung untergebracht. Es wurden 78 arbeitsunfähige serbische Kriegsgefangene im Lager gezählt, darunter 20, die an „geschlossener" Tuberkulose litten. Der serbische Vertrauensmann berichtete, dass 250 serbische Offiziersanwärter in den Arbeitskommandos Schwerstarbeit verrichteten. Mit der Einschränkung, dass die Ernährung und die medizinische Versorgung in den Arbeitskommandos unzureichend seien, wurden die Bedingungen für serbische Kriegsgefangene bis Februar 1943 vom IKRK noch als relativ gut bewertet.[217]

Ernährung und Gesundheitszustand der serbischen Kriegsgefangenen verschlechterten sich 1943. Ein Fünfzigstel der arbeitsunfähigen Serben wartete seit Monaten auf ihre Repatriierung. Mit dem letzten Konvoi, im Dezember 1942, fuhren 38 zurück nach Serbien. Die jugoslawischen Kriegsgefangenen, die jetzt noch im Stalag VI D warteten, waren fast alle Kroaten.[218]

Zusammenfassung

Das Stalag VI D in der Westfalenhalle Dortmund war von September 1939 bis September 1941 ein Ort der Inhaftierung, Sammlung, Registrierung und Umverteilung von Kriegsgefangenen aus Polen, Belgien und Frankreich sowie für Kriegsgefangene aus Südost-Europa, v. a. aus der jugoslawischen Teilrepublik Serbien.

Die Quellenlage über die Lebensbedingungen der polnischen Kriegsgefangenen, die nur kurze Zeit im Stalag VI D inhaftiert waren, ist sehr schmal und kann lediglich aus den Überlieferungen von Stanislaw Fert rekonstruiert werden. Er erlebte körperliche Angriffe, Haft, karge Ernährung und Willkürhandlungen von Seiten der Wachhabenden. Da völkerrechtliche Schutzvorschriften bei polnischen Kriegsgefangenen umgangen wurden, unterstanden sie quasi keiner Schutzmacht, die ihre Lebens- und Arbeitsbedingungen in den deutschen Lagern kontrolliert hätte. Der Zivilschreibung polnischer Kriegsgefangener im Laufe des Jahres 1940/41, um die Lager für neuankommende Kriegsgefangene zu leeren, folgten nicht alle. Mehrere Hundert Polen blieben bis Februar 1945 als Kriegsgefangene im Stalag VI D. Die „Umwandlung" in Zivilarbeiter erfolgte auch vor dem Hintergrund, dass deutsches Bewachungspersonal eingespart werden konnte. Polnische Kriegsgefangene waren meist in der Landwirtschaft eingesetzt und hatten dort relativ gute Lebens- und Arbeitsbedingungen. Die meisten polnischen Kriegsgefangenen passierten

[214] Besuch des Stalag VI D, 25.9.1942, ACICR, C SC, Service des camps, Allemagne, WK VI, RT.

[215] Besuch des Stalag VI D, 21.10.1941, ACICR, C SC, Service des camps, Allemagne, WK VI, RT.

[216] Besuch des Stalag VI D, 25.9.1942, ACICR, C SC, Service des camps, Allemagne, WK VI, RT.

[217] Besuch des Stalag VI D, 25.9.1942, ACICR, C SC, Service des camps, Allemagne, WK VI, RT.

[218] Besuch des Stalag VI D, 11.2.1943, ACICR, C SC, Service des camps, Allemagne, WK VI, RT.

das Stalag VI D nur; ihr Aufenthalt dort war meist kurz bevor sie in entfernt liegende Arbeitskommandos aufgeteilt wurden. Wie viele polnische Kriegsgefangene im Stalag VI D jüdischer Herkunft waren, ist nicht überliefert.

Die gute Quellenlage über französische und zum Teil auch über belgische Kriegsgefangene korrespondiert mit der vergleichsweise guten Behandlung dieser Gruppe. Die französischen Kriegsgefangenen genossen Privilegien wie regelmäßige Kontrollbesuche des Diplomatischen Kriegsgefangenendienstes der Mission Scapini, besondere Nahrungslieferungen, Post- und Paketzustellungen, seelsorgerische Betreuung und ärztliche Versorgung. Entsprechend wurden die Lebenssituation der belgischen und französischen Kriegsgefangenen im Stalag VI D und ihre Ernährung von den Inspektoren als gut bezeichnet. Ihre Behandlung wurde als wohlwollend eingeschätzt und die Verteilung der „Kollektivgaben" durch die Hilfsorganisationen als regelmäßig und zufriedenstellend. Es wurde lediglich beanstandet, dass manche Baracken weder über Heizung noch über Licht verfügten und dass die Waschbecken sowie die Latrinen unzureichend seien.[219] Die drei französischen Vertrauensmänner, die dem Internationalen Komitee vom Roten Kreuz Bericht erstatteten, gaben als einzigen Grund zur Beanstandung den Mangel an Wäsche und an Schuhen an.[220]

Die Untersuchungsberichte des Diplomatischen Kriegsgefangenen Dienstes der Mission Scapini und des IKRK unterschieden sich in ihrer Beurteilung der Situation der französischen, belgischen und serbischen Kriegsgefangenen nur unwesentlich. Die Berichte beider Untersuchungskommissionen warfen einen unkritischen Blick auf die Lebensbedingungen der westeuropäischen Kriegsgefangenen. Mängel, vor allem in Bezug auf die medizinische Versorgung, wurden als allgemein übliche Umstände eines Kriegsgefangenenlagers betrachtet und nicht zum Anlass einer offiziellen Beschwerde genommen. Auch Mängel in Bezug auf die Kleidung, die Ernährung und die sanitären Anlagen wurden mehr oder weniger als allgemein übliche Umstände der Kriegsgefangenschaft betrachtet. Die tatsächliche Situation im Lager wurde nicht wahrgenommen, stattdessen wurde das Bild eines „guten" Lagers und von „zufriedenen" Kriegsgefangenen gezeichnet. Die Lagerbeschreibungen waren stark von der Vorstellung über angeblich vorbildlich geführte deutsche Lager für zivile Zwangsarbeitende beeinflusst. Dieses Bild ist stets als Konstruktion der Berichterstatter mitzudenken und in Frage zu stellen. Es war eine allmähliche Verschlechterung der Unterkünfte, der Ernährung und der Kleidung zu verzeichnen. Auch die Verbreitung von Krankheiten, die zu Beginn der Kriegsgefangenschaft noch geringfügig war, nahm stetig zu, wobei die mangelnde Hygiene ein wesentlicher Faktor war. Strafen, Arreste und Disziplinarmaßnahmen waren ebenso Bestandteil der Kriegsgefangenschaft wie die Freizeitgestaltung im Lager. Der amerikanische Botschaftssekretär Jefferson Patterson beschrieb die Situation im Lager als unterhalb der Standards liegend, sowohl in Bezug auf die allgemeinen Lebensumstände als auch hinsichtlich der Bestrafungen nord-afrikanischer französischer Kriegsgefangener.

219 Besuch des Stalag VI D, 21.10.1941, ACICR, C SC, Service des camps, Allemagne, WK VI, RT.

220 Besuch des Stalag VI D, 15.11.1940, ACICR, C SC, Service des camps, Allemagne, WK VI, RT.

Teil 3: Der Rechtsstreit zwischen Westfalenhalle AG/Stadt Dortmund und Wehrkreisverwaltung VI/Wehrmacht

Die Westfalenhalle wurde nicht entschädigungslos durch die Wehrmacht enteignet: vielmehr wurde nach der Beschlagnahmung ein Mietvertrag zwischen der Wehrkreisverwaltung VI als Mieterin und der Westfalenhalle AG als Vermieterin geschlossen. Einen Entwurf legte die Westfalenhalle AG der Heeres-Standort-Verwaltung Dortmund im Oktober 1939 vor.[1] Darin wurde festgelegt, dass die Mieterin nicht nur eine Miete, sondern auch eine Entschädigung zu zahlen und fortlaufende Kosten zu übernehmen hatte. Die Wehrkreisverwaltung erkannte dies nicht an, so dass ein Rechtsstreit entbrannte.[2] Die Rechtspositionen der Kontrahenten, Wehrkreisverwaltung und Stadt Dortmund, lassen sich wie folgt zusammenfassen: die Wehrkreisverwaltung bestritt, dass die Stadt Dortmund überhaupt berechtigt sei, Forderungen zu erheben, da Westfallenhalle AG und Stadt Dortmund zwei unterschiedliche Rechtspersönlichkeiten seien. Darüber hinaus war sie weder mit der Miethöhe noch mit der Höhe der zu leistenden Entschädigung einverstanden. Die Stadt Dortmund argumentierte dagegen, dass sie sehr wohl berechtigt sei, Forderungen im Namen der Westfalenhalle AG zu erheben, denn die Westfalenhalle sei ein Unternehmen der Stadt, das lediglich aus Gründen der Zweckmäßigkeit nicht als Regiebetrieb, sondern als Aktiengesellschaft geführt werde.[3] Sie forderte eine jährliche Summe von 661.490,05 RM. Damit seien lediglich die „nackten Unkosten" der Westfalenhalle, ohne Betriebskosten,[4] sowie der Einnahmeverlust abgedeckt, die der Stadt entstanden, weil die Westfalenhalle als „eines der wichtigsten, wenn nicht das wichtigste Werbemittel überhaupt"[5] nicht mehr zur Verfügung stünde.

Gemäß Reichsleistungsgesetz hatte der Regierungspräsident in Arnsberg in seiner Rolle als Preiskommissar über die Höhe der Zahlungen seitens der Wehrkreisverwaltung zu entscheiden. Er versuchte, zwischen den Kontrahenten zu vermitteln, was nicht gelang. Die Wehrkreisverwaltung wies alle Forderungen außer der

1 Mietvertragsentwurf zwischen der Westfalenhalle AG, Dortmund, und der Heeres-Standort-Verwaltung, Dortmund, o.D.; Anordnung des Oberbürgermeisters der Stadt Dortmund an die Westfalenhalle AG bezüglich der Beschlagnahmung der Westfalen, 12.10.1939, BArch, R 122, X. Senat, 1404.

2 Akten in Sachen der Deutschen Wehrmacht vertreten durch die Wehrkreisverwaltung VI in Münster, Leistungsempfängerin (Bedarfsstelle) und Beschwerdeführerin wider der Westfalenhalle AG und der Stadt Dortmund, vertreten durch den Oberbürgermeister der Stadt Dortmund, Leistungspflichtigen, Streitgegenstand: Entsch. des RP in Arnsberg v. 29.1.1943 – IA Sta1 62/3 Nr. 176/286 (Inanspruchnahme der Westfalenhalle), BArch, R 122, X. Senat, 1404.

3 Stadtrechtsrat Landgraeber, Dortmund, an die Wehrkreisverwaltung VI, Münster, 19.12.1939, BArch, R 122, X. Senat, 1404.

4 Schreiben des Oberbürgermeisters von Dortmund an den RP in Arnsberg, 15.1.1940, BArch, R 122, X. Senat, 1404.

5 Wehrkreisverwaltung VI, Münster, an den RP in Arnsberg, 2.12.1940; Stadtrechtsrat Landgraeber, Dortmund, an Wehrkreisverwaltung VI, Münster, 19.12.1939, BArch, R 122, X. Senat, 1404.

Miete zurück. Sie war bereit, einen Betrag von 250.000 RM pro Jahr zu zahlen. Die Stadt Dortmund und die Westfalenhalle AG beharrten weiterhin auf ihrer Forderung.[6]

Im Dezember 1941 trat ein weiterer Akteur auf den Plan. Der Gauleiter von Westfalen-Süd, Paul Giesler,[7] forderte den Dortmunder Oberbürgermeister Banike auf, die Westfalenhalle von der Wehrmacht zurückzuverlangen, damit sie wieder als Ort für Kundgebungen zur Verfügung stünde. Er sah sich in den Möglichkeiten der „politischen Erziehung" der ihm „anvertrauten Bevölkerung" beeinträchtigt.[8] Ob die Intervention Giesler's einen Einfluss auf den Fortgang der Auseinandersetzung hatte, lässt sich nicht belegen. Die Wehrkreisverwaltung initiierte im Januar 1942 eine Verhandlung beim OKH in Berlin. Im Ergebnis erklärte sich die Stadt Dortmund bereit, ihre Mietforderung auf 500.000 RM zu senken. Die Wehrkreisverwaltung bestritt nicht mehr die Berechtigung der Stadt Dortmund, Forderungen im Namen der Westfalenhalle AG zu stellen. Sie war einverstanden, die Miete für die Westfalenhalle noch sechs Monate lang nach Räumung der Halle weiterzuzahlen.[9]

Eine Beilegung des Konfliktes kam dennoch nicht zustande, da das OKH die Ausformulierung der Zusagen als Angelegenheit der Wehrkreisverwaltung in Münster betrachtete.[10] Und die machte keine Anstalten, im Sinne der in Berlin erzielten Einigung tätig zu werden. Als sich Ende Juli 1942 herausstellte, dass die Wehrmacht, unabhängig von den Streitigkeiten, beabsichtigte, die Westfalenhalle zum Oktober 1942 zurückzugeben, erklärte die Wehrkreisverwaltung alle vorab geführten Verhandlungen für nichtig.[11] Damit war im Grunde der Zustand von Ende 1939 wiederhergestellt. Die Stadt Dortmund verzichtete auf weitere Verhandlungen und wandte sich an den RP, um dort eine Entscheidung auf Grundlage des Reichsleistungsgesetzes zu erreichen.[12] Anfang 1943 legte der Preiskommissar fest, dass die Wehrkreisverwaltung VI Münster jährlich 500.000 RM Miete zahlen und diese noch sechs Monate lang nach Räumung der Halle weiterzahlen müsse.[13] Daraufhin reichte die Wehrkreisverwaltung VI eine Beschwerde gegen die Entscheidung des RP's beim Reichsverwaltungsgericht, Berlin-Charlottenburg, ein.[14] Über ein Jahr lang

6 Wehrkreisverwaltung VI, Münster, an den RP in Arnsberg, 2.12.1940; Der Oberbürgermeister der Stadt Dortmund an den RP in Arnsberg, 29.10.1940, BArch, R 122, X. Senat, 1404.

7 Paul Giesler (1895-1945) war Gauleiter in Westfalen-Süd von November 1941 bis Januar 1943. Zur Biographie von Paul Giesler siehe: Ralf Blank, Gauleiter der NSDAP im Ruhrgebiet, http://historisches-centrum.de/index.php?id=286, 18.10.2013.

8 Paul Giesler, Gauleiter Westfalen-Süd, an den Oberbürgermeister der Stadt Dortmund, Willi Banike, 17.12.1941, BArch. R 122, X. Senat, 1404.

9 Niederschrift über die im OKH (Berlin) stattgefundene Besprechung über die Vergütung für die Inanspruchnahme der Westfalenhalle in Dortmund, Dr. Pagenkopf, Oberstintendant Schulze, 23.1.1942, BArch, R 122, X. Senat, 1404.

10 Wehrkreisverwaltung VI, Münster, an den Oberbürgermeister der Stadt Dortmund, 4.3.1942; Der Oberbürgermeister der Stadt Dortmund, Pagenkopf, an das OKH, 12.3.1942; OKH, Berlin an den Oberbürgermeister der Stadt Dortmund, 27.3.1942, BArch, R 122, X. Senat, 1404.

11 Der Oberbürgermeister der Stadt Dortmund, Banike, an den RP in Arnsberg, 18.7.1942; Vermerk des RP in Arnsberg, 25.7.1942, BArch, R 122, X. Senat, 1404. Verhandlungs-Niederschrift über die Aufsichtsrats-Sitzung der Westfalenhalle AG, 28.9.1942, StadtA Do.120-Zg. 42/1965-41.

12 Der Oberbürgermeister der Stadt Dortmund, Willi Banike, an den RP in Arnsberg, 16.11.1942, BArch, R 122, X. Senat, 1404.

13 Der RP in Arnsberg, 29.1.1943, BArch, R 122, X. Senat, 1404.

14 Akten in Sachen der Deutschen Wehrmacht vertreten durch die Wehrkreisverwaltung VI in Münster, Leistungsempfängerin (Bedarfsstelle) und Beschwerdeführerin wider der Westfalenhalle AG und der

tauschten die Kontrahenten Zahlungsaufforderungen, Beschwerden und Schreiben bezüglich eines Vergleichs aus.[15]

Bei der Bombardierung Dortmunds am 22./23. Mai 1944 wurden außer der Westfalenhalle auch alle verfahrensrelevanten Unterlagen zerstört.[16] Kriegsbedingt entschied das Reichsverwaltungsgericht nicht darüber, ob die Beschwerde der Wehrkreisverwaltung VI/ Wehrmacht oder aber die Forderungen der Westfalenhalle AG/Stadt Dortmund wegen der Inanspruchnahme der Westfalenhalle von 1939 bis 1942 samt der damit verbundenen Aufwendungen berechtigt seien.[17] In ihrem ersten Jahresabschluss nach Kriegsende schrieb die Westfalenhalle AG ihre Rest-Forderungen gegenüber der Wehrmacht als verloren ab.[18]

Die Wiedereröffnung der Westfalenhalle

Die Nationalsozialisten reagierten immer häufiger mit Massenkundgebungen auf die sich seit Anfang 1942 abzeichnende Wende im Kriegsverlauf und die sich mit der Fortdauer des Krieges verschlechternde Versorgungslage. Damit wollten sie ihre Macht demonstrieren und den Durchhaltewillen der Bevölkerung beschwören. Seit der Einrichtung des Kriegsgefangenenlagers in der Westfalenhalle fehlte in Dortmund jedoch ein adäquater Kundgebungssaal. Anlässlich einer Großkundgebung der NSDAP am 10. März 1942 in Dortmund, für die eine Werkshalle an der Lünener Straße hergerichtet worden war,[19] wurde dieser Umstand entsprechend beklagt. Das heißt, die Wiedereröffnung der Westfalenhalle am 1. Januar 1943 erschien dem Gau Westfalen-Süd nicht nur aus politischen Gründen erforderlich, pragmatisch gesehen war es auch der einzige geeignete Ort, der dafür zur Verfügung stand.

Die Rückgabe der Westfalenhalle und das Ende der Beschlagnahmung durch die Wehrmacht erfolgte am 31. Dezember 1942.[20] Der Veranstaltungsbetrieb begann am 30. Januar 1943 anlässlich des 10. Jahrestags des Antritts der Regierung Hitlers mit

Stadt Dortmund, vertreten durch den Oberbürgermeister der Stadt Dortmund, Leistungspflichtigen, Streitgegenstand: Entsch. des RP in Arnsberg v. 29.1.1943 – IA Sta1 62/3 Nr. 176/286 (Inanspruchnahme der Westfalenhalle); Wehrkreisverwaltung VI, Münster, an das Reichsverwaltungsgericht, Berlin-Charlottenburg, 11.2.1943, Akz. 63 v 23 Kgf.; BArch, R 122, X. Senat, 1404.

15 Der Oberbürgermeister der Stadt Dortmund an das Reichsverwaltungsgericht, Berlin-Charlottenburg, 11.11.1943, BArch, R 122, X. Senat, 1404. Geschäftsbericht der Westfalenhalle AG für das Geschäftsjahr 1942/43; Geschäftsbericht der Westfalenhalle AG für das Geschäftsjahr 1942/43, Bericht des Vorstandes, Klemens Landgraeber, 16.1.1945, StadtA Do, 120-Zg. 42/1965-40.

16 Westfalenhalle AG an das Reichsverwaltungsgericht, Berlin-Charlottenburg, 3.8.1944 und 24.11.1944, BArch, R 122, X. Senat, 1404.

17 Westfalenhalle AG an das Reichsverwaltungsgericht, Berlin-Charlottenburg, 2.2.1945, BArch, R 122, X. Senat, 1404.

18 Bericht des Wirtschaftsprüfers Walter Selter über die Prüfung des Jahresabschlusses 1.4.1944 – 31.3.1945 der Westfalenhalle AG, StadtA Do, 120-Zg. 42/1965-40. Bericht des Vorstandes der Westfalenhalle AG, Landgraeber, 15.1.1946 und Stellungsnahme zu den Jahresabschlüssen der Westfalenhalle AG für die Jahre 1942/45, 30.1.1946, WWA, F 211, Nr. 6.

19 Westfälische Landeszeitung, 23.3.1942.

20 Wehrkreisverwaltung VI, Münster, an die Westfalenhalle AG, 14.12.1942, BArch, R 122, X. Senat, 1404. Bericht über die Prüfung des Jahresabschlusses per 31.3.1943 der Westfalenhalle AG, 31.3.1943, StadtA Do, 120-Zg. 42/1965-40. Die Kantinen für die Wehrmacht und für die Kriegsgefangenen des Stalag wurden nach Rückgabe der Westfalenhalle weitergeführt. Im Juli 1943 erfolgte die Einrichtung einer Werksküche [welches Werk diese Küche nutzte, ist unbekannt, Anm. d. Verf.], die allerdings nur bis Februar 1944 in Betrieb war. Bericht des Vorstandes der Westfalenhalle AG, Klemens Landgraeber, 19.2.1945, WWA, F 211, Nr. 6.

Abb. 22: Reichspropagandaleiter Joseph Goebbels spricht in der Westfalenhalle, 18.06,1943, StadtA Do

der Ausstellung „Das Sowjet-Paradies".[21] Auch Kriegsgefangene durften sie in Gruppen zu je 50 Mann morgens zwischen 8 und 9 Uhr besuchen.[22]

Im März 1943 fanden erstmalig wieder Kundgebungen der NSDAP statt, u. a. mit dem Generalbevollmächtigten für den Arbeitseinsatz, Gauleiter Fritz

[21] Zeitungsartikel in der Kriegschronik vom 18.1.1943, 29.1.1943, 30.1.1943, 424-31, StadtA Do.

[22] Bericht vom 30.3.1943, Archives Nationales, Paris, F/9/2914.

Abb. 23: Ansicht der am 22./23. Mai 1944 zerstörten Westfalenhalle, um 1946, StadtA Do

Sauckel,[23] und mit dem Reichsorganisationsleiter Robert Ley.[24] Von insgesamt 117 Veranstaltungs-Tagen des Jahres 1943 waren allein 40 mit nationalsozialistischen Propagandaveranstaltungen und 43 Tage mit Zirkusgastspielen belegt.[25]

In Folge eines alliierten Bombenangriffs in der Nacht vom 22. auf den 23. Mai 1944 wurde die Westfalenhalle komplett zerstört.[26] „Nach dem Angriff", so Luise von Winterfeld, „sieht die Westfalenhalle dem Kolosseum in Rom ähnlich. Die Bevölkerung sieht in der Vernichtung ein böses Omen."[27] Die gerade präsentierte Gauausstellung „Nie wieder 1918" des Gauleiters Westfalen-Süd, Albert Hoffmann,[28]

[23] Fritz Sauckel (1894 - 1946) war seit März 1942 Generalbevollmächtigter für den Arbeitseinsatz und für die Rekrutierung eines Millionenheeres von Zwangsarbeiterinnen, Zwangsarbeitern und Kriegsgefangenen verantwortlich. http://de.wikipedia.org/wiki/Fritz_Sauckel, 19.11.2013.

[24] Robert Ley (1890 - 1945) leitete ab Mai 1933 die Deutsche Arbeitsfront (DAF). http://de.wikipedia.org/wiki/Robert_Ley, 19.11.2013. Westfälische Landeszeitung 23.8.1943, in: Westfalenhallen Chronik, 64. Geschäftsbericht der Westfalenhalle AG für das Geschäftsjahr 1942/43, Bericht des Vorstandes, Klemens Landgraeber, 16.1.1945, StadtA Do, 120-Zg.42/1965-40.

[25] Westfalenhallen Chronik, S. 130. Von 1933 bis 1944 gab es in der Westfalenhalle insgesamt 634 Veranstaltungen, 153 waren nationalsozialistische Propagandaveranstaltungen, Chronik Westfalenhallen, S. 143.

[26] Westfälische Landeszeitung 24.5.1944, vgl. hierzu auch: Dr. Walter Selter, Bericht über die Prüfung des Jahresabschlusses 1944/45 der Westfalenhalle AG Dortmund, 1.12.1945, S. 1, in: Westfalenhallen Chronik, S. 64. Kurt Bischof, Dortmunder Kriegstagebuch, in: Westfalenhallen Chronik, S. 152.

[27] Eintrag Kriegschronik vom 22.5.1944, StadtA Do, 424-47.

[28] Albert Hoffmann (1907-1972) war Leiter des Gaues Westfalen-Süd von Februar 1943 bis April 1945. Zur Biographie von Albert Hoffmann siehe: Ralf Blank, Albert Hoffmann als Reichsverteidigungskommissar im Gau Westfalen-Süd, 1943-1945. Eine biografische Skizze, in: Beiträge zur Geschichte des Nationalsozialismus, Bd. 17, „Bürokratien" – Initiative und Effizienz, Berlin 2001, S. 189-212. Gauleiter der NSDAP im Ruhrgebiet, http://historisches-centrum.de/index.php?id=284 und http://historisches-centrum.de/index.php?id=425,

die in der Westfalenhalle am 6. Mai 1944 eröffnet worden war und die die angeblichen Ursachen und das Ende des Ersten Weltkrieges aus nationalsozialistischer Sicht zeigte, verbrannte mit der Halle.[29] Das Unternehmen Westfalenhalle AG bestand bis Ende 1945 und wurde dann für zahlungsunfähig erklärt.[30]

18.10.2013. Ralf Blank, Albert Hoffmann (1907-1972), in: Westfälische Lebensbilder, Friedrich-Gerhard Hohmann (Hg.), Bd. 17, Münster 2005, S. 255-290.

29 *Ralf Blank*, Die Stadt Dortmund im Bombenkrieg, in: *Gerhard E. Sollbach (Hg.)*, Dortmund. Bombenkrieg und Nachkriegsalltag 1939-1948, Hagen 1996, S. 13-55, hier S. 40.

30 Stellungnahme zu den Jahresabschlüssen der Westfalenhalle AG für die Jahre 1942/1945, 30.1.1946, WWA, F 211, Nr. 6.

Teil 4: Das Stalag VI D auf dem Gelände der Volkswiese, 1941–1945

Ende Juli 1941, kurz nach Beginn des Krieges gegen die Sowjetunion, war mit dem Bau eines Baracken-Lagers begonnen worden. Das dafür vorgesehene Gelände der Volkswiese war Eigentum der Stadt Dortmund und befand sich unmittelbar neben der Westfalenhalle.[1] Die Wehrmacht behielt nur noch die zur Halle gehörenden Nebenräume.[2] Welche das genau waren, ist nicht bekannt. Ob die 1940 errichteten Baracken des Lagers noch standen und mit genutzt wurden, ist ebenfalls nicht überliefert.

Verantwortlich für die Verlegung des Stalag VI D auf das Außengelände waren vermutlich mehrere Gründe: der Rechtsstreit zwischen der Wehrmacht und der Westfalenhalle AG bzw. der Stadt Dortmund, die Forderung der NSDAP, die Westfalenhalle für NS-Propagandaveranstaltung auf Gau- und Ortsebene wieder nutzen zu können sowie die erwartete Ankunft sowjetischer Kriegsgefangener, d. h. die zu geringe Kapazität der Halle.

Seit Ende September 1941 waren keine Kriegsgefangenen mehr in der Westfalenhalle untergebracht; die Halle stand leer und es wurden Instandsetzungsarbeiten vorgenommen. Die auf das Gelände der Volkswiese verlagerte Barackenanlage umfasste eine Fläche von circa 17 Hektar, was in etwa einem Areal von 25 Fußballfeldern entspricht, und war vorschriftsmäßig mit doppeltem Stacheldraht umzäunt.[3]

Im September 1941 gab es Baracken zweierlei Bauart: Baracken, in denen je 64 Personen untergebracht werden konnten und die mit dreistöckigen Betten samt je einer mit Holzspänen gefüllten Matratze und einer Decke ausgestattet waren. In der Mitte waren Tische und Bänke aufgestellt, so dass der einzige Raum neben Schlafsaal auch Speise-, Aufenthalts- und Arbeitsraum war. Der andere Barackentyp war unterteilt in vier Räume für je 43 Kriegsgefangene, die jeweils mit dreistöckigen Betten, ohne Matratze, mit einem mit Leinwand überzogenen Geflecht versehen waren. An den Bettenden waren Regale angebracht.[4]

Einen Monat später war das Lager dergestalt umgebaut worden, dass es nun unterteilt war in ein besser ausgestattetes Lager A und ein gerade neu errichtetes

1 Bericht des Diplomatischen Kriegsgefangenen Dienstes, Besichtigung des Stalag VI D durch den Delegierten A. Gourmel und dem begleitenden Offizier Hauptmann Dr. Beckmann, 30.7.1941, PAAA, R 40988; Bericht des Diplomatischen Kriegsgefangenen Dienstes, A. Gourmel, über die Besichtigung des Stalag VI D Dortmund, PAAA, 29.9.1941, R 40990.

2 Eintrag Kriegschronik, 26.7.1942, StadtA Do, 424-26. Bericht des Diplomatischen Kriegsgefangenen Dienstes, Besichtigung des Stalag VI D, 30.7.1941, PAAA, R 40988; Bericht des Diplomatischen Kriegsgefangenen Dienstes, Besichtigung des Stalag VI D, 29.9.1941, PAAA, R 40990.

3 Bericht des Diplomatischen Kriegsgefangenen Dienstes, A. Gourmel, über die Besichtigung des Stalag VI D Dortmund, 29.9.1941, PAAA, R 40990. Die Flächenangabe des Lagers auf der Volkswiese beruht auf eigenen Berechnungen.

4 Ebd.

Lager B.[5] Während in den Baracken des Lagers A bereits Heizung und Beleuchtung installiert waren, hatte das Lager B noch keine Elektrizität und keine Öfen. Es gab nun einen dritten Barackentypus, nämlich Baracken, die in zwei Schlafsäle mit jeweils 48 dreistöckigen Betten, Tischen wie Bänken unterteilt waren und weder Waschbecken noch Latrinen enthielten. Die unzureichenden Waschbecken befanden sich ohne Überdachung unter freien Himmel. Die als Provisorium anzusehenden Latrinen, die weder beleuchtet waren noch über Sitzmöglichkeiten verfügten, waren in einer Art nicht abschließbaren Unterstand eingerichtet. Sie bestanden lediglich aus einem Abflussgraben mit fließendem Wasser, der von zwei Planken begrenzt wurde. Über dem Spalt in der Mitte erleichterten sich die Kriegsgefangenen.[6]

Bis September 1942 war das Stalag VI D zu einer ausgedehnten Baracken-Anlage angewachsen. Sie bestand aus insgesamt 20 Steinbaracken für die Kriegsgefangenen, die nicht nach Nationalitäten separiert waren, einigen Baracken als Unterstand bzw. Bunker für die Wachmannschaften, mehreren (Durchgangs-)Baracken für Kriegsgefangene, die das Lager nur kurzzeitig durchliefen, einer Küchen- und einer Desinfektionsbaracke, primitiven Latrinen, einer Kranken- und einer Isolierbaracke. Das Freigelände bestand aus Rasenflächen mit geschotterten Wegen und aus nur zahlenmäßig ausreichenden Deckungsgräben als minimalen Schutz der Kriegsgefangenen gegen Luftangriffe. Eine Steinbaracke enthielt zu diesem Zeitpunkt 30 bis 64 Doppeletagenbetten, die mit Sprungfedermatratzen und zwei vom Roten Kreuz gestellten Wolldecken ausgestattet waren. Wegen des Ungeziefers, vor allem wegen der Ratten, hatte die Kommandantur vorerst auf Strohunterlagen verzichtet. Obwohl sich in jedem Schlafsaal ein Ofen befand, war für den Winter zu befürchten, dass die Kriegsgefangenen unter der Kälte zu leiden hätten, da als Kohlen-Ration täglich nur 20 Kilogramm pro Ofen vorgesehen waren.[7]

Im Februar 1943 war das Lager Stalag VI D in drei Bereiche unterteilt, die jeweils mit Stacheldraht umzäunt und für einzelne Nationalitäten vorgesehen waren:

- Lager A war für die Kriegsgefangenen, die dauerhaft im Lager bleiben mussten, darunter viele Franzosen und Belgier;
- Lager B galt als Durchgangslager hauptsächlich für serbische Kriegsgefangene, die nur vorübergehend im Lager blieben, von einem zum anderen Arbeitskommando versetzt wurden oder ins Lager-Lazarett kommen sollten;
- Lager C war für alle anderen Nationalitäten vorgesehen, insbesondere für sowjetische Kriegsgefangene. In diesem Lagerbereich wurden später auch die Italienischen Militärinternierten untergebracht. Ob das Lager C wie allgemein üblich besonders gesichert und bewacht war, ist nicht bekannt.[8]

Die sowjetischen Kriegsgefangenen und die Italienischen Militärinternierten waren in alten beschädigten, daher zugigen Holzbaracken untergebracht.[9] Es ist anzunehmen, dass in diesem Teil-Lager gebrauchte Baracken errichtet worden waren, denn

5 Besuch des Stalag VI D, 21.10.1941, ACICR, C SC, Service des camps, Allemagne, WK VI, RT.

6 Rundschreiben der Bezirksgruppe Steinkohlenbergbau Ruhr der Wirtschaftsgruppe Bergbau, Nr. 19, Essen, 29.5.1942, Montanhistorisches Dokumentationszentrum (montan.dok) beim Deutschen Bergbau-Museum Bochum/Bergbau-Archiv (BBA), 40/487.

7 Besuch des Stalag VI D, 25.9.1942, ACICR, C SC, Service des camps, Allemagne, WK VI, RT.

8 Besuch des Stalag VI D, 11.2.1943, ACICR, C SC, Service des camps, Allemagne, WK VI, RT.

9 Barbero, S. 31.

Abb. 24: Luftaufnahme des Geländes um das Stalag VI D und dem Station „Rote Erde", zwischen März und Mai 1944, National Archives, Kew/London, AIR 40/227

innerhalb von drei Jahren, also von der Errichtung 1940 bis zum Kontrollzeitpunkt 1943, verfallen Holzbaracken nicht so stark. Geschlafen wurde auf doppelstöckigen Feldbetten mit einem Strohsack, der meist Ungeziefer enthielt, unter einer dünnen Decke.[10]

Nach den Bombardierungen Dortmunds durch die Royal Air Force im Mai 1944 waren alle Baracken der Kriegsgefangenen zerstört. Daraufhin wurden große Zelte für jeweils 400 bis 500 Kriegsgefangene aufgestellt, in denen sie nach Nationalitäten getrennt untergebracht wurden. Die französischen Kriegsgefangenen wurden auf zwei Zelte verteilt. Die einzige Unterkunft in angemessenem Zustand, war die Arrestbaracke.[11] Die Lebenssituation zu diesem Zeitpunkt war katastrophal: Die

10 Cimarelli, Eintrag 10.10.1943, S. 1.

11 Besuch des Stalag VI D, 26.7.1944, ACICR, C SC, Service des camps, Allemagne, WK VI, RT. Dieser Bericht liegt als einzige Quelle über das Stalag VI D im National Archives an Records Administration in Washington vor. An anderer Stelle hieß es, dass nur fünf Baracken zerstört wurden. Besuch des Stalag VI D, 20.2.1945, ACICR, C SC,

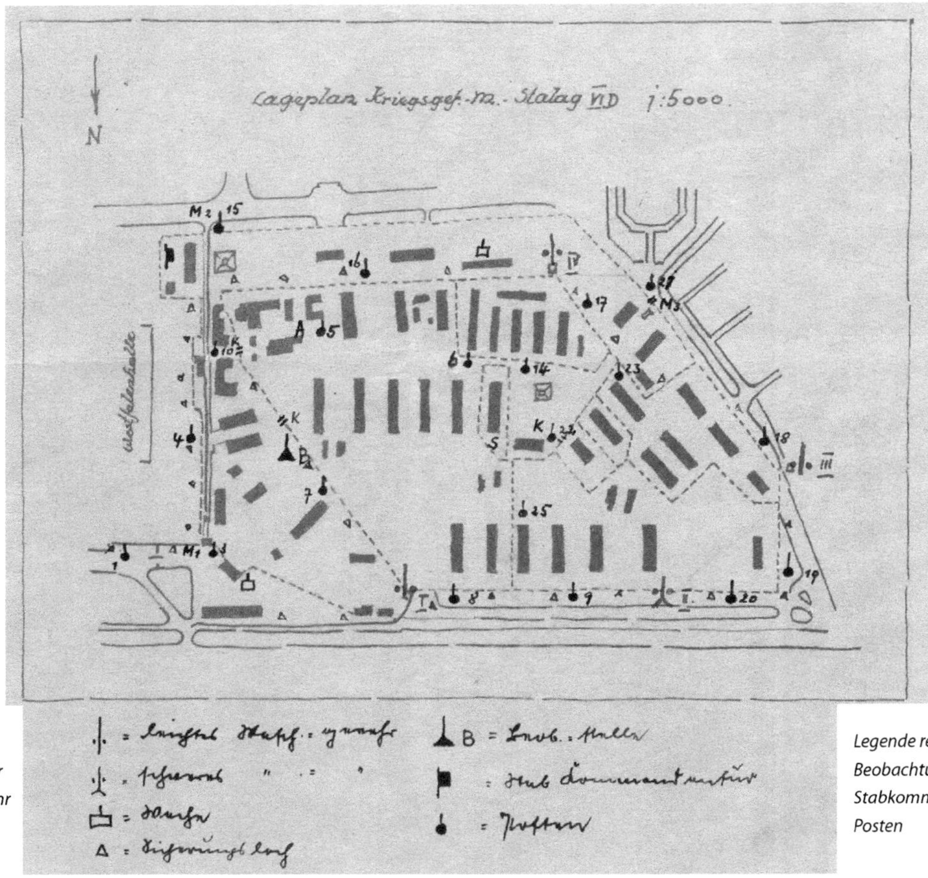

Abb. 25: Lageplan der Baulichkeiten und Sicherungsanlagen des Stalag VI D, M. 1:5000, November 1944, Anlage zum Schreiben von Ernst Schmidt-Vogelsang, Kommandant des Stalag VI D, an den Kommandeur der Kriegsgefangenen im WK VI, Abt. Ia, 29.11.1944, GARF, Staatsarchiv der Russischen Föderation, Moskau, Akte 7021/105/1. Ich danke Reinhard Otto für die Hinweise zum Kontakt mit dem GARF

Legende links:
leichtes Maschinengewehr
schweres Maschinengewehr
Wache
Sicherungsloch

Legende rechts:
Beobachtungsstel
Stabkommandant
Posten

Ernährung war miserabel und bestand überwiegend aus Kartoffeln, die Kleidung war zerlumpt, es gab keine sanitären Anlagen mehr, das Lazarett war überbelegt und verfloht, als Luftschutzmöglichkeiten gab es nur die Splittergräben.[12] Auch nach dem Wiederaufbau des Lagers im Juli 1944 machte das Lager keinen guten Eindruck: Die wieder hergestellten Baracken im Lager glichen wetterdurchlässigen Ruinen und waren voller Ungeziefer, die Ernährung war unzureichend, die Zahl der Tuberkulose-Kranken war stark angestiegen und der Zustand der Kleidung katastrophal. Die Arbeitsbedingungen in einzelnen Arbeitskommandos waren „exzessiv hart", so dass die Gesundheit der Gefangenen in Gefahr war.[13]

In der Zeit vom 1. April 1943 bis zum 24. September 1944 leitete Erich Steiniger das Stalag VI D. Steiniger wurde in den Erinnerungen des italienischen Pater Barbero[14]

Service des camps, Allemagne, WK VI, RT.

12 Besuch des Stalag VI D, 26.7.1944, ACICR, C SC, Service des camps, Allemagne, WK VI, RT. Nach offiziellen Schätzungen starben auf dem Gebiet des Deutschen Reiches in den Grenzen von 1937 durch Luftangriffe circa 32.000 Ausländer und Kriegsgefangene, *Dietmar Süß*, Tod aus der Luft. Kriegsgesellschaft und Luftkrieg in Deutschland und England, München 2011, S. 14.

13 Ebd.

14 Giuseppe Barbero reflektiert in seinen Erinnerungen seine Zeit als Pfarrer für Italienische Militärinternierte

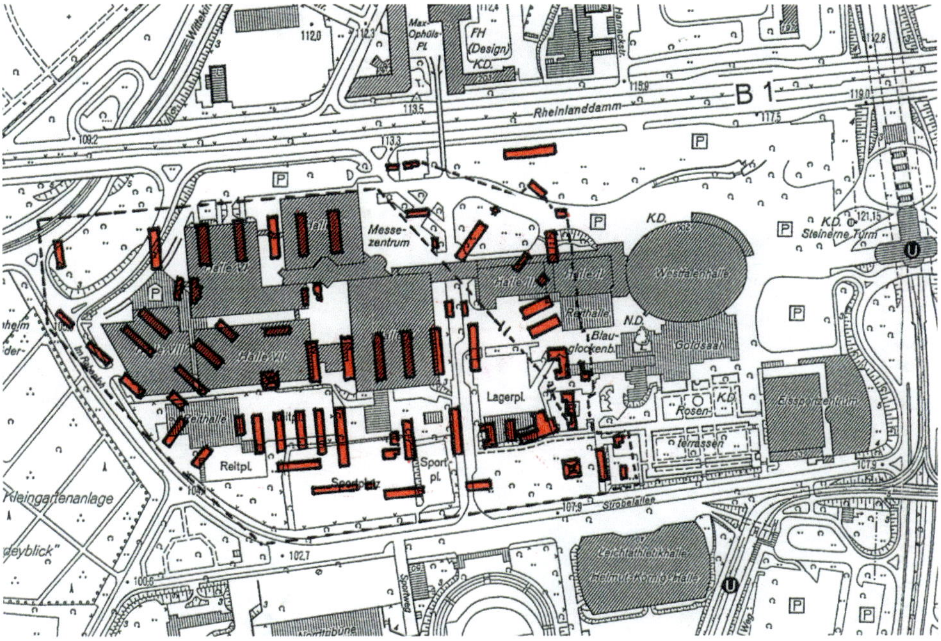

Abb. 26: Lageplan des Stalag VI D, M. 1:5000, November 1944 (rot) übertragen in den Plan des Bauordnungsamtes, Untere Denkmalbehörde, Dortmund, November 2002

als „der grausamste Mörder" bezeichnet. Er hatte sich vergebens an ihn gewandt, damit er sich für die Verbesserung der Situation der Italienischen Militärinternierten einsetzen sollte.[15]

Aus dem Begleitschreiben zum Lageplan von 1944 geht hervor, dass die Lagerfläche unterteilt war in ein Lager A/B zur Aufnahme von westeuropäischen und ein Lager C für sowjetische Kriegsgefangene. Aus dem Anschreiben gehen v. a. die Stärke der Bewachung und die Beschreibung der Sicherungsanlagen wie Maschinengewehre, Wachen, Sicherungslöcher, Beobachtungsstellen und Posten hervor.[16]

In der Nacht vom 20. auf den 21. Februar 1945 wurden die Zelte und die Baracken im Stalag VI D durch einen schweren Bombenangriff auf den Süden Dortmunds komplett zerstört. Zu diesem Zeitpunkt war das Lager in die Abteilungen A, B und C plus

in Dortmund und Hagen von Dezember 1943 bis zur Befreiung 1945. Giuseppe Barbero (1915 - 1995), Sohn italienischer Arbeitsmigranten, schloss sich nach der Priesterweihe am 17.2.1940 als Militärgeistlicher der italienischen 11. Armee an und wurde am 9.9.1943 in Parga/Griechenland gefangen genommen. Als kriegsgefangener Offizier (S. 47) wurde er über Albanien, Bulgarien und Österreich nach Deutschland deportiert, wo er die Kriegsgefangenenlager in Oberlagen/Emsland, Neu Versen, Dortmund und Hagen durchlief. In Dortmund war er ab Mitte Dezember 1943 als angeforderter Militärseelsorger des Stalag VI D. Er erhielt die Kriegsgefangenennummer 56345 VI D. Wenige Tage später wurde er nach Hagen in das Lager Nr. 341 des Metallwaren-Herstellers Schmiedag weitergeleitet, von wo aus er für rund 20 Lager in Hagen und Umgebung als Militärseelsorger zuständig war. Am 20. März 1944 war Barbero wieder im Stalag in Dortmund. Während seiner gesamten Gefangenschaft übte er das Amt eines internierten Militärkaplans und Seelsorgers aus. Nach der Befreiung wurde er im katholischen Krankenhaus in Schwerte aufgenommen. Im August 1945 kehrte er zurück nach Italien und veröffentliche 1946 seine Erinnerungen an die Zeit als Kriegsgefangener unter dem Titel „Kreuz hinter Drahtverhau". Giuseppe Barbero (2002). Die Originalausgabe erschien unter dem Titel „La croce fra i reticolati. Vicende di prigionia", Torino 1946, 2. Aufl. 1995.

15 Barbero, S. 64.

16 Schreiben von Ernst Schmidt-Vogelsang, Kommandant des Stalag VI D, an den Kommandeur der Kriegsgefangenen im WK VI, Abt. Ia, 29.11.1944, GARF, Staatsarchiv der Russischen Föderation, Moskau, Akte 7021/105/1. Dieser Lageplan findet sich auch im BAMA, RH 49, Nr. 154.

Rekonstruktion des Stammlagers VI D in Dortmund nach Luftbildern von 1939 (Stand 02/2016)

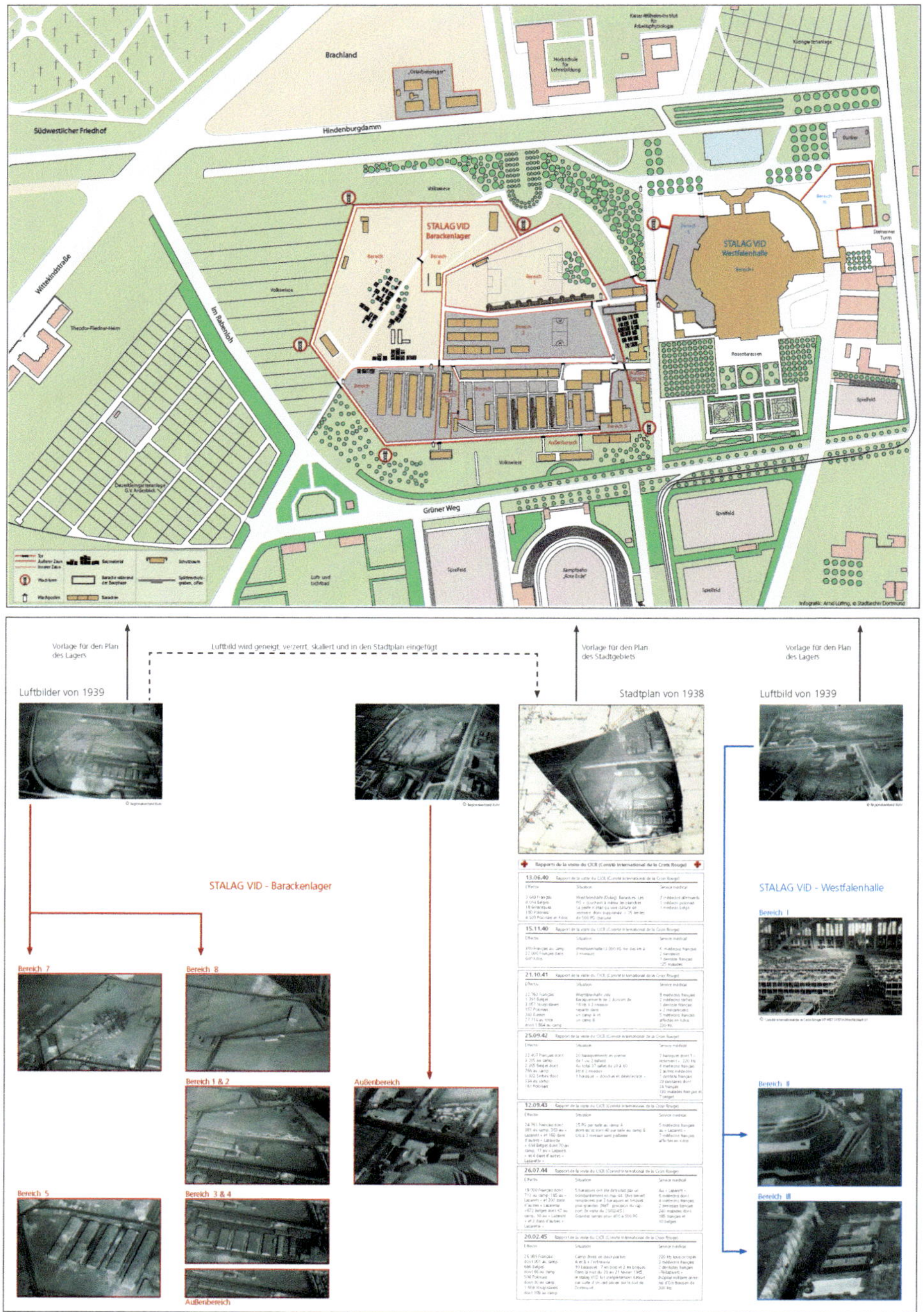

Abb. 28: Graphische Rekonstruktion der Bebauung des Geländes des Stalag VI D und der angrenzenden Freizeitanlagen, 1939, erarbeitet in den Jahren 2015/16 von Arndt Lülfing, StadtA Do, 200_01-0_294

einer Krankenbaracke unterteilt. Es zählte zehn Baracken, sieben aus Holz und drei im Bau befindliche aus Ziegelsteinen. Die Zahl der Zelte ist nicht bekannt.

Kriegsgefangene aus der Sowjetunion

Der Krieg gegen die Sowjetunion wurde als Kampf gegen eine „verbrecherische Weltanschauung" geführt, d. h. die Kriegsgefangenen der Roten Armee im Reichsgebiet galten als Vertreter einer „jüdisch-bolschewistischen" Gesinnung,[17] denen „die Behandlung als ehrenhafter Soldat und nach dem Genfer Abkommen" nicht zustand. Nach der Devise, dass „[d]er Bolschewismus [...] der Todfeind des nationalsozialistischen Deutschlands"[18] sei, war das Massensterben der sowjetischen Soldaten in deutscher Gefangenschaft – von 5,7 Millionen starben 3,3 Millionen – Kalkül. Sowjetische Kriegsgefangene waren dem schonungslosen Schusswaffengebrauch der Wehrmacht ausgeliefert, auf den kilometerlangen Fußmärschen zu den Sammellagern ohne feste Unterkünfte fanden Tausende den Tod. Am schlimmsten wütete jedoch der Hunger; er war während der Zeit der Gefangenschaft überall gegenwärtig, in den sowjetischen Sammellagern, auf dem Transport, in den Stalags im Reichsgebiet und in den Arbeitskommandos.[19]

Bereits vor dem Eintreffen der ersten sowjetischen Kriegsgefangenen vermerkte das Rüstungskommando Dortmund am 28. Juni 1941:

> „Um überhaupt eine Erleichterung auf dem Arbeitseinsatzgebiet zu bekommen, hoffen jetzt schon die Firmen, dass nach dem Beginn des Feldzuges gegen Russland Kriegsgefangene in größerer Zahl zur Verfügung gestellt werden. Sie bitten daher jetzt schon allen Ernstes um Vormerkung in der Zuweisung russischer Gefangener."[20]

Die ersten 244 sowjetischen Kriegsgefangenen, die am 1. Oktober 1941[21] im Stalag VI D eintrafen, bevor sie den Arbeitskommandos zugeteilt wurden, waren in dem gerade errichteten Lager B untergebracht. Da sie maßgeblich für die Verbreitung von Fleckfieber durch Läuse verantwortlich gemacht wurden, wurden sie in diesem abgetrennten Teil gefangengehalten.[22] Sowjetische Kriegsgefangene wurden meist in doppelter Anzahl wie sonst üblich in den Baracken untergebracht. Ihre Baracke im Stalag VI D war in zwei Schlafsäle mit jeweils 48 dreistöckigen Betten, Tischen wie Bänken unterteilt und enthielt weder Waschbecken noch Latrinen.

17 Spätestens seit dem Ersten Weltkrieg wurde dem Bolschewismus nach dem Parteiprogramm von Lenin ein antisemitisches Vorzeichen angeheftet. In der Folge wurden die Begriffe „Bolschewik" und „Jude" nahezu synonym verwendet. Mit dem Begriff des „jüdischen Bolschewismus" wurde unterstellt, die Juden instrumentalisierten den von Marx erfundenen Bolschewismus, um mit seiner Hilfe die Weltherrschaft zu errichten. Er sei neben dem Kapitalismus eine „jüdische Methode", die christliche Zivilisation zu vernichten und das „Weltjudentum" zu errichten. Zur Begriffserklärung "jüdischer Bolschewismus" siehe: Agnieszka Pufelska: Bolschewismus, in: *Wolfgang Benz* (Hg.), Handbuch des Antisemitismus. Bd. 3: Begriffe, Theorien, Ideologien. De Gruyter Saur, Berlin/New York 2010, S. 46ff.

18 Auszug aus dem Schreiben des Oberkommandos der Wehrmacht vom 24.3.1942 an die Regierungspräsidenten. Dies Schreiben wurde von Lothar Eickhoff an den Oberbürgermeister von Dortmund, Willi Banike, weitergeleitet, StadtA Do, 182-8.

19 *Hamburger Institut für Sozialforschung (Hg.)*, Verbrechen der Wehrmacht. Dimensionen des Vernichtungskrieges 1941-1944, Ausstellungskatalog, Hamburg 2002, S. 187ff. *Hamburger Institut für Sozialforschung (Hg.)*, Vernichtungskrieg. Verbrechen der Wehrmacht 1941 bis 1944, Hamburg 1996, S. 126ff.

20 Tagebuch des Rüstungskommandos Dortmund, 28.6.1941, BAMA, RW 21/14 - 7.

21 Bestand an Kriegsgefangenen in den Mannschaftsstammlagern im Reich, BAMA, RW 6/450-453.

22 Besuch des Stalag VI D, 21.10.1941, ACICR, C SC, Service des camps, Allemagne, WK VI, RT.

Arbeitseinsatz

Ende 1941 arbeiteten die ersten sowjetischen Kriegsgefangenen des Stalag VI D in rein sowjetischen Arbeitskommandos in der Landwirtschaft, im Bergbau und bei den großen Stahlbetrieben. Aufgrund des Mangels an Arbeitskräften war das Verbot, sowjetische Kriegsgefangene im zivilen Sektor zur Arbeit einzusetzen, durch einen Erlass des OKW Ende Oktober 1941 aufgehoben worden.[23] Im Kriegstagebuch des Rüstungskommandos Dortmund heißt es, „(m)it dem Beginn des Feldzuges gegen Russland traten durchweg Sofort-Anforderungen der Firmen auf Zuweisung von russischen Kriegsgefangenen auf." Ein nennenswerter Einsatz sei jedoch bis Ende November 1941 nicht zu verzeichnen gewesen. Im Kriegstagebuch wurde dieser Zustand folgendermaßen erklärt: „Teilweise musste die vorgesehene Zuteilung eingestellt werden, da der Gesundheitszustand der russischen Kriegsgefangenen derartig schlecht war, dass eine Überweisung an die Betriebe nicht erfolgen konnte. Aber auch die bereits zugewiesenen Russen waren derart entkräftet, dass nur etwa die Hälfte produktiv eingesetzt werden konnte. Die Firmen haben einen dauernden Ausfall zu verzeichnen, da immer wieder neue Krankheitsfälle auftreten."[24]

Über den Einsatz der angekündigten 101 sowjetischen Kriegsgefangenen beim Dortmund Hörder-Hüttenverein berichtete das Kriegstagebuch des Rüstungskommandos, dass von diesen nur noch 87 vorhanden seien, darunter 40 Kranke, die an Furunkulose und Ruhr litten. Ihr Gesundheitszustand verschlechtere sich täglich. Eine Erhöhung der Lebensmittelration sei, um sie arbeitsfähig zu halten, unbedingt erforderlich. Die sowjetischen Kriegsgefangenen seien mit Außenarbeiten (Erzabladen auf der Halde) beschäftigt. Sie seien willig, jedoch sei ihre Leistungsfähigkeit zurzeit noch gering, da sie vollständig entkräftet seien.[25]

Obwohl u.a. die „Reichsvereinigung Kohle" (RVK) den Arbeitseinsatz der sowjetischen Kriegsgefangenen im Bergbau unter Tage bereits im Juni 1941 gefordert hatte, war dieser zunächst nicht erlaubt. Der umfassende Einsatz sowjetischer Kriegsgefangener wurde erst Ende Oktober 1941 von Hitler befohlen.[26] Zukünftig sollte der enorme Arbeitskräftemangel in diesem Arbeitsfeld behoben und die Arbeitserfassung sollte bürokratisch gebündelt und gelenkt werden. Zu diesem Zweck wurde am 4. November 1942 das Stalag VI A (Hemer) zum „Sondermannschaftslager für den Bergbau" bzw. „Bergbaulager" umfunktioniert. Das hieß, dort wurden die für den Bergbau tauglichen Kriegsgefangenen vor ihrem Arbeitsbeginn durch erhöhte Nahrungsrationen „aufgepäppelt", eingekleidet, untersucht und ggf. bei Krankheit auch wieder zurückgeführt.[27] Seit dieser organisatorischen Änderung des

[23] *Reinhard Otto*, Lager für sowjetische Kriegsgefangene in Westfalen (1941-1945), in: Jahrbuch des Vereins für Orts- und Heimatkunde in der Grafschaft Mark, 91. Jg., *Heinrich Schoppmeyer (Hg.)*, Witten 1993, S. 169.

[24] Kriegstagebuch des Rüstungskommando Dortmund, Nr. 8, S. 16f, 1.9.1941 – 30.11.194, Vierteljahresbericht, September, Oktober, November 1941, BAMA, RW 21/14 – 8.

[25] Kriegstagebuch des Rüstungskommando Dortmund, Nr. 9, S. 3, 1.12.1941 – 28.2.1942, BAMA, RW 21/14 – 9.

[26] Herbert, Fremdarbeiter, S. 159f.

[27] *Reinhard Otto*, Lager für sowjetische Kriegsgefangene in Westfalen (1941-1945), in: Jahrbuch des Vereins für Orts- und Heimatkunde in der Grafschaft Mark, 91. Jg., *Heinrich Schoppmeyer (Hg.)*, Witten 1993, S. 174. *Hans Christoph Seidel*, Der Ruhrbergbau im Zweiten Weltkrieg (Zechen – Bergarbeiter – Zwangsarbeiter), Veröffentlichung des Institutes für soziale Bewegungen, Schriftenreihe C: Arbeitseinsatz und Zwangsarbeit im Bergbau, *Walther Müller-Jentsch, J. Rainer Trösken, Klaus Tenfelde (Hg.)*, Bd. 7, Essen 2010, S. 395 (zit. als: Seidel, Ruhrbergbau).

Kriegsgefangeneneinsatzes wurden keine sowjetischen Kriegsgefangenen aus dem Stalag VI D mehr im Bergbau eingesetzt.

Der Arbeitseinsatz sowjetischer Kriegsgefangener ist bis zum Frühsommer 1942 aus den Quellen sehr schwer zu belegen; dennoch weist allein eine Akte des Stadtarchivs Bochum, in der sämtliche Erlasse zur Ernährung der sowjetischen Kriegsgefangenen seit August 1941 gesammelt wurden, zweifellos auf ihre frühzeitige Beschäftigung hin.[28]

Die Arbeitsleistung der sowjetischen Kriegsgefangenen sollte im Jahr 1943 um jeden Preis gesteigert werden. Um dies zu erreichen, wurden alle Unternehmer, Wachhabenden und Kommandoführer mit einem Rundschreiben des Stalag VI D am 15. September darüber unterrichtet, dass eine gerechte Behandlung, ohne Schikanen, zu gewährleisten sei, dass die Lebensmittelrationen den Arbeitsbedingungen entsprechen müssten, dass die Unterkünfte sauber, hygienisch, angemessen in ihrer Größe und beheizbar zu sein hätten, dass die Entlohnung korrekt sein müsse. Bei Erkrankungen und Unfällen müssten Hilfeleistungen gewährt werden.[29] Anspruch und Realität klafften aber weit auseinander. Sowjetische Kriegsgefangene hatten keinen Rechtsanspruch auf eine Unfallversicherung; ihnen standen lediglich „Krankenbehandlung, Krankenunterstützung und Unfallunterstützung" zu.[30]

Solche Anordnungen änderten an den Überlebensbedingungen sowjetischer Kriegsgefangener nur wenig. Nach wie vor galten sie in der nationalsozialistischen Ideologie als „Untermenschen". Einigen von ihnen wurden bei der Ankunft im Lager die Köpfe geschoren bis auf einen Streifen in der Mitte des Kopfes. Ihre Kleidung war mit den Buchstaben S.U. für Sowjetunion auf dem Rücken gekennzeichnet.[31] Sowjetische Kriegsgefangene unterstanden, wie oben bereits erläutert, nicht der Kontrolle des IKRK und waren der Willkür der Deutschen gnadenlos ausgeliefert.

Besonders kurz vor Kriegsende scheint die Situation der sowjetischen Kriegsgefangenen unvorstellbar hart gewesen sein, da viele Kriegsgefangenenlager Dortmunds durch Bombardierungen und Fliegerangriffe zerstört waren. In solchen Fällen hatten die Firmen die Möglichkeit, die Kriegsgefangenen wieder an das Stalag zurückzugeben. So berichtete die Hoesch AG Dortmund, dass das „Behelfslager" in der Stockheide durch einen Fliegerangriff zerstört worden war, so dass die 300 sowjetischen Kriegsgefangenen keine Unterbringungsmöglichkeit hatten:

> „Zur Zeit [März 1945, Anm. d. Verf.] liegen diese sowj. Kriegsgefangenen in einem Luftschutzstollen in unserer Schlackenhalde. Diese Unterbringung kann aber nur ganz vorübergehend sein, da die sanitären Verhältnisse eine dauernde Belegung des Stollens nicht zulassen und bereits jetzt Seuchengefahr gegeben ist. Dadurch werden etwa 3000 Menschen, die in dem Luftschutzstollen bei Fliegerangriffen Schutz suchen, gefährdet. Eine weitere Aufrechterhaltung dieses Zustandes kann daher nicht mehr verantwortet werden. Aus diesen Gründen sind wir genötigt, 300 sowj. Kriegsgefangene dem Stalag zurück zu überweisen."[32]

28 Seidel, Ruhrbergbau, S. 173.

29 Rundschreiben des Stalag VI D vom 15.9.1943, StadtA Hagen, SamHa 20, fol. 3.

30 Herbert Lauterbach, Die Unfallversicherung der Kriegsgefangenen, in: Sonderdruck aus Heft 17/18 und 19/20 vom 15.9. bzw. 15.10.1943 der Zeitschrift „Die Berufsgenossenschaft", S. 10-11, sv-dok, 14/3065.

31 *Ulrich Sander*, Mord im Rombergpark. Ein Tatsachenbericht, Dortmund 1993, S. 18.

32 Schreiben der Hoesch AG an das Stalag VI D vom 7.3.1945 über die Auflösung des Kommandos 3056 nach

Abb. 28: Sowjetische Kriegsgefangene vor der Zeche Minister Achenbach in Lünen, StadtA Do

Abb. 28a: Sowjetische Kriegsgefangene bei Erdarbeiten an einer Abwasserleitung auf dem Außengelände des Kraftwerkes Gustav Knepper in Dortmund-Mengede, 18.01,1944, Fotograf Günther Karkoska, Sammlung Klaus-Michael Lehmann, StadtA Do

Abb. 28b: Sowjetische Kriegsgefangene bei Erdarbeiten auf dem Außengelände des Kraftwerkes Gustav Knepper in Dortmund-Mengede, 10.03,1944, Fotograf Günther Karkoska, Sammlung Klaus-Michael Lehmann, StadtA Do

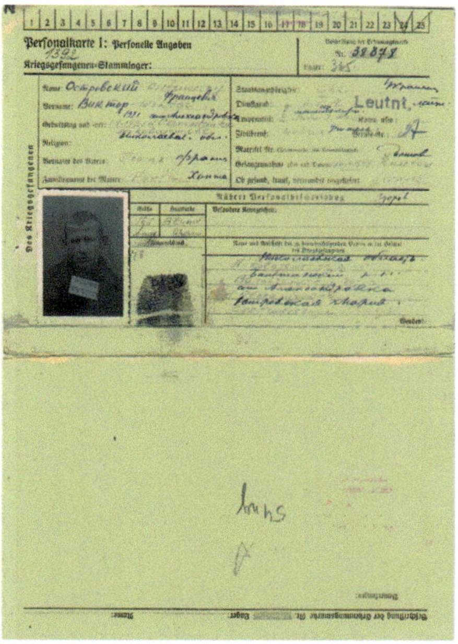

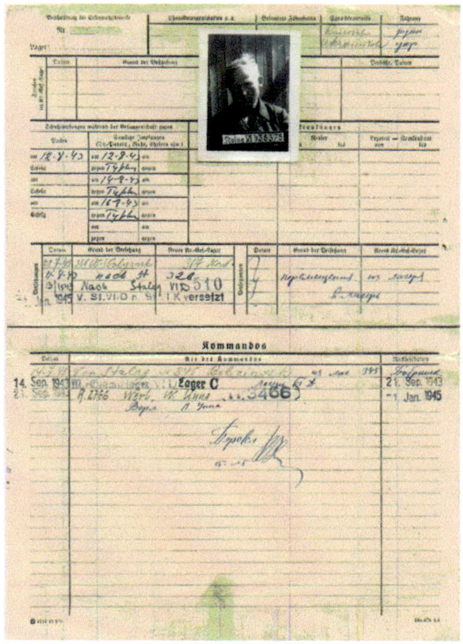

Abb. 29a und 29b: Vorder- und Rückseite der Personalkarte (Stammkarte) des ukrainischen Kriegsgefangenen Viktor Ostrowsskij (*1.9.1921), unsortierter Bestand der Dokumentationsstelle Stalag 326 (VI K) Senne. Ostrowsskij wurde im Januar 1943 in Rostow gefangen genommen. Er wurde vom Stalag 326 (VI K) Senne ins Stalag VI D und danach wieder ins Stalag 326 verlegt

Abb. 30: Das durch Bomben am 11.9.1944 zerstörte Lager für sowjetische Kriegsgefangene auf dem Gelände des Eisen- und Stahlwerkes Hoesch AG, Dortmund, Beschriftung auf der Rückseite „Russenlager, 12.9.1944", thyssenkrupp Corporate Archives, Duisburg

Unklar ist, ob es kriegsgefangene Frauen der Roten Armee im Stalag VI D gab. Die Namen von sieben Frauen sind bekannt, die als Gefangene des Dortmunder Polizeigefängnisses Steinwache registriert und von dort im Frühjahr 1943 ins Konzentrationslager Ravensbrück deportiert wurden.[33]

Nachname	Vorname	Geburtsdatum	Geburtsort	Status	Deportiert
Delekatnaga	Ewgenia	7.11.1919	Okodinzewa	Pol., Kgf.	22.3.1943 KZ Ravensbrück
Kolos	Ewgeniga	20.7.1924	Litschenrat	Pol., Kgf.	22.3.1943 KZ Ravensbrück
Kzjutschkona	Maria	14.8.1919	Odessa	Pol., Kgf.	22.3.1943 KZ Ravensbrück
Mangolwa	Nadia	31.7.1923	Pietzowka	Pol., Kgf.	22.3.1943 KZ Ravensbrück
Mielnikowa	Luba	27.6.1922	Pawlowka	Pol., Kgf.	22.3.1943 KZ Ravensbrück
Oskiganons	Ewstolipo	Jg. 1918	Ufa	Pol., Kgf.	22.3.1943 KZ Ravensbrück
Silewitsch	Alexandra	26.3.1922	Baranowitsch	Polit. weibl. Kgf.	17.5.1943 KZ Ravensbrück

Eine Anfrage in der Mahn- und Gedenkstätte Ravensbrück bezüglich ihrer Lebensgeschichten lieferte nur sehr begrenzte Auskünfte. Der Zusammenhang zum Stalag VI D konnte nicht hergestellt werden, da nur circa 60 bis 70 Prozent der Namen aller ehemaligen Häftlinge von Ravensbrück überliefert sind. Die Original-Registratur von Ravensbrück wurde im April 1945 im großen Umfang von der SS vernichtet.[34]

Wie viele sowjetische Frauen der Roten Armee in die Stalags der Wehrmacht kamen, in der Hauptsache Ärztinnen, Krankenschwestern und Nachrichtenhelferinnen, aber auch Frauen mit einem Beruf wie Flak-Soldatin, Scharfschützin, Fliegerin, Minenlegerin, Matrosin und Panzersoldatin, kann noch nicht einmal geschätzt werden.[35] Es ist jedoch aus anderen Stalag wie dem Emslandlager VI Oberlangen[36] bekannt, dass dort auch weibliche Kriegsgefangene aus Polen und der Sowjetunion gefangen gehalten

Zerstörung des Behelfslagers Stockheide für 300 sowjetische Kriegsgefangene, thyssenkrupp Konzernarchiv, Hoesch-Archiv, Duisburg, H/2387.

33 Aufstellung über im Dortmunder Polizeigefängnis inhaftiert gewesene Russen (und Russinnen, Anm. der Verfasserin), 1950, StadtA Do, 167/01-137.

34 Schreiben von Monika Schnell, Mahn- und Gedenkstätte Ravensbrück an die Verfasserin, 2.4.2014.

35 *Swetlana Alexijewitsch*, Der Krieg hat kein weibliches Gesicht, München 2013.

36 Im September 1939 übernahm das Oberkommando der Wehrmacht die Emslandlager VI (Oberlangen) und die neuen Lager VIII bis XV (Wesuwe, Versen, Fullen, Groß Hesepe, Dalum, Wietmarschen, Bathorn und Alexisdorf) als Kriegsgefangenenlager. Sie unterstanden dem Wehrkreis VI Münster und wurden bis Mai 1942 als Kriegsgefangenen-Mannschaftsstammlager VI B Neu-Versen und VI C Bathorn eingerichtet. Danach wurden das Stalag VI B und das Stalag VI C zum Stalag VI C zusammengelegt. http://www.absolutmedien.de/muffrika/emsland.htm, 20.1.2014.

wurden.[37] Beispielsweise gehörten dem Dortmunder Arbeitskommando 1011 auch junge russische Frauen an.[38] Von der Organisation des Kriegsgefangenenwesens ausgehend, müssten die oben genannten Soldatinnen dem Stalag VI D unterstanden und es durchlaufen haben.

Ernährung

Die Dortmunder Antifaschistin Lore Junge[39] berichtete, wie sie sowjetische Kriegsgefangene auf ihrem Weg in die Dortmunder Stadtmitte entlang des Geländes des Stalag VI D wahrnahm:

> „Eines der finstersten Kapitel in der Geschichte des Faschismus in Deutschland war die grausame Behandlung der sowjetischen Kriegsgefangenen. Heute noch verfolgen mich die schrecklichen Bilder: Kolonnen erschöpfter sowjetischer Kriegsgefangener, die vom Hauptbahnhof zur Westfalenhalle zogen, wo sich ein größeres Kriegsgefangenenlager befand. Das einzige, womit ich ihnen helfen konnte, war das mitgenommene Frühstück, das ich wie zufällig liegen ließ. Ich wusste, dass viele Berg- und Hüttenarbeiter regelmäßig Brot, Kartoffeln und andere Lebensmittel mitnahmen und heimlich den Kriegsgefangenen zusteckten."[40]

Bis März 1942 waren nur etwa fünf Prozent der in Kriegsgefangenschaft geratenen sowjetischen Soldaten arbeitsfähig;[41] die Mehrzahl von ihnen war halb verhungert, entkräftet und nicht einsatzbereit. Auch in Betriebsberichten von September 1942 wurde die Lebenssituation der sowjetischen Kriegsgefangenen durchweg schlecht beurteilt, da sie für den vollen Einsatz zu schwach seien und durch Tod oder Krankheit in erheblichem Umfang ausfielen. Die Henrichshütte in Hattingen meldete zum Beispiel, „(...) dass von den in der Zeit vom 24.7. – 11.8.42 eingesetzten 958 russischen

37 Mascha + Nina + Katjuscha, Frauen in der Roten Armee 1941-1945, *Peter Jahn, Deutsch-Russisches Museum Berlin-Karlshorst (Hg.)*, Ausstellungskatalog, Berlin-Karlshost 2002. *Vera Unverzagt*, „Das soll sich nicht wiederholen" – Weibliche Kriegsgefangene im KZ Ravensbrück, in: *Claus Füllberg-Stolberg u. a. (Hg.)*, Frauen in Konzentrationslagern, Bergen-Belsen, Ravensbrück, Bremen 1994, S. 307-312. *Ramona Saavedra Santis*, Frauen in der Roten Armee im Frauenkonzentrationslager Ravensbrück, in: Wehrmacht und Konzentrationslager, Beiträge zur Geschichte der nationalsozialistischen Verfolgung in Norddeutschland, KZ-Gedenkstätte Neuengamme (Hg.), Heft 13, Bremen 2012, S. 129-138.

38 Bericht vom 14.10.1942, Archives Nationales, Paris, F/9/2914.

39 Lore Junge (1923-2009) geboren in Dortmund-Barop, stammte aus einem kommunistischen Elternhaus. Ihr Vater, Willi Kröger, war wegen seiner Mitgliedschaft in der KPD gefangen genommen und in eines der berüchtigten Moorlager im Emsland gebracht worden. Von dort wurde er der Bewährungseinheit 999 zugeteilt. Als Tochter von verfolgten Antifaschisten erlebte Lore Junge die Zeit des Nationalsozialismus hautnah und engagierte sich erst in der KPD und später in der DKP. Sie war aktives Mitglied des Demokratischen Frauenbundes Deutschlands (DFD). In diesem Zusammenhang organisierte sie in den 1950er Jahren unter dem Motto „Frohe Ferien für alle Kinder" Ferienreisen für arme Kinder aus Westdeutschland in die DDR. Weiterhin arbeitete sie im Internationalen Rombergpark-Komitee und im Internationalen Sachsenhausen-Komitee mit. Lore Junge veröffentlichte ein Buch über Dortmunder Frauen im antifaschistischen Widerstand (Verfolgt – Gepeinigt – Ermordet. Dortmunder Frauen 1933-1945, Dortmund 1996) und eines über die Morde im Rombergpark (Mit Stacheldraht gefesselt. Die Rombergparkmorde Opfer und Täter, Bochum 1999). Sie erhielt im Januar 2006 die Ehrennadel der Stadt Dortmund für ihr langjähriges antifaschistisches Engagement.

40 Aslanow, S. 87f.

41 *Thomas Urban*, Überleben und Sterben von Zwangsarbeitern im Ruhrbergbau, Forum Regionalgeschichte Bd. 9, *Bernd Walter (Hg.)*, Münster 2002, S. 76f.

Kriegsgefangenen bis zum 21.8.42 durch Tod, Flucht und Krankheit insgesamt 239 ausgefallen sind. Durch diese Ausfälle entsteht eine außerordentliche Fluktuation, die sich auf die Dauer sehr nachteilig auswirken wird."[42]

Auch in den folgenden Monaten verbesserte sich die Versorgung mit Lebensmitteln nicht. Das Rüstungskommando Dortmund wies darauf hin, dass die allgemein festzustellenden Engpässe insbesondere die sowjetischen Kriegsgefangenen und die IMI träfen. Es seien bereits hohe Krankenstände, drastische Gewichtsabnahmen und Todesfälle durch Unterernährung aufgetreten.[43] Der Versuch eines sowjetischen Kriegsgefangenen, am 29. Mai 1944 Brotstückchen und Kartoffelschalen im französischen Teil des Stalag VI D einzusammeln, verlief tödlich. Er wurde von einem deutschen Wachposten ermordet, der am selben Tag noch einen weiteren sowjetischen Kriegsgefangenen erschoss und dafür vier Tage Urlaub als Belohnung erhielt.[44]

Besonders für sowjetische Kriegsgefangene galten sowohl bei der Entlohnung als auch bei der Verpflegung „Sonderregeln", die sich von denen für nicht-sowjetische Kriegsgefangene unterschieden. Während alle nicht-sowjetischen Kriegsgefangenen zwei Drittel der Ration an Lebensmitteln erhielten, die der Zivilbevölkerung zustanden, waren die sowjetischen Kriegsgefangenen von dieser Regelung ausgenommen. Für nicht-sowjetische Kriegsgefangene wurden folgende Verpflegungssätze angeordnet:

> „Schwerarbeiter" erhielten 2/3 der für die Zivilbevölkerung geltenden Zulagen, „Schwerstarbeiter" erhielten pro Kopf und Woche den Normalverbrauchersatz plus der Zulage von 3500 g Brot, 700 g Fleisch und 350 g Fett, „Schwerstarbeiter im Bergbau unter Tage" sowie „Lang- und Nachtarbeiter" erhielten 2/3 der für die Zivilbevölkerung geltenden Zulagen sowie die „volle Brotzulage" nach dem Arbeitsmaßstab eines deutschen Arbeiters. Unter allen Umständen sollte bei der Verpflegung der Kriegsgefangenen vermieden werden, dass „diese besser gestellt sind, als die Zivilbevölkerung, oder auch nur der Eindruck entstehen könnte. Für sowj. Kr.-Gef. kommen Zulagen nicht infrage."[45]

In der Gegenüberstellung zwischen den Lebensmittelrationen Ende 1942 und Februar 1945 lässt sich formal ablesen, dass selbst Hungerrationen noch gekürzt wurden. Wahrscheinlich spielte es Ende des Krieges keine Rolle mehr, welche Nationalität ein Kriegsgefangener hatte, sondern es bestand ein derartiger Mangel an Lebensmitteln, dass Rationen immer kleiner wurden. Ulrich Herbert sprich in diesem Zusammenhang von einer „Eskalation der Not"[46]. Dennoch wurden die Lebensmittelrationen im Stalag VI D im Februar 1945 von einem der Vertrauensmänner als insgesamt unzureichend, aber noch erträglich bewertet.

[42] Kriegstagebuch des Rüstungskommando Dortmund, 17.9.1942, BAMA, RW 21/14-11.

[43] Hammermann, S. 221ff. Kriegstagebuch des Rüstungskommandos Dortmund, 1.1. – 31.3.1943, BAMA, RW 21/14 - 17.

[44] Barbero, S. 50.

[45] Rundschreiben des M.-Stammlagers VI D, Gruppe Verwaltung, Lohnst. Industrie, An alle Unternehmer, 25.2.1942, WWA, S1, NI-3117(I), Bl. 962.

[46] *Herbert*, Fremdarbeiter, S. 379

	Ausgegebene Lebensmittelrationen Ende 1942 für sowjetische Kriegsgefangene[47]	Ausgegebene Lebensmittelrationen Februar 1945 für alle Kriegsgefangenen des Stalag VI D[48]
Brot	629 g pro Tag	300 g pro Tag (Samstag und Sonntag 360 g)
Fleisch	86 g pro Tag	50 g, fünfmal wöchentlich
Fett/ Margarine	43 g pro Tag	20 g pro Tag, abgepackt, 10 g pro Tag in der Suppe
Käse		62,5 g dreimal im Monat
Kaffee/ Tee-Ersatz	4 g pro Tag	2 g pro Tag, Mittags
Kartoffeln	1000 g pro Tag	400 g pro Tag (Sonntag 600 g)
Nährmittel	21 g pro Tag	
Mehl		10 g pro Tag in der Suppe
Zucker	16 g pro Tag	175 g einmal pro Woche
Konfitüre		175 g einmal pro Woche
Trockengemüse		40 g pro Tag in der Suppe
Salz		5 g pro Tag

Medizinische Versorgung

Die gesundheitliche Situation und die ärztliche Versorgung wurde von dem Wittener Arzt Dr. Walter Fromme kontrolliert; er war gleichzeitig Korpsarzt des Wehrkreises VI und Amtsarzt des Gesundheitsamtes Witten/Ruhr.[49] Nach der Ankunft einer großen Zahl sowjetischer Kriegsgefangener im Oktober 1941 im Stalag VI D schien sich die gesundheitliche Situation aller Kriegsgefangenen innerhalb von zwei Wochen verschlechtert zu haben. Die sowjetischen Gefangenen wurden maßgeblich für die

47 *Klaus Tenfelde, Hans-Christoph Seidel (Hg.)*, Zwangsarbeit im Bergwerk, Bd. 2, Essen 2005, Dok. 105, Merkblatt der Bezirksgruppe Ruhr über den Einsatz sowjetischer Kriegsgefangener (Auszug), undatiert (Ende 1942), S. 302-308, in: Bergbau-Archiv Bochum, 13/3041, zit. als: Tenfelde/Seidel.

48 Besuch des Stalag VI D, 20.2.1945, ACICR, C SC, Service des camps, Allemagne, WK VI, RT. Zu den Strategien der Leistungssteigerung der Kriegsgefangenen siehe: Keller/Petry, Sowjetische Kriegsgefangene, S. 51ff.

49 Zu Fromme siehe: *Johannes Vossen*, Gesundheitsämter im Nationalsozialismus, Rassenhygiene und offene Gesundheitsfürsorge in Westfalen, Essen 2001, S. 193, 247. Hammermann, S. 354f, 424ff, 428. Dokumente 279, 282, 294 in: Tenfelde/Seidel, S. 701f, 705f, 718-738. Dokumentations- und Forschungsstelle der Sozialversicherungsträger (sv-dok), Bochum, 6/1101, 6/1335. Entnazifizierungsakte Dr. med. Walther Fromme, LAV NRW R, NW 1117 Nr. 10636 und Nr. 6294.

Verbreitung von Fleckfieber durch Läuse verantwortlich gemacht.[50] Im März 1942 wurden wegen der Verbreitung von Fleckfieber die Stalags in Hemer, Dortmund und Senne, die als Zwischenstationen auf dem Weg zu den Zechen des Ruhrgebietes dienten, gesperrt, d.h. sie standen unter Quarantäne.[51]

Auf dem Gelände des Stalag VI D wurde „zur Läusevernichtung eine eigene Entlausungsanstalt errichtet", die ständig in Betrieb war und bauliche Ausmaße von circa zehn mal 15 Metern hatte.[52] Offenbar nutzte dies jedoch wenig, denn die Kriegsgefangenen blieben dem ständigen „Läuse- und Ungezieferbefall" nach wie vor ausgesetzt, weil die körperliche Hygiene, die Reinigung der Kleidung und der Baracken völlig unzureichend waren. Noch im Mai 1942 war den Gesundheitsbehörden sogar unbekannt, wie viele Fälle von Fleckfieber tatsächlich aufgetreten waren.[53] Das Fehlen von Ersatzkleidung, vor allem Unterwäsche, wenn offene Wunden existierten, die ungenügenden sanitären Anlagen sowie der Mangel an Desinfektionsmitteln machten den Befall der Baracken mit Ungeziefer und die Ausbreitung von Infektionen unvermeidbar.

So unterrichtete das Landesarbeitsamt Westfalen die Bezirksgruppe Steinkohlenbergbau Ruhr am 3. März 1942 über die Zahl sowjetischer Kriegsgefangener und über die Todesrate auf Grund von Fleckfieber: „Nach einem mir vorliegendem Erlass des RAM [Reichsarbeitsministeriums, Anm. d. Verf.] sind nach Mitteilung der militärischen Stellen im Nov. 1941 noch insgesamt 1.581.000 sowj. Kgf. überhaupt vorhanden gewesen; es darf also bei einer Beurteilung des Einsatzes von sowj. Kgf. nicht mehr von der Zahl 3,8 Mill. ausgegangen werden. Die Fleckfieber-Erkrankungen haben bis vor kurzem noch täglich etwa 15.000 Todesfälle zur Folge gehabt. In einem Lager in Westfalen sind im Dez. über 900 Kgf. gestorben."[54]

Der Vertreter des Landesarbeitsamtes Westfalen wusste nicht, ob Westfalen noch 70.000 oder 20.000 sowjetische Kriegsgefangene erhalten würde. Er wandte ein, dass unabhängig davon, welche Anzahl eintreffen würde, sie erst dann eingesetzt werden könnten, wenn sie fleckfieberfrei wären und es ihre Kräfte zuließen.[55]

Leider kann die genaue medizinische Situation der sowjetischen Kriegsgefangenen mangels Quellen nicht detaillierter erläutert werden. Es wird daher auf die Aussagen des kriegsgefangenen italienischen Militärgeistlichen Pater Giuseppe Barbero zurückgegriffen. Er besuchte heimlich die sowjetische „Krankenstube" und beschrieb den Zustand der Baracke anschließend als so katastrophal, dass er ihn nicht in Worte fassen könne, da jede noch so makabere Beschreibung die Realität nicht widerspiegelt. Aus der hohen Mortalitätsrate lässt sich ableiten, dass die medizinische Versorgung der sowjetischen Kriegsgefangenen völlig unzureichend war.

Ihre hauptsächlichen Todesursachen waren Entkräftung und Tuberkulose. Zu Beginn des Jahres 1943 hatte sich ihr Gesundheitszustand derart verschlechtert,

50 Besuch des Stalag VI D, 21.10.1941, ACIC, C SC, Service des camps, Allemagne, WK VI, RT.

51 Seidel, Ruhrbergbau, S. 494. Hüser/Otto, Stammlager 326, S. 73.

52 Amtsärztliches Gutachten, Dr. Caesar, 27.5.1942, BArch, R 122, X. Senat, 1404. Eine schematische Zeichnung einer Entlausungsanlage als Anlage eines vertraulichen Rundschreibens der Bezirksgruppe Steinkohlenbergbau Ruhr der Wirtschaftsgruppe Bergbau an die Mitgliedsgesellschaften, Essen, 12.3.1942, finde sich im montan.dok/BBA, 40/491.

53 Ebd.

54 Schreiben des Präsidenten des Landesarbeitsamtes Westfalen, Herr Gärtner, an die Bezirksgruppe Steinkohlenbergbau Ruhr der Wirtschaftsgruppe Essen, 3.3.1942, WWA, S1, NI 5196-5235, Bl. 5222.

55 Ebd.

dass das Wehrkreis-Kommando VI in Münster schwere Beeinträchtigungen für die Rüstungsindustrie befürchtete. Kriegsgefangene, die in einem „ einigermaßen guten körperlichen Zustand zugeführt worden sind", seien körperlich „so heruntergewirtschaftet, dass sie bei Rücklieferung in die Reviere der Mannschaftslager und der K.gef. Lazarette [Kriegsgefangenen-Lazarette, Anm. d. Verf.] wegen Entkräftung zugrunde gehen."[56]

Ein weiteres Beispiel für die rücksichtslose Ausbeutung der kriegsgefangenen sowjetischen Arbeitskräfte liefert Firma Carl Krampe, Schaufel-, Spaten- und Hackenfabrik, in Rummenohl. Sie hatte sechs sowjetische Kriegsgefangene wegen Entkräftung ins Stalag VI D bringen lassen.[57] Auf eine Nachfrage bezüglich des Verbleibs „seiner" Kriegsgefangenen erhielt Krampe folgende Antwort der Außenstelle des Arbeitsamtes im Stalag VI D:

> „Nach den getroffenen Feststellungen sind die in ihrem Schreiben aufgeführten sowj. Kr.-Gef. auf lagerärztliche Anordnung inzwischen als aufpäppelungsbedürftig landwirtschaftlichen Betrieben zugeführt worden, da sie körperlich derart herunter waren, dass sie für Industriearbeiten nicht mehr in Frage kommen. Mit einer Rückkehr ist daher nicht zu rechnen. Ersatzgestellung ist von hieraus nicht möglich, da volleinsatzfähige sowj. Kr.-Gef. im Stalag VI D nicht mehr zur Verfügung stehen."[58]

Das Landesarbeitsamt riet der Firma Krampe, sich wegen anderer Arbeitskräfte an das für sie zuständige Arbeitsamt zu wenden. Auch der sowjetische Soldat Michail Dechaleki befand sich krankheitshalber im Stalag VI D. Da es sich um eine „gut angelernte Kraft" handelte, „die inzwischen einen Facharbeiter vollwertig ersetzt" bat die Firma Krampe, die auf diesen Mann dringend angewiesen war, um Mitteilung, ob er wieder an die Firma „überwiesen" würde.[59] Auf Veranlassung des Lagerarztes des Stalag VI D war Dechaleki jedoch „wegen dauernder Arbeitsunfähigkeit nach Bocholt [möglicherweise war es das Stalag VI F, Anm. d. Verf.] abgeschoben worden". Als Ersatz war die Zuweisung eines anderen Kriegsgefangenen veranlasst worden.[60]

Die Zahl der kranken sowjetischen Kriegsgefangenen war so erheblich, dass es im Februar 1944 große Probleme gab, sie im Stalag VI D medizinisch zu versorgen. Um freie Plätze für Neuerkrankte zu schaffen, mussten arbeitsunfähige Kriegsgefangene aus dem Wehrkreis VI in andere Wehrkreise verlegt werden.[61]

Der beratende Hygieniker im Wehrkreis VI, Dr. Walter Fromme, legte den Zusammenhang von Gesundheit und Arbeitsleistung gegenüber der Bezirksgruppe

56 Wehrkreiskommando VI vom 25.5.1943 betr. "Arbeitsleistungen der K.Gef. im Arbeitseinsatz", in: Niedersächsisches Landesarchiv-Staatsarchiv Bückeburg, Dep. 59 B Nr. 1871, zit. in: Keller/Petry, Sowjetische Kriegsgefangene, S. 44f.

57 Schreiben der Firma Carl Krampe an das Stalag VI D, 1.6.1943, Stadtarchiv Hagen, SamHa 20, Firma Carl Krampe Rummenohl, Kriegsgefangenenlager, Bl. 5.

58 Vermittlungsstelle des LAA Westfalen im Stalag VI D an Firma Krampe, 25.6.1943, Stadtarchiv Hagen, SamHa 20, Firma Carl Krampe Rummenohl, Kriegsgefangenenlager, Bl. 6.

59 Schreiben der Firma Carl Krampe an das Stalag VI D, 17.2.1944, Stadtarchiv Hagen, SamHa 20, Firma Carl Krampe Rummenohl, Kriegsgefangenenlager, Bl. 7.

60 Schreiben der Dienststelle des Gauarbeitsamtes Westfalen-Süd im Stalag VI D an Firma Krampe, 1.3.1944, Stadtarchiv Hagen, SamHa 20, Firma Carl Krampe Rummenohl, Kriegsgefangenenlager, Bl. 8.

61 Wehrkreiskommando VI, Abt. Kr.Gef. I Az. K 7, Soest, an den Reichsverteidigungskommissar für den Reichsverteidigungsbezirk Westfalen-Süd, Arnsberg, 11.2.1944, LAV NRW W, Regierung Arnsberg, Nr. 13196.

Steinkohlenbergbau Ruhr sehr ausführlich dar. Es gebe im Juni 1944 einen Gesamtkrankenstand von 18 Prozent bei den sowjetischen Kriegsgefangenen und bei den IMI von 14 Prozent. Der Bergbau sei bei diesen Krankenzahlen in erster Linie betroffen. Dies sei besonders auffallend, da gerade dem Bergbau die körperlich bestqualifizierten zugewiesen worden seien. Fromme beklagte sich darüber, dass sich der „Vorrat an Arbeitskräften zwangsläufig immer mehr verringert" würde. Die Wiederherstellung der Arbeitskräfte würde Monate andauern. Da nicht genügend Plätze für die Erkrankten in den Lazaretten vorhanden seien, gäbe es einen „Rückstau in den Arbeitskommandos". Als Ursachen des hohen Krankenstandes nannte Fromme die unzureichende Verpflegung bei langen Anmarschwegen und Wartezeiten, die miserablen Unterkünfte, in denen die Ruhe- und Erholungszeit nicht möglich sei, die unzureichende Körper- und Krankenpflege sowie die Verknappung der Arznei- und Verbandsmittel.[62]

Zeitgleich mit dem Schreiben von Fromme wurden in der zweiten Hälfte des Jahres 1944 Ernährungsgroßversuche von Wissenschaftlern des Kaiser-Wilhelm-Institut für Arbeitsphysiologie[63] in Dortmund, direkt gegenüber des Stalag VI D, an circa 5.000 bis 10.000 sowjetischen Kriegsgefangenen und Zwangsarbeitern sowie an Italienischen Militärinternierten konzipiert und in einer Reihe von Rüstungsbetrieben des Ruhrgebiets durchgeführt. Der Versuch, nach dem leitenden Wissenschaftler Heinrich Kraut „Krautaktion" oder „Butterbrotaktion" genannt, zielte darauf ab, die Arbeitsleistung ausländischer Arbeitskräfte bestmöglich auszubeuten, indem der Umsatz von Kalorien in Muskelkraft untersucht wurde. Die Frage der Betriebe, ob eine verbesserte Ernährung zu einer Steigerung der ausbeutbaren Arbeitsleistung führe, wurde mit der Einführung der „Leistungsernährung" beantwortet.[64]

Kontakte mit der Außenwelt und Solidarität

Wie viele Fälle solidarischen Handelns es von Dortmunderinnen und Dortmundern gegenüber sowjetischen Kriegsgefangenen geben hat, ist nicht überliefert. Aber

62 Beratender Hygieniker beim Wehrkreis VI, Oberfeldarzt Fromme, an die Bezirksgruppe Steinkohlenbergbau Ruhr, Essen, 22.6.1944, WWA, S1, NI, 2886-2944 I, Bl. 60-64.

63 Das Kaiser-Wilhelm-Institut für Arbeitsphysiologie begann seine Tätigkeiten 1913 in Berlin. Seine erste wichtige Aufgabe erhielt es während des Ersten Weltkrieges als es sich mit den Problemen der „Volksernährung" befasste. In der Zwischenkriegszeit begannen Forschungen über die möglichst rationelle Ausbeutung menschlicher Arbeitskraft, wobei drei Bedingungen erfüllt werden sollten: der Kraftaufwand des Menschen sollte bei einem Minimum von Energieaufwand Maximalleistungen erzielen, Frauen und Männer sollten an einem ihnen entsprechendem Arbeitsplatz stehen und Übermüdung sollte vermieden werden. In enger Beziehung waren Laborarbeiten und experimentelle Untersuchungen mit der industriellen Produktion verknüpft. 1929 expandierte das Institut. Der Dortmunder Großindustrielle und spätere Nationalsozialist Albert Vögler regte beim Magistrat der Stadt Dortmund an, der Kaiser Wilhelm-Gesellschaft (heute Max-Planck-Gesellschaft) für die Errichtung eines Zweiginstitutes Grundstück, Neubau und einen jährlichen Zuschuss von 20.000 RM zur Verfügung zu stellen. Das Angebot wurde durch eine ähnliche Offerte der Stadt Münster ergänzt. Am 22./23. Oktober 1929 wurden die beiden Institute in Dortmund und Münster eingeweiht. 25 Jahre Kaiser Wilhelm-Gesellschaft zur Förderung der Wissenschaften, Bd. 1, Handbuch, Berlin 1936, S. 121-128. 25 Jahre Kaiser Wilhelm-Gesellschaft zur Förderung der Wissenschaften, Bd. 2, Die Naturwissenschaften, Berlin 1936, S. 379-387.

64 *Dietrich Eichholtz*, Die „Krautaktion". Ruhrindustrie, Ernährungswissenschaft und Zwangsarbeit 1944, in: *Ulrich Herbert (Hg.)*, Europa und der „Reichseinsatz", Ausländische Zivilarbeiter, Kriegsgefangene und KZ-Häftlinge in Deutschland 1938-1945, Essen 1991, S. 270-294.

mit Sicherheit stellt die Handlungsweise der Eheleute Gerda und Heinrich Murawski eine Ausnahme dar. Heinrich Murawski arbeitete als Graugussschleifer bei der Eisengießerei Daume in Dortmund-Lindenhorst und war als Kolonnenführer für 60 sowjetische Kriegsgefangene, die in einem Lager auf dem Werksgelände untergebracht waren, zuständig. Er setzte sich für deren gute Behandlung ein und versuchte, Misshandlungen zu verhindern. Trotz drohender KZ-Haft halfen er und seine Frau Gerda den Kriegsgefangenen bei der Beschaffung von Lebensmitteln. Weiterhin meldete Murawski kranke Kriegsgefangene nicht bei der Firmenleitung, sondern verschaffte ihnen Möglichkeiten, sich im Lager auszukurieren.[65] Ein zweites Beispiel solidarischen Handelns verdeutlicht Jakow Stepanenko in seinem Freitagsbrief an KONTAKTE-KOHTAKTbI e.V.:

> „Wir kamen nach Dortmund und wurden zu einem Sonderlager nahe der Berggrube Minister Stein [Anm.: nach Eröffnung des Schachts 6 größtes Bergwerk im Ruhrgebiet] abtransportiert. Das Lager war ganz neu und stand leer: Zwei Reihen Stacheldraht und Wachtürme an den Ecken. Wir bekamen Suppe, ein Stück Margarine und sogar etwas Brot. Wir wurden in Baracken untergebracht. Es wurde angeboten, sich zur Polizei oder als Dolmetscher zu melden. Es meldeten sich jene freiwillig, die etwas Deutsch konnten. Ich habe mich nicht gemeldet. Ich hasste die Polizisten und habe es auch etwas zweifelhaft gefunden, Dolmetscher zu werden. Ein paar Tage lang wurden wir recht gut ernährt, weil wir Halbverhungerte für die Bergarbeit noch nicht geeignet waren. Wir bekamen gelbe Arbeitskleidung mit den aufgenähten Buchstaben „SU" und Schuhe. Ende Juni/Anfang Juli 1942 begann unsere Arbeit im Bergbau. Ich habe im 6. Abschnitt 140 Meter unter der Erde gearbeitet (So wurde uns gesagt). Die deutschen Bergleute nutzten uns als Hilfskräfte. Meine deutschen Kollegen hießen nach meiner Erinnerung Rigat und Kall. Sie waren gut. Als sie merkten, dass ich Lehrer bin und ein bisschen Deutsch kann, begannen wir, heimliche Gespräche miteinander zu führen. Sie arbeiteten mit Stemmhämmern, ich schaufelte Kohle. Es war schwer, ich war abends todmüde. Die Mehrheit der Bergleute verhielt sich gegenüber den Kriegsgefangenen ganz gut. Sie hatten aber Angst vor Kontakten zu uns. Das war streng verboten. Sie hatten auch Angst, uns Essen zu geben. Ein Arbeiter wickelte ein belegtes Brötchen in Zeitungspapier und warf es weg, so als ob er schon satt sei. Wir hoben es gerne auf. Einmal hat mir ein deutscher Kumpel eine ganze Tüte mit gekochten Kartoffeln zugeworfen. Manchmal wurden uns auf diese Weise auch Zigaretten übergeben. Es offen zu geben, trauten sie sich nicht, besonders, wenn in der Grube ein Steiger (dt. geschrieben, d. Ü.) mit der Lampe erschien.
>
> Im Laufe der Zeit wurde allgemein bekannt, dass ich ein Lehrer bin, etwas Deutsch spreche und gut im Bergwerk arbeite. Der Steiger erlaubte dem Schlosser Franz, mich als seine Aushilfe einzustellen. Ich habe selbstständig Hochdruckrohre transportiert. Zudem machte ich unsere Baracke ordentlich sauber und bekam dafür von dem Polizisten eine zusätzliche Suppe. Außerdem bastelte ich Schmuckkästchen.[66] Ich brachte die Kästchen dem Franz. Er tauschte sie irgendwo gegen zwei Pfund Brot. Franz war ein guter Mensch. Er sagte halbernst: „Nach dem Krieg darfst du meine Tochter heiraten!" Seine Tochter war damals 17. Ich bin Franz sehr dankbar. Es sind 60 Jahre vergangen. Vielleicht ist er schon tot. Für ein Schmuckkästchen brauchte ich zwei Wochen. Andere Gefangene bastelten

[65] Högl, Widerstand und Verfolgung, S. 236.

[66] Um Nahrungsmittel bei Deutschen heimlich einzutauschen oder zuzukaufen, war es vor allem unter sowjetischen Kriegsgefangenen weit verbreitet, aus Holzstücken bzw. Streichhölzern Spielzeuge oder Kunstgegenstände und aus Metallresten einfache Schmuckstücke anzufertigen. Spoerer, S. 175. Siehe die Ausstellungsgegenstände in der Steinwache Dortmund, Raum/Zelle 30.

auch etwas in der Freizeit. [...] Die US-Luftwaffe hat die Grube, die Stadt und unser Lager oft bombardiert. 1944 mehrten sich die Luftangriffe. In unseren Stollen wurde jedoch weiter gearbeitet. Die zerbombten und verbrannten Teile reparierten wir schnell. Anfang April brannte unsere Grube inklusive Holzlager fast vollständig aus. Unser Lager war auch getroffen. Meine Baracke brannte. Etwa am 5. April 1945 durften wir unter Bewachung in den Wald gehen, um selbst etwas Essbares zu sammeln. Am 9. April ganz früh zeigten uns Soldaten die Richtung, wohin wir flüchten konnten."[67]

Seelsorge

Sowjetische Kriegsgefangene muslimischen Glaubens durften ihre Religion nicht ausüben. Mit Peitschenhieben wurden sie von Polizisten von ihren Gebeten abgehalten.[68] Jüdische sowjetische Kriegsgefangene nahmen andere Namen an, um nicht als Juden erkannt zu werden, obwohl sie auch in ihren Pässen als Juden gekennzeichnet waren.[69] Besonders für die bei Zechen arbeitenden sowjetischen Kriegsgefangenen, so in einem Merkblatt der Bezirksgruppe Ruhr, sollten für die „seelische Betreuung Mittel und Wege gefunden werden, ihn aus einem stumpfsinnigen Zwangsarbeiter, der mit der Knute regiert wurde, wieder zu einem frohen Menschen zu erziehen, ihm soweit Anregung zu verschaffen, dass er in der Zeit nicht dahinvegetiert."[70] Über die Formen der Religionsausübung russisch-orthodoxer Kriegsgefangener ist nichts bekannt.

Ein Handlungsfeld der Seelsorge waren die Beisetzungen. Die Leichen der Kriegsgefangenen wurden auf Lastkraftwagen verladen und vom Stalag VI D zum Hauptfriedhof gefahren.[71] Häufig erfolgte die Beisetzung sowjetischer Kriegsgefangener auf jüdischen, aber auch auf kommunalen Friedhöfen. Die Kosten für die Bestattung in einfachster Weise erstattete das jeweilige Stalag der Kommune. Ein Sarg war nicht vorgesehen, lediglich eingehüllt in Teer- oder Asphaltpapier wurden die Kriegsgefangenen in Einzel- oder Gemeinschaftsgräbern beigesetzt.[72] Es wurde den Bergwerken empfohlen, stets einen Sarg vorrätig zu haben, im welchem der Verstorbene zum Grab gebracht werden könne, da bei nassem Wetter ein Einreißen des Papiers möglich sei und Beteiligten ein „ungewohnter Anblick" erspart werden sollte. Am Grab könne der Kriegsgefangene herausgehoben und bestattet werden, so dass der Sarg nach einer Desinfektion weiter verwendet werden könne.[73] Der italienische Geistliche Giuseppe Barbero schilderte die Beerdigungen sowjetischer Kriegsgefangener folgendermaßen:

67 https://kontakte-kontakty.de/wp-content/uploads/2018/01/44.-Freitagsbrief.pdf, 13.5.2019.

68 Barbero, S. 51.

69 Leonara Kunina aus der Ukraine beschrieb, dass ihr verstorbener Vater, Gregori Goldberg, während seiner Kriegsgefangenschaft in Dortmund einen anderen Namen angenommen hatte, um seine jüdische Herkunft zu verschleiern.

70 Tenfelde/Seidel, Dok. 105, Merkblatt der Bezirksgruppe Ruhr über den Einsatz sowjetischer Kriegsgefangener (Auszug), undatiert (Ende 1942), S. 302-308, in: Bergbau-Archiv Bochum 13/3041.

71 Interview der Verfasserin mit dem ehemaligen holländischen Zwangsarbeiter Leendert Bosman am 17.2.2004 in seiner Wohnung in der Nähe von Utrecht. Bosman war in Witten als Lkw-Fahrer eingesetzt und für den Leichentransport vom Stalag VI D zum Hauptfriedhof Dortmund abkommandiert worden.

72 Schnellbrief des Reichsminister des Innern vom 27.10.1941 betr. „Bestattung von Leichen sowjetischer Kriegsgefangener durch die Gemeinde", in: Niedersächsisches Landesarchiv-Staatsarchiv Bückeburg, L 102a Nr. 295, angegeben in: Keller/Petry, Sowjetische Kriegsgefangene, S. 45.

73 Dokument 105, in: Tenfelde/Seidel, S. 306

„Mehrere Male in der Woche fuhr ein von zwei Pferden gezogener Karren ab, beladen mit russischen Leichen. Ohne Sarg waren sie wie Holzstücke auf diesem Karren geordnet. Beine und Arme hingen baumelnd an jeder Seite herunter; nicht selten fielen Leichen auf die Erde und gingen auf der Strecke verloren. Am Friedhof angekommen, legten sich zwei Abkommandierte eine Schutzmaske um, zogen mit einer dreizinkigen Gabel die schon in Verwesung übergegangenen Leichen herunter, warfen sie mit dieser Gabel in ein Gemeinschaftsgrab, und der deutsche Zivilist kehrte stolz und zufrieden über seine schöne und humane Tat wieder zurück."[74]

Fluchten, Widerstand, Sabotage

Angesichts der katastrophalen Lebens- und Arbeitsbedingungen im Stalag VI D und in den Arbeitskommandos war es kein Wunder, dass vor allem sowjetische Kriegsgefangene versuchten zu fliehen.[75] Im Februar 1942 flüchteten 106 Kriegsgefangene, im März 1942 gelang 383 Menschen die Flucht.[76] Von den zu diesem Zeitpunkt 1.632 Kriegsgefangenen im Lager[77] flüchteten also im Februar 1942 6,5 Prozent und im März 1942 23,5 Prozent, also eine große Anzahl der Gefangenen. Erfolgreiche Fluchten gab es dank der Unterstützung ziviler Zwangsarbeiter, aber auch mit Hilfe deutscher Arbeiterinnen und Arbeiter sowie mit Unterstützung der Zivilbevölkerung, die darüber belehrt wurde, dass eine „Verproviantierung flüchtiger Kr.Gr. [Kriegsgefangener, Anm. d. Verf.] als Fluchtbegünstigung mit schwerer Strafe bedroht" werde.[78]

Zynisch charakterisierte der Kommandant des Stalag VI A einen großen Teil der Fluchten als „Panikfluchten". So seien von einem großen Arbeitskommando, Bezirk Dortmund-Ost, der von Luftangriffen stark gefährdet war, 32 sowjetische Kriegsgefangene von den Arbeitsstellen geflohen. Sie gaben bei ihren Vernehmungen nach der Wiederergreifung immer wieder die häufigen Bombardements als Fluchtgrund an.[79] Die zunehmenden Bombenangriffe stellten für die Kriegsgefangenen neben der alltäglichen Schikane eine weitere ungeheure Belastung dar. Kriegsgefangene durften die Luftschutzbunker nicht betreten und fanden in den Fabriken und Lagern kaum ausreichende Schutzvorkehrungen. Von Mitte 1943 bis zum Kriegsende nahmen Fluchten von Kriegsgefangenen stetig zu.[80] Manchmal gelang die Flucht, meistens wurde sie jedoch vereitelt oder endete mit dem Tod.

Der stellvertretende Lagerkommandant Hartwig[81] hatte bereits im März 1942 angeordnet, dass sich die einzelnen Wachabschnitte wegen zunehmender

74 Barbero, S. 49f.

75 Keller/Petry, Sowjetische Kriegsgefangene, S. 48f.

76 Stellvertretender Kommandant Hartwig, Stalag VI, Tgb. Nr. III/1806/42, Gruppe Abwehr an die 1. Komp. Ldsch. Batl. 474, Warendorf, 9.4.1942, Stadtarchiv Harsewinkel, C 9, Bd. 1.

77 Siehe Bestand an Kriegsgefangenen in den Mannschaftsstammlagern im Reich, BAMA, RW 6/450-453.

78 Schreiben des Kommandeurs der Kriegsgefangenen im Wehrkreis VI, betr. die Unterstützung geflohener sowjetischer Kriegsgefangener durch die Zivilbevölkerung, 14.1.1942, abgedruckt in: Keller/Petry, Sowjetische Kriegsgefangene, Dokument 4.9.8, S. 322.

79 Lagebericht der Kommandantur Stalag VI A, Gruppe Abwehr, Hemer, an den Befehlshaber des Ersatzheeres, Chef des Kriegsgefangenenwesens, Berlin-Grunewald, 2.1.1945, WWA, S 1/I NI 12559-12655, Bl. 12559.

80 Lotfi, S. 228f.

81 Biografische Angaben über den stellvertretenden Lagerkommandanten des Stalag VI D, Hartwig, waren nicht zu ermitteln.

Fluchten mit den Dienststellen des Sicherheitsdienstes des Reichsführers SS besprechen sollten, um Aufklärung in der Presse, durch die nationalsozialistischen Frauenschaften, durch die NS-Lehrerschaften und die Schulen sowie durch die Parteistellen und Betriebe zu bewirken. Es sollte, auch in Verbindung mit den jeweiligen Ortsgruppenleitern, in folgendem Sinne auf die deutsche Bevölkerung eingewirkt werden:

> „Wer einem Kr. Gef. [Kriegsgefangenen, Anm. d. Verf.] Geld gibt, bezahlt ihm die Flucht. Wer eine solche Flucht bezahlt, schädigt die Heimatfront. Wer die Heimatfront schädigt, fällt der kämpfenden Truppe in den Rücken."[82]

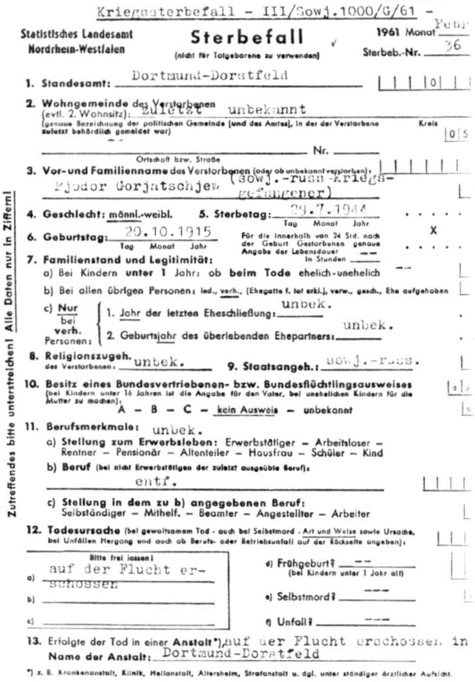

Kriegssterbefall – III/Sowj.1000/G/61 –

Statistisches Landesamt Nordrhein-Westfalen

Sterbefall

(nicht für Totgeborene zu verwenden)

1961 Monat Febr

Sterbeb.-Nr. 36

1. Standesamt: Dortmund-Dorstfeld
2. Wohngemeinde des Verstorbenen (evtl. 2. Wohnsitz): zuletzt unbekannt
(genaue Bezeichnung der politischen Gemeinde [und des Amtes], in der der Verstorbene zuletzt behördlich gemeldet war) Kreis 0 5
Ortschaft bzw. Straße Nr.
3. Vor- und Familienname des Verstorbenen (oder ob unbekannt verstorben): Fjodor Gorjatschjew (sowj.-russ.-Kriegsgefangener)
4. Geschlecht: männl.-weibl. 5. Sterbetag: 29.7.1944 Tag Monat Jahr
6. Geburtstag: 20.10.1915 Tag Monat Jahr
Für die innerhalb von 24 Std. nach der Geburt Gestorbenen genaue Angabe der Lebensdauer in Stunden ––
7. Familienstand und Legitimität:
a) Bei Kindern unter 1 Jahr: ob beim Tode ehelich-unehelich ––
b) Bei allen übrigen Personen: led., verh., (Ehegatte f. tot erkl.), verw., gesch., Ehe aufgehoben
c) Nur bei verh. Personen: 1. Jahr der letzten Eheschließung: unbek. 2. Geburtsjahr des überlebenden Ehepartners: unbek.
8. Religionszugeh. des Verstorbenen: unbek. 9. Staatsangeh.: sowj.-russ.
10. Besitz eines Bundesvertriebenen- bzw. Bundesflüchtlingsausweises (bei Kindern unter 16 Jahren ist die Angabe für den Vater, bei unehelichen Kindern für die Mutter zu machen): A – B – C – kein Ausweis – unbekannt
11. Berufsmerkmale: unbek.
a) Stellung zum Erwerbsleben: Erwerbstätiger – Arbeitsloser – Rentner – Pensionär – Altenteiler – Hausfrau – Schüler – Kind
b) Beruf (bei nicht Erwerbstätigen der zuletzt ausgeübte Beruf): entf.
c) Stellung in dem zu b) angegebenen Beruf: Selbständiger – Mithelf. – Beamter – Angestellter – Arbeiter
12. Todesursache (bei gewaltsamem Tod - auch bei Selbstmord - Art und Weise sowie Ursache, bei Unfällen Hergang und auch ob Berufs- oder Betriebsunfall auf der Rückseite angeben):
Bitte frei lassen!
a) auf der Flucht erschossen
b)
c)
d) Frühgeburt? –– (bei Kindern unter 1 Jahr alt)
e) Selbstmord? –––
f) Unfall? –––
13. Erfolgte der Tod in einer Anstalt*), auf der Flucht erschossen in Name der Anstalt: Dortmund-Dorstfeld

*) z. B. Krankenanstalt, Klinik, Heilanstalt, Altersheim, Strafanstalt u. dgl. unter ständiger ärztlicher Aufsicht.

Zutreffendes bitte unterstreichen! Alle Daten nur in Ziffern!

Abb. 31: Aktenblatt des Statistischen Landesamtes Nordrhein-Westfalen zum Sterbefall des sowjetischen Kriegsgefangenen Fjodor Gorjatschjew (20. 1.1915 - 29.07.1944) mit dem Vermerk „auf der Flucht erschossen", Februar 1961, Sammlung Dieter Knippschild, StadtA Do

Offenbar blieb Hartwigs Initiative erfolglos, denn ein weiteres, fünf Monate später am 22. August 1942 verfasstes Rundschreiben des Lagerkommandanten des Stalag VI D, Otto Rotenberg, schloss mit den bezeichnenden Sätzen: „Die Flucht der Sowjetrussen hat in den letzten Wochen in erheblichem Maße zugenommen, trotz strenger Bewachung. Eine wirkliche Bekämpfung ist nur von der Seite der Ernährung her möglich. Bei den Russen drehen sich auch heute in der Gefangenschaft die Gedanken fast ausschließlich um das Essen. Auch hier gilt das Sprichwort »Eine gute Weide ist der beste Zaun«."[83]

Die Benutzung der Eisenbahn wurde flüchtigen Kriegsgefangenen vielfach von zivilen Zwangsarbeitern ermöglicht, indem sie gegen Schokolade und Zigaretten die Fahrkarte lösten, die eigenen Pässe zur Verfügung stellten und einen Teil ihres Lohns spendeten. Auch deutsche Zivilisten tauschten zunehmend häufig mit Kriegsgefangenen Reichsmark gegen Schokolade, Zigaretten und Konserven. Da diese Artikel Mangelwaren waren, besaßen sie einen besonders hohen Wert. Durch diesen „Schwarzhandel mit verknappter Ware", so klagte der stellvertretende Kommandant des Stalag VI D, Hartwig, unterstützten Zivilisten die Flucht, ebenso wie

[82] Stellvertretender Kommandant Hartwig, Stalag VI, Tgb. Nr. III/1806/42, Gruppe Abwehr an die 1. Komp. Ldsch. Batl. 474, Warendorf, 9.4.1942, Stadtarchiv Harsewinkel, C 9, Bd. 1.

[83] StdABo, 127/42, Bl. 261, zit. in: Hüser/Otto, 94f. Schreiben der Kommandantur des Kriegsgefangenen-Mannschaftsstammlagers VI D in Dortmund an die Zeche Gottessegen in Dortmund-Löttringhausen über die Verpflegung der sowjetischen Kriegsgefangenen vom 22.8.1942, Dokument 254, in: Tenfelde/Seidel, Dok. 254, S. 660f, in: WWA F 29/205.

Ladenbesitzer, die das Verbot für Kriegsgefangene, deutsches Geld zu besitzen, ignorierten.[84]

Aber auch „Zäune" können überwunden werden, wenn die Lebenssituation unerträglich ist. Anatolij Aslanow, kriegsgefangener Offizier der Roten Armee im Stalag VI D, beschrieb in seinen Lebenserinnerungen, dass erkrankte sowjetische Kriegsgefangene des Stalag VI D, die in Arbeitskommandos außerhalb Dortmunds arbeiten mussten, zur „Wiederherstellung ihrer Arbeitskraft" in die Krankenstube des Stalag VI D nach Dortmund geschickt wurden. Aslanow kam im Herbst 1943 in das Stalag VI D und wurde im November/Dezember in einem Arbeitskommando im Aluminiumwalzwerk in Nachrodt (im Sauerland) eingesetzt. Als er zur medizinischen Untersuchung nach Dortmund zurückkam, erfuhr er von einer Untergrundorganisation im Stalag VI D, die maßgeblich über das sowjetische Krankenrevier organisiert wurde. Sie diente als zentrale Sammelstelle für Informationen und als Verteiler für Handlungsanweisungen, Flugblätter und andere Schriften. Die 1943 im Stalag VI D entstandene illegale Organisation sowjetischer Kriegsgefangener verfügte über gute Kontakte zu Kriegsgefangenen und Zwangsarbeitern aus anderen Ländern sowie zu deutschen Antifaschistinnen und Antifaschisten. Im Winter 1944 befand sich Aslanow wieder im Krankenrevier des Stalag VI D, um Flugschriften und Weisungen entgegenzunehmen.[85]

Ob die Widerstandsgruppe sowjetischer Kriegsgefangener im Stalag VI D zu der Anfang 1943 gegründeten „Brüderlichen Zusammenarbeit der sowjetischen Kriegsgefangenen" (BSW) gehörte, die v. a. im Süddeutschland aufgebaut und im Mai 1944 zerschlagen wurde, ist nicht bekannt.[86] Eine geheime Übersicht des Kommandeurs der Kriegsgefangenen im Wehrkreis VI vom September 1944 über Widerstandgruppen betraf ausschließlich die Widerstandsbewegungen unter den sowjetischen Kriegsgefangenen. In dieser Übersicht wurde erklärt, Vertrauensleute der Gestapo hätten im Stalag VI K (Senne) eine Geheimorganisation ausfindig gemacht, deren Ziel es sei, „Wühlarbeiten und Sabotage auf den Arbeitsstellen" durchzuführen, Massenfluchten zu organisieren und den bewaffneten Widerstand vorzubereiten. Sitz dieser Organisation sei das Lagerlazarett. Das Losungswort der Organisation sei „Michail Kolzow". Fünf sowjetischen Kriegsgefangenen, darunter zwei Ärzten, sei die Beteiligung an dieser Organisation nachgewiesen worden.[87]

Für die Widerstandsorganisation im Stalag VI D, die Aslanow beschrieb, dürfte Ähnliches gegolten haben. Von einer Verfolgung durch die Gestapo ist nichts bekannt. Über Sabotage, die sowjetische Kriegsgefangene eines Arbeitskommandos des Stalag VI D versuchten, schrieb Sharanow Iwan Iwanowitsch in seinem Brief an KONTAKTE-KOHTAKTbI e.V.:

> „In Deutschland kam ich in ein Kriegsgefangenenlager in Dortmund [Stalag VI D]. Hier lebten wir in Baracken, wurden sehr schlecht versorgt, und den ganzen Tag arbeiteten

84 Stellvertretender Kommandant Hartwig, Stalag VI D, Tgb. Nr. III/1806/42, Gruppe Abwehr an die 1. Komp. Ldsch. Batl. 474, Warendorf, 9.4.1942, Stadtarchiv Harsewinkel, C 9, Bd. 1.

85 Aslanow, S. 53, 56, 58ff, 109. Die Organisation des Widerstandes über die Krankenreviere gab es u. a. auch im Stalag XI B.

86 Spoerer, S. 172f.

87 Übersicht des Kommandeurs der Kriegsgefangenen im Wehrkreis VI über Widerstandgruppen unter den Kriegsgefangenen, 16.9.1944, in: Keller/Petry, Sowjetische Kriegsgefangene, S. 357ff.

wir unter Bewachung an der Trümmerbeseitigung der von der amerikanischen Luftwaffe zerbombten Häuser. Neben dem Lager war ein deutscher Flugplatz,[88] dorthin wurden die Gefangenen auch zu verschiedenen Arbeiten gejagt. Unter uns war ein Militärpilot und einmal hat eine Gruppe Gefangener, unter denen auch ich war, versucht, ein deutsches Flugzeug zu entführen. Aber dieser Versuch glückte nicht, weil die Deutschen bemerkten, dass die Gefangenen etwas vorhaben. Wir wurden in ein anderes Lager gebracht. In Dortmund war ich bis 1945, als Deutschland von uns und auch den Amerikanern, die unsere Verbündeten waren, befreit wurde."[89]

Misshandlungen und Mord

Die hohe Mortalitätsrate unter den sowjetischen Kriegsgefangenen ist nicht zuletzt auf brutale Willkürhandlungen u. a. von Wachmannschaften zurückzuführen. Pater Giuseppe Barbero gab eine Zahl von mehr als 8.000 verstorbenen sowjetischen Kriegsgefangenen an.[90] So wurde zum Beispiel der als Hilfswachmann bei der Firma Hoesch AG angestellte Vorarbeiter Leo G. in den letzten Kriegsmonaten wegen Totschlags an einem sowjetischen Kriegsgefangenen angeklagt. Der Oberstaatsanwalt schrieb am 3. Februar 1945 in seinem Bericht, dass der Beschuldigte etwa 60 sowjetische Kriegsgefangene bei der Arbeit zu überwachen hatte. Als Leo G. am 16. November 1944 die Kriegsgefangenen zu einer neuen Arbeitsstelle führte, passierten sie einen Bombentrichter. Die meisten von ihnen folgten der Anweisung, rechts zu gehen, einige gingen links, darunter der Kriegsgefangene S.:

> „Der Beschuldigte riss den Kriegsgefangenen am Arm herum, um ihn in die andere Richtung zu bringen. Dieser schlug den Beschuldigten mit seinem Spaten über den Kopf, so dass er eine blutende Verletzung erlitt. Der Beschuldigte – von Wut gepackt – versetzte dem Kriegsgefangenen einige Faustschläge und ergriff dann den Spaten des Kriegsgefangenen und schlug diesen damit in der Absicht zu Boden, ihn kampfunfähig zu machen und „vollständig zu erledigen". Als der Kriegsgefangene sich auf Weisung des Beschuldigten wieder erhoben hatte, brach er erneut zusammen. Der Beschuldigte schlug dann mit dem inzwischen zerbrochenen Spatenstiel auf den Kriegsgefangenen ein. Als er annahm der Kriegsgefangene sei „erledigt", ging er den anderen Kriegsgefangenen nach, die inzwischen mit dem Zeugen P. weitergegangen waren. Der Kriegsgefangene S. verstarb 2 Tage später im Revier des Kgf. M. Stammlager. Als Todesursache wurde Schädelbruch festgestellt. Der Beschuldigte hat vorstehenden Sachverhalt dem Gerichtsoffizier des Kgf.-M.-Stammlagers IV D gegenüber eingeräumt."[91]

Nach Aussagen des Zeugen P. hatte der Beschuldigte früher wiederholt sowjetische Kriegsgefangene mit der Faust oder mit dem Besen geschlagen, weil sie ihm nicht schnell genug arbeiteten. Er war deshalb bereits von der Firma Hoesch verwarnt wor-

88 Da sich neben dem Stalag VI D kein Flugplatz befand, ist davon auszugehen, dass Sharanow Iwan Iwanowitsch zwar im Stalag VI D registriert worden war, aber vermutlich in einem Arbeitskommando in den Dortmunder Stadtteilen Brackel oder Wickede untergebracht war. Der Zusatz [Stalag VI D] stammt von Sharanow Iwan Iwanowitsch.

89 294. Freitagsbrief vom 11. Mai 2012, https://kontakte-kontakty.de/wp-content/uploads/2018/01/294.-Freitagsbrief.pdf (13.5.2019.

90 Barbero, S. 49. Siehe zu Barbero auch Schreiber, S. 454f)

91 LAV NRW W, Sondergericht Dortmund, Nr. 747 (18b Js 66/45).

den. Wegen des Verlustes der Akten im Polizeipräsidium infolge des Fliegerangriffs auf Dortmund am 12. März 1945 konnte das Verfahren nicht zu einem Abschluss kommen. Das Verfahren wurde aber nach Kriegsende fortgesetzt: Leo G. wurde durch das Urteil des Landgerichtes Hagen am 21. November 1945 wegen „Körperverletzung mit Todesfolge" zu neun Monaten Gefängnis verurteilt. Am 9. Februar 1946 widerrief Leo G. seine bisherige Aussage. Bis Januar 1947 konnte nicht festgestellt werden, ob das Urteil gegen Leo G. rechtskräftig geworden war, da jegliche Unterlagen fehlten.[92]

So heftige Schläge, dass die Gefangenen das Bewusstsein verloren, waren keine Seltenheit. Auch Erschießungen von sowjetischen Kriegsgefangenen durch deutsche Wachmänner im Lager wurden von Pater Giuseppe Barbero in erschütternder Weise überliefert:

> „Ein Russe wurde derart geschlagen, dass er das Bewusstsein verlor und zu Boden fiel. An Bombenlöchern mangelte es nicht; zwei Fußtritte, und der Russe rollte in eines dieser Löcher. Ein Italiener [...] wird abkommandiert, ihn mit Erde zu bedecken. Bei den ersten Schaufelwürfen kommt der gepeinigte Russe wieder zu Bewusstsein, bewegt sich im Loch, und der Italiener hat nun nicht mehr das Herz, mit seiner Arbeit fortzufahren. Aber der Deutsche gibt in seiner wilden Grausamkeit die Order, ihn trotzdem zu vergraben. Der Italiener protestiert und daraufhin erbarmt sich der Deutsche, zieht die Pistole und zerschmettert mit zwei Schüssen den Kopf des armen Russen."[93]

Der ehemalige sowjetische Kriegsgefangene Agonow beschrieb 1989 in einem Brief an die Hoesch Friedensinitiative die Hinrichtungsstätte in einem kleinen Wäldchen auf der Schürener Seite des Dortmunder Phönix-Werkes. Dort befand sich ein besonderes Lager mit einem Galgen. Agonow schilderte, dass er dort sieben Mal gewesen sei, als sowjetische Arbeiter gehängt wurden. Einmal seien zwei Brüder und ein Mädchen aufgehängt worden. Warum sie ermordet wurden, wusste er nicht.[94] Auf dem Gelände des Hinrichtungsorts, an den sich Agonow erinnerte, hat der 1932 gegründete Kaninchenzuchtverein „Gut Glück Schüren" noch 2017 seinen Sitz und seine Ställe.

Auch ein deutscher Hoesch-Arbeiter konnte sich an diese Hinrichtungsstätte erinnern. Er berichtete von zwei russischen Arbeitern des Phönix-Werkes, die wegen angeblich falsch gesetzter Schweißnähte zum Tode verurteilt wurden: „In dem Wäldchen auf dem Sommerberg wurde ein Hängegerüst aufgestellt – keine 100 m von den Wohnhäusern in der Wattstraße entfernt. Alle gefangenen Russinnen und Russen aus den umliegenden Lagern wurden hier an einem Vormittag zusammengetrieben und so zu Zeugen der Hinrichtung gemacht. Das Gerüst blieb noch einige Wochen dort stehen."[95] Und schließlich berichtete ein ehemaliger Dolmetscher 1990 von der Hinrichtung eines polnischen Arbeiters in diesem Waldstück: „An der Ostseite der Kohlensiepenstraße in Dortmund-Schüren, südlich der Einmündung Pekingstraße, befindet sich eine natürliche Schlucht des hier ansteigenden Sommerbergs, in der

92 LAV NRW W, Sondergericht Dortmund, Nr. 747 (18b Js 66/45).

93 Barbero, S. 50.

94 *Arbeitskreis „Hörde damals" (Hg.)*, Verdrängt. Vergessen. Verschwiegen, Beiträge zur Geschichte des Dortmunder Stadtteils Hörde vor und während der Zeit des Nationalsozialismus, Dortmund 2002. Überarbeitete und ergänzte Neuauflage 2013, S. 339. Unveröffentlichte Manuskript von Heinrich Mai, „So wa(h)r es. Erinnerungen an die letzten 80 Jahre", Manuskript im Besitz von Dieter Knippschild, Dortmund.

95 Ebd., S. 30.

heute ein Karnickelzuchtverein angesiedelt ist. In dieser Schlucht ist 1942 ein Pole öffentlich erhängt worden."[96] An den Hinrichtungsort und das Schicksal der dort Ermordeten erinnert heute nichts mehr. Das Gelände war 2017 noch im Privatbesitz des Kaninchenzuchtvereins und war nicht öffentlich zugänglich.

Sowjetische Kriegsgefangene gerieten gegen Kriegsende auch ins Visier der Staatspolizeistelle Dortmund. Zu einem zentralen Ort von brutalen Drangsalierungen bis hin zu Hinrichtungen wieder aufgegriffener Kriegsgefangener entwickelte sich seit 1943 das Arbeitserziehungslager Hunswinkel bei Lüdenscheid. Es lag im Zuständigkeitsbereich der Gestapo Düsseldorf, war aber mit dem Wachpersonal der Gestapo Dortmund ausgestattet.[97]

Die Menschenverachtung der Nationalsozialisten erreichte ihren Höhepunkt in der Kriegsendphase, als der „innere Feind", gemeint waren Zwangsarbeiterinnen und Zwangsarbeiter, Kriegsgefangene sowie die politischen Gegnerinnen und Gegner, gejagt und ermordet wurden, um den „äußeren Feind", gemeint waren die alliierten Streitkräfte, besiegen zu können. Bei Massenexekutionen der Dortmunder Gestapo in der Zeit zwischen dem 7. März und dem 9. April 1945 kamen annähernd 300 Frauen und Männer ums Leben. Die Gruppe der ermordeten sowjetischen Kriegsgefangenen und Zwangsarbeiter war die zahlenmäßig größte, die nicht identifiziert werden konnte, da ihnen alle Ausweispapiere oder sonstige Unterlagen geraubt worden waren.[98]

Zusammenfassung

Die Quellenlage zur Rekonstruktion der Lebens- und Arbeitsbedingungen der sowjetischen Kriegsgefangenen im Stalag VI D ist im Vergleich zu der der französischen Kriegsgefangenen schlecht. Da es keine Kontrollbesuche des IKRK gab, liegen keine regelmäßigen Berichte vor, die Aufschluss über die Lebens- und Arbeitsbedingungen geben könnten. Dennoch reichen die vorhandenen Quellen aus, um zu belegen, wie unmenschlich und grausam die nationalsozialistischen Machthaber auf allen Ebenen mit den kriegsgefangenen Soldaten der Roten Armee umgingen. Insbesondere die massenhaft im Kohle- und Erzbergbau eingesetzten sowjetischen Kriegsgefangenen litten bei schlechter körperlicher Verfassung unter der harten Arbeit und der mangelnden Ernährung. Weiterhin waren insbesondere sowjetische Kriegsgefangene im letzten Kriegsjahr den zahlreichen Bombardierungen schutzlos ausgeliefert, da die Luftschutzbunker Deutschen vorbehalten waren. Viele firmeneigene Lager wurden in dieser Zeit aufgelöst und die Kriegsgefangenen an das Stalag VI D zurückgesandt. Damit fiel auch die häufig erwähnte Solidarität deutscher Kollegen weg, die z. B. Nahrungsmittel teilten. Die grauenhaften Lebensbedingungen der sowjetischen Kriegsgefangenen und die ideologischen Einsatzbeschränkungen waren zwei

96 Ebd., S. 340.

97 *Gerhard Paul, Alexander Primavesi*, Die Verfolgung der ‚Fremdvölkischen'. Das Beispiel der Staatspolizeistelle Dortmund, in: *Gerhard Paul, Klaus-Michael Mallmann (Hg.)*, Die Gestapo – Mythos und Realität, Darmstadt 1995, S. 388-401. Lotfi, S. 99, 166-172, 184, 301f, 308f. *Lore Junge*, Mit Stacheldraht gefesselt. Die Rombergparkmorde. Opfer und Täter, Bochum 1999, S. 117-122.

98 Markus Günnewig, „Gemordet Karfreitag 1945". Erinnerungsorte zu den Massenmorden der Dortmunder Sicherheitspolizei, in: Heimat Dortmund, Stadtgeschichte in Bildern und Berichten, Ort und Erinnerung 1933-1945, Spurensuche und Gedenkkultur in Dortmund, Zeitschrift des Historischen Vereins für Dortmund und die Grafschaft Mark e.V. in Verbindung mit dem Stadtarchivs, Nr. 1, Dortmund 2011, S. 24-29, hier S. 25.

Gründe, aus denen der sogenannte „Russeneinsatz" auch in Dortmund scheiterte. Die Behandlung der Kriegsgefangenen, die katastrophale Unterbringung und die allgemein miserable Versorgung, insbesondere die unzureichende Ernährung, verhinderten einen im Sinne der Nationalsozialisten wirtschaftlichen Einsatz.

Italienische Militärinternierte

Von Dezember 1943 bis September 1944 unterstanden etwa 22.000 Italienische Militärinternierte (IMI) dem Stalag VI D. Von den 17 Wehrkreisen im Deutschen Reich wurden im Wehrkreis VI vom 1. Dezember 1943 bis 1. Juli 1944 im Durchschnitt die höchste Anzahl von Italienischen Militärinternierten gezählt. In diesen sieben Monaten bewegte sich ihre Zahl insgesamt zwischen 80.138 und 100.243 Menschen.[99] Ihre Zahl fiel durch Zivilschreibungen in der zweiten Jahreshälfte 1944 erheblich ab. Am 3. August 1944 erfolgte der Statuswechsel der Italiener; sie wurden von Militärinternierten zu Zivilisten.[100] Die Italiener in Dortmund blieben jedoch weiterhin im Stalag VI D und durften es nun für einige Stunden am Tag verlassen. Die Registrierung bzw. Erfassung der IMI und das Ausstellen der Stammkarten im Stalag VI D erfolgte mit Hilfe der Übersetzung des Dortmunder Rechtsanwalts und Notars Hans Diessel.[101]

Ankunft

Die Ankunft in den Kriegsgefangenenlagern beschrieben gefangene italienische Soldaten als traumatische Erfahrung. Nachhaltigen Eindruck hinterließen dabei die Größe der Stammlager sowie die unübersehbare Menge der Gefangenen. Besonders die endlos erscheinenden Appelle, die der zahlenmäßigen Erfassung sowie der Information und Propaganda dienten, empfanden die Italienischen Militärinternierten als eine Maßnahme, die ihren Widerstand brechen sollte. Häufig fanden bei der Ankunft in den Lagern der Arbeitskommandos Razzien statt, in deren Folge Wertgegenstände und persönliche Dinge aller Art wie hochwertige Kleidung und Schuhwerk verloren gingen. Offenbar dienten diese Durchsuchungen der Aufstockung der Lagerbestände der Wehrmacht. Die Betroffenen vermuteten, die Wehrmachtssoldaten hätten sich in den unübersichtlichen Verhältnissen ohne entsprechende Anweisung der vorgesetzten Dienststellen bereichert. In den Erinnerungen wird die Gefühlslage der ersten Tage der Gefangenschaft zumeist als eine Mischung aus Unsicherheit, Angst und

99 Hammermann, Tabelle 4 „Verteilung der IMI nach Wehrkreisen im Reich sowie in den besetzten Gebieten", S. 592.

100 Hammermann, S. 79, 461-507.

101 Eintrag Hans Diessel, Rechtsanwalt, in: Amtliches Fernsprechbuch für das östliche Ruhrgebiet, Hg. Reichspostdirektion Dortmund, Ausgabe 3/1944, Stand 1.11.1943, Dortmund 1944. Aus der Entnazifizierungsakte des Rechtsanwaltes Hans Diessel (* 1907) geht hervor, dass Diessel weder in der NSDAP noch in Gliederungen oder in angeschlossenen Verbänden und Ämtern Mitglied war. Er arbeitete im Stalag VI D von 9/1939 bis 4/1945. Akten über diese Zeit wurden vernichtet. Entnazifizierungsakte Diessel, LAV NRW R, NW 1097 Nr. 3996.

Desorientierung beschrieben. Viele begannen erst zu diesem Zeitpunkt, die Folgen der Gefangenschaft zu realisieren.[102]

Italienische Lagerinsassen erinnerten sich an die überfüllten und mangelhaft eingerichteten, mitunter stark beschädigten Baracken. Ein nicht unerheblicher Teil von ihnen schlief ohne Unterlage auf dem Fußboden.[103] Oftmals blieben Rangeleien bei der Belegung der Baracken nicht aus. Die Bettstellen an den Eingangtüren waren offenbar besonders beliebt. Dies um so mehr, als die Gefangenen, bedingt durch die Ernährung, häufig unter Verdauungsschwierigkeiten litten und öfter die Toilette aufsuchten. Blieben die Baracken verschlossen, was wohl die wenigen deutschen Wachkräfte entlasten und die Fluchtmöglichkeiten verringern sollte, wurden provisorische Behältnisse als Toiletten in der Nähe der Türen aufgestellt. Diese kaum abgedeckten Bottiche verbreiteten einen furchtbaren Gestank. In den Sommermonaten 1944 räumten die Kriegsgefangenen meist die oberen Bettstellen, da Ungeziefer an den Zimmerdecken besonders zahlreich war. In dieser Zeit dienten vermehrt Tische, Bänke und eben der Fußboden als Schlafstätte. Die ebenerdigen Betten waren für Kranke und Schwache vorgesehen, die insbesondere in den Wintermonaten unter der vom Boden aufziehenden Kälte litten.[104] Der italienische Geistliche Giuseppe Barbero, aus dessen Erinnerungsbericht sich ein detailliertes Bild von der Lage der IMI im Stalag VI D rekonstruieren lässt, beschrieb seine Aufnahme im Stalag VI D:

> „Am frühen Morgen des 8. Dezember 1943 fuhren wir los. Unser Ziel war Dortmund in Westfalen, gleichsam im Herzen des berühmten Ruhrgebietes. Um Mitternacht kamen wir im Hauptbahnhof Dortmund an. Drei Kilometer trennten uns noch vom 'Stammlager' VI D. Wir mussten sie zu Fuß gehen; aber wer schaffte das? Geschwächt von den langen Entbehrungen hatten wir an jenem Morgen auch nur ein Stück Brot gegessen. [...] Alle zehn Schritte stürzten wir zu Boden. Endlich wurden diese Herzen aus Stein von Mitleid erweicht; wir konnten in die Straßenbahn steigen. Im ‚Stammlager' empfingen sie uns wie störende Hunde in nächtlicher Ruhe. Wir wurden in einer alten beschädigten Baracke untergebracht. Unser Lager bestand aus einer Pritsche, während die einzige Decke in unserem Besitz dazu dienen musste, uns vor dem eisigen Winterwind zu schützen, der überall hineindrang. Als wir morgens wach wurden, bemerkten wir neue Mieter, die uns Quecksilbersalbe auf dem Leib einbrachten und sich zu Herren über unsere Haut machten. Mein Gott! Welche Trübsal und welches Elend! Am Tag darauf wurden wir registriert, und so wurden wir zu Nummern, oder wie die Deutschen sagten ‚Stück' Nr. 56.345 VI D, diese Nummer wurde mir zugewiesen."[105]

Auch Giacomo Cimarelli, ein am 8. September 1943 in Albanien gefangen genommener italienischer Soldat, beschrieb in seinem Tagebuch die Ankunft in Dortmund. Er war von Oktober 1943 bis zur Befreiung am 13. April 1945 im Stalag VI D. Nur einen kleinen Teil seiner Tagebuchaufzeichnungen konnte er retten, da bei den permanen-

[102] Umfrage u. a. Poeta (S) VI D Dortmund 1.11.1943. Vangelista (S) S. 44, VI D Dortmund, 18.9.1943. Lo Conte (S), S. 64, VI D Dortmund, Anf. Nov. 1943, angegeben in: Hammermann, S. 368f.

[103] Umfrage u. a. Vangelista (S) S. 46, VI D Dortmund, September 1943. Lo Conte (S) S. 46, 64, VI D Dortmund, Anf. Nov. 1943, angegeben in: Hammermann, S. 370.

[104] Umfrage u. a. Vangelista (S) S. 46, VI D Dortmund, September 1943, angegeben in: Hammermann, S. 370.

[105] Barbero, S. 30f. Kriegschronik der Stadt Dortmund, StadtA Do, 424-1.

ten Razzien im Lager alle schriftlichen Aufzeichnungen, persönliche Unterlagen und Identitätspapiere beschlagnahmt wurden.[106] Er schrieb:

> „Gestern Abend (10.10.1943) haben wir das Konzentrationslager von Dortmund, in Westfalen, erreicht, wo seit einiger Zeit italienische Arbeiter eingesetzt werden. Die Nacht haben wir im Waggon eingeschlossen verbracht, ausgestreckt auf einer Schicht Gips und Zement, eingestaubt wie die Müller. Heute morgen haben sie uns in unterschiedliche Baracken eingeteilt, auf doppelstöckigen Feldbetten mit einem Strohsack und einer dünnen Decke. Zum Glück konnte ich mir eine dickere Decke mitbringen, die mir in Bozen gegeben worden war. Die Verpflegung heute Kartoffeln und Spinat. Heute Abend müssen wir aus der mageren Zwiebackreserve schöpfen."[107]

Arbeitseinsatz

Die IMI wurden nach einem wenige Tage dauernden Aufenthalt im Stalag VI D in die Arbeitskommandos überstellt und ihren Arbeitsplätzen zugeteilt. Voraus gingen berufliche Auswahlverfahren an denen v. a. in Zivil gekleidete Deutsche teilnahmen; offensichtlich waren es Bedienstete des Arbeitsamtes und Vertreter zukünftiger „Bedarfsträger". Die Eignungsprüfungen empfanden die Internierten nicht zuletzt deshalb als demütigend, weil mitunter ihre Muskeln abgetastet und ihre Zähne geprüft wurden. Eine besondere Nachfrage bestand nach Facharbeitern, Elektrikern, Handwerkern und Mechanikern, insbesondere nach Automechanikern. Die Italiener, die eine kräftige Körperstatur aufwiesen, wählte man für den Bergbau und für Hilfsarbeitertätigkeiten aus.[108] Über 40 Prozent der 1943 eintreffenden IMI wurden in den Großbetrieben der Rüstungs- und Schwerindustrie sowie im Bergbau des Ruhrgebiet und des Rheinlandes eingesetzt. In Dortmund griff das Rüstungskommando regulierend ein und nahm trotz mangelnder Unterbringungsmöglichkeiten eine Umverteilung zugunsten der Klein- und Mittelbetriebe vor.[109] IMI wurden meist berufsfremd als Hilfsarbeiter eingesetzt, nur etwa 10 Prozent arbeiteten als Metallfacharbeiter und Handwerker.[110] Insbesondere im Ruhrgebiet propagierten die Kommandeure der Kriegsgefangenen eine größtmögliche Steigerung des Leistungssolls, brutale Sanktionen bei Regelverstößen sowie wöchentliche Arbeitzeiten von mindestens 60 Stunden.[111] Aufgrund des vermeintlichen „Verrats" Italiens und ihrer geringen Arbeitsleistung standen sie am unteren Ende der Betriebshierarchie.

Um in erster Linie mehr Leistung aus den IMI zu pressen, konnten sie sich seit Juli 1944 freiwillig dafür entscheiden, auf ihren Status als Militärinternierte zu verzichten, einen Arbeitsvertrag mit einer Firma abzuschließen und somit den Zivilstatus zu erlangen. Trotz unmenschlicher Arbeits- und Lebensbedingungen wurde diese

106 Cimarelli, Eintrag 17.7.1944, S. 1.

107 Cimarelli, Eintrag 10.10.1943, S. 1.

108 U. a. Interview Poeta (S), Anfang Nov. 1943. Lo Conte (S) S. 56, VI D Dortmund, Ende Okt. 1943, angegeben in: Hammermann, S. 181.

109 Kriegstagebuch des Rüstungskommandos Dortmund, 1.10.-31.12.1943, BAMA, RW 21/14 - 16. Gewerbeaufsichtsamt Dortmund an die Fa. Hoesch AG, Hüttenwerk, 17.8.1944, thyssenkrupp Konzernarchiv, Hoesch-Archiv, Duisburg, G/7/b/6, angegeben in: Hammermann, S. 173.

110 Hammermann, S. 204.

111 Hammermann, S. 79, 139

Möglichkeit jedoch von nur wenigen Italienern angenommen. Daraufhin überführte die Wehrmacht im August und September 1944 fast alle Mannschaften, insgesamt circa 450.000, zwangsweise in den Status von Zivilarbeitern.[112] Als Zivilpersonen unterstanden sie nicht mehr der Wehrmacht, sondern der deutschen und der italienischen Arbeitsfront, die beide ihren zentralen Sitz in Berlin hatten.[113]

Die beim Dortmund Hörder-Hüttenverein arbeitenden IMI arbeiteten meist 60 Stunden in der Woche und zudem auch häufig sonntags.[114] Ihre Unfallversorgung dort war mangelhaft. IMI und Kriegsgefangene anderer Nationalität (ausgenommen sowjetische Kriegsgefangne) waren zwar nicht krankenversicherungspflichtig, sie mussten jedoch durch den Unternehmer bei der Berufsgenossenschaft unfallversichert werden. Diese bewilligte dem Stalag für die Zeit der Unfallbehandlung ein Krankengeld, so dass der Reichshaushalt und die Einsatzträger nicht belastet wurden.[115]

Ernährung

Generell empfanden die IMI ihre Ernährungssituation bei kleinen Unternehmen als wesentlich erträglicher als in großen Konzernen. Die in der Landwirtschaft und in der Nahrungsmittelindustrie eingesetzten Männer schilderten ihre Arbeitsbedingungen oft eher positiv, da der körperlich anstrengenden Arbeit in der Regel eine ausreichende Ernährung gegenüberstand. In den landwirtschaftlichen Betrieben waren sie überdies in den bäuerlichen Lebenszusammenhang eingebunden und erfuhren, ihren Erinnerungen zufolge, eine vergleichsweise erträgliche Behandlung.[116]

Die Situation der übrigen IMI wurde im Winter 1943/44 immer bedrohlicher: Die stetig sinkenden Verpflegungssätze konnten dem höheren Nahrungsmittelbedarf im Winter in keiner Weise entsprechen. Unsachgemäße Lagerung und eine nachlässig betriebene Vorratshaltung führten im Stalag VI D zusätzlich zu einer Verknappung der Lebensmittel. Hinzu kam, dass die Nahrungsmittel für Kriegsgefangene in der Regel von minderer Qualität waren. Häufig wurde Freibankfleisch ausgegeben, wobei die Knochen auf das Gewicht angerechnet wurden.[117] Im Tagebuch des Rüstungskommandos Dortmund hieß es im März 1944:

> „Das Kommando versuchte, durch eingehende Aussprachen mit den Betrieben, die Frage der Leistungssteigerung der Kriegsgefangenen zu lösen. Ein abschließender Bericht liegt noch nicht vor; es kann aber jetzt schon gesagt werden, dass der wesentliche Grund für die geringen Leistungen in der schlechten Ernährung der Kriegsgefangenen zu suchen ist. Nur durch eine bessere Verpflegung kann das Ziel, das Höchste aus den Kriegsgefangenen herauszuholen, erreicht werden. Es treten jedoch erhebliche Schwierigkeiten auf, die

112 Spoerer, S. 83.

113 Die italienische Arbeitsfront unterhielt eine Fürsorge-Kommission (S.A.I.) zugunsten der Gefangenen. Besuche im Stalag VI D veränderten jedoch die schlechte Ernährungslage zunächst nicht. Barbero, S. 47.

114 Hammermann, S. 173.

115 Hammermann, S. 179f.

116 Umfrage u. a. Vangelista (S), S.74-76, Gärtnereibetrieb, VI D Lager Oberhausen, angegeben in: Hammermann, S. 255.

117 Werkaufsicht VI, Mitteilung 19.6.1944; Landwirtschaftlicher Sachverständiger, betr. Bestandsaufnahme bei Kartoffeln und Gemüse im Italienerlager, 23.1.1945, thyssenkrupp Konzernarchiv, Hoesch-Archiv, Duisburg, G/7/C, angegeben in: Hammermann, S. 224.

> darin bestehen, dass einmal Rüben und Kartoffeln zu einem sehr grossen Teil in ungeniessbarem Zustand angeliefert werden und dass sodann die Betriebsführer, wenn sie auf Grund guter Beziehungen Lebensmittel für die Kriegsgefangenen besorgen wollen, bestraft werden. Die Fälle, wo die Kriegsgefangenen bei der Arbeit umfallen oder von ihren Kameraden gestützt werden, um den Arbeitsplatz zu erreichen, stehen nicht vereinzelt da."[118]

Im Frühjahr und Sommer 1944 verbesserte sich die Ernährungssituation allmählich. Darüber hinaus stiegen im Herbst 1944 die Rationen der IMI mit der Überführung in das Zivilverhältnis. Da es ihnen nun gestattet war, das Stalag VI D und die Lager der Arbeitskommandos für einige Stunden am Tag zu verlassen, ergab sich auch die Gelegenheit, zusätzlich etwas Essbares zu beschaffen. Diese vergleichsweise positiv erinnerte Periode währte jedoch nur kurz. Bereits mit dem Einsetzen des Winters 1944 und noch spürbarer ab Anfang 1945 stellte sich die Situation der Italiener als zunehmend lebensbedrohlich dar.[119]

Das IKRK war über die Situation der Italienischen Militärinternierten informiert und versuchte vergeblich, Lebensmittel- und Kleiderpakete in die Lager zu schicken. Ein solcher Waggon, der in Berlin eintraf, wurde von der deutschen Regierung mit der Begründung wieder zurückgeschickt, dass die Italiener keine Kriegsgefangenen seien, sondern Internierte einer ehemals befreundeten Nation, für die sie selbst sorgen würde.[120] Die aus Italien vom „Servizio Assistenza Internati" in der Zeit von Juni bis September 1944 an die 21.985 (Stand 1.7.1944) IMI im Stalag VI D abgegangenen Lebensmittel umfasste folgende Menge von Lebensmittel pro Person: 2,11 Gramm Zwieback, 1,41 Gramm Zucker, 0,386 Gramm Marmelade, 0,454 Gramm Käse und 0,154 Gramm Trockengemüse.[121]

Neben den sowjetischen Kriegsgefangenen waren auch die IMI Versuchsobjekte der von Mai bis Dezember 1944 dauernden, bereits erwähnten „Krautaktion". Einen Ernährungsersatzstoff erhielt das bei der Firma Hoesch AG beschäftigte italienische Arbeitskommando 3009 im Sommer 1944. Insbesondere fleischlosen Gerichten fügte man den von der Firma Bionahr hergestellten Eiweißnährstoff „Sämigmark" hinzu. Den Angaben des Herstellers zufolge konnte damit ein Drittel der Kartoffelmenge eingespart werden. Ein Lagerarzt bestätigte am 16. September 1944 die einwandfreie Bekömmlichkeit des Konzentrats, welches seines Erachtens keine gesundheitlichen Beschwerden verursache und als Beigabe gut verwendbar sei.[122]

Wie schlecht die Verpflegung war, verdeutlicht das in der Arbeit von Gabriele Hammermann angeführte Beispiel: Durch ein Versehen hatte die Leitung eines bei der Hoesch AG beschäftigten Arbeitskommandos die für die Kriegsgefangenen bestimmten Fleischrationen irrtümlich an die deutschen Lagerangestellten verteilt.

118 Kriegstagebuch des Rüstungskommandos Dortmund, Bericht März 1944, BAMA, RW 21/14 - 17.

119 Umfrage u. a. Davanzo, angegeben in: Hammermann, S. 257f.

120 Barbero, S. 42f.

121 Hammermann, Tabelle 7 „Aus Italien abgegangene Lebensmittellieferungen des „Servizio Assistenza Internati", Juni – September 1944, S. 596.

122 Lager Gemeinschaftsküche Krankenhaus Nord, Oberarzt Dr. Gutermuth, betr. Gutachten über die Verträglichkeit des im Lager Unnaer Straße an das Arbeitskommando 3009 ausgegebenen „Sämigmarks", 16.9.1944, thyssenkrupp Konzernarchiv, Hoesch-Archiv, Duisburg, G/7/C, angegeben in: Hammermann, S. 224.

Diese beschwerten sich über die unzulängliche Kost, woraufhin diese durch einen Tierarzt überprüft wurde, der sein Gutachten wie folgt formulierte:

> „Es handelt sich um Freibankfleisch, das im Nahrungs- und Genusswert erheblich herabgesetzt und unter entsprechender Deklaration und Überwachung nur an Gefangenenanstalten und ähnliche Gemeinschaftsküchen, die zur Ernährung von Kriegsgefangenen usw. dienen, abgegeben werden darf."[123]

Neben den Versuchen, die Leistungsfähigkeit gesundheitlich angegriffener IMI durch erleichterte Arbeitsbedingungen und Zusatzernährung wiederherzustellen, setzten sich viele Firmen ab Anfang 1944 zunehmend dafür ein, die Lebensmittelzuwendungen nunmehr abhängig von den Erfordernissen der Arbeit zu vergeben. Viele Firmen beantragten bei den Ernährungs- und Gewerbeaufsichtsämtern die den Lang-, Schwer- und Schwerstarbeitern unter den IMI zustehenden Zuwendungen. Eine wachsende Zahl IMI erhielt somit im Laufe des Jahres 1944 Lebensmittelzulagen.[124]

Eine einheitliche Entwicklung zeichnete sich dadurch aber noch nicht ab. Selbst in den Großbetrieben variierte die Bereitschaft der einzelnen Werksleitungen, von der leistungsabhängigen Ernährung für IMI abzurücken. So hatte der Dortmund Hörder-Hüttenverein unter dem Druck der unablässig steigenden Krankenstände bei den IMI im Vorfeld der Maßnahmen der sogenannten Kraut-Aktion Ende Januar 1944 Konzepte zur Verbesserung der Ernährungssituation entwickelt und an die einzelnen Werksleitungen weitergeleitet. Während der überwiegende Teil der Betriebe als Folge dieser Maßnahme deutlich niedrigere Krankenstände vermelden konnte, enthielt das Werk Dortmund den IMI weiterhin die Schwerarbeiterzulage vor und verzeichnete Ausfallzahlen, die weit über 30 Prozent lagen. Erst auf Druck der Unternehmensleitung erklärte sich das Werk bereit, die Zulagen zu beantragen, allerdings weiterhin unter der Maßgabe einer ausreichenden Arbeitsleistung.[125]

Auf Grund der schlechten Ernährung versuchten Italienische Militärinternierte, Nahrungsmittel ins Lager zu schmuggeln. Am Eingang des Stalag VI D nahmen die deutschen Wehrmachtsbediensteten strenge Kontrollen und Leibesvisitationen vor. Hatte ein IMI gegen das Verbot verstoßen, Lebensmittel mit ins Lager zu bringen, musste er mit Misshandlungen und drakonischen Strafen bis hin zur Erschießung rechnen.[126] Der Versuch eines vom Hunger getriebenen Italieners, das durch einen Drahtverhau abgetrennte französische Lager im Stalag VI D zu erreichen, scheiterte daran, dass ein Wachposten auf ihn schoss. Er hatte Glück im Unglück und wurde nur an der Schulter verletzt.[127] Für diejenigen IMI, die aus dem Stalag VI D entlassen und einem Arbeitskommando zugeteilt wurden, verbesserte sich die Lebenssituation.

123 Untersuchungsbefund des Städtischen Veterinärrates Dr. Mayer, 2.5.1944, thyssenkrupp Konzernarchiv, Hoesch-Archiv, Duisburg, G/7/C, angegeben in: Hammermann, S. 225.

124 Fleischverteilung im Italienerlager, monatliche Fleischration für Lang-, Schwer- und Schwerstarbeiter, o.D. Die tägliche Fleischzuteilung belief sich auf 100-150 g Freibankfleisch. Gewerbeaufsichtsamt Dortmund an die Fa. Hoesch AG, 17.8.1944, thyssenkrupp Konzernarchiv, Hoesch-Archiv, Duisburg, G/7/b/6, angegeben in: Hammermann, S. 246.

125 Hüttenverein Hochofen an Abt. Ausländer, Werk Dortmund, 19.2.1944; Werk Dortmund an Direktor Kirchner, April 1944, thyssenkrupp Konzernarchiv, Hoesch-Archiv, Duisburg, DHHV, Bd. 987, angegeben in: Hammermann, S. 246f.

126 Umfrage v.a. Davanzo, angegeben in: Hammermann, S. 267f.

127 Barbero, S. 46.

Pakete von ihren Familien trafen ein, die Verpflegung wurde insgesamt ausreichender und die Kranken- und Sterbefälle nahmen ab.[128]

Medizinische Versorgung und Seelsorge

Dank der Schilderungen Giuseppe Barberos und der grundlegenden Forschungsarbeit von Gabriele Hammermann lässt sich die medizinische Versorgung der Italiener besser rekonstruieren als die der anderen Nationalitäten. Barbero erinnert sich an seine Inhaftierung im Sektor C, dem Teil des Stalag VI D, in dem sowjetische Kriegsgefangene und ab September 1943 auch Italienische Militärinternierte untergebracht waren. Wie die sowjetischen Kriegsgefangenen hatten auch die Italienischen Militärinternierten eine eigene Krankenbaracke, in die auch Schwerstkranke aus den Arbeitskommandos des Stalag VI D aufgenommen wurden.[129] Über den Zustand der Baracken im März 1944 berichtete Barbero:

> „Ein trauriger und grauenhafter Anblick, diese Krankenstuben in Dortmund. Es waren alte Holzbaracken, alle von der Zeit und den Bombardierungen zerstört, und überall drang Luft herein. Es gab ca. 700 italienische Patienten; sie schliefen auf Pritschen und Holzgerüsten, sehr oft zu zweit auf einem Lager, und besaßen nur zwei leichte Felddecken pro Kopf, um sich vor der Kälte zu schützen. Die Verpflegung war die gleiche wie in den Arbeitslagern, d.h. Rüben, Kohl, wenige Male Kartoffeln, aber mit dem Unterschied, dass sie hier nicht arbeiteten und ihnen nur eine einzige Ration am Tag zustand. Immer logisch diese Deutschen: *‚In Deutschland heißt es, wer nicht arbeitet, braucht auch nicht zu essen'*, sagte mir ein deutscher Arzt. Aber sie dachten nicht darüber nach, dass diese Kranken sich wegen ihrer Arbeit für das große [deutsche] Reich ruiniert hatten. Ebenso logisch waren die deutschen Soldaten, wenn sie Order erhielten, die Kranken ins Bad zu bringen. Sie hatten ihnen gesagt, dass alle dort hin mussten, da half kein Gott, es mussten wirklich alle gehen, auch die Sterbenden, die natürlich tot zurückkehrten, während sich die Genesenden eine Lungenentzündung holten. Sechs italienische Ärzte übten in der Krankenstube ihren Dienst aus. Mit großer Opferbereitschaft und einem tiefen Gespür für christliche Nächstenliebe opferten sie sich für diese kranken Mitbrüder auf. Aber sie konnten keine Wunder bewirken. Die Verpflegung war schlecht und unzureichend, es fehlten Medikamente, Wunden und eitrige Entzündungen wurden mit Papierbinden umwickelt, wenn überhaupt welche da waren."[130]

Italienische Ärzte wurden von den Deutschen wegen ihrer medizinischen Kenntnisse sehr geschätzt.[131] Die sechs italienischen Ärzte, die dem Stammlager unterstanden, kehrten allerdings nicht nach Italien zurück. Sie starben an Krankheiten, die sie bei ihren Patienten zu heilen versucht hatten. Meist verfügten die Ärzte über keinerlei Medikamente, die Verpflegung der Kranken war unzureichend und schlecht und die Krankschreibungen der Ärzte wurden von den Deutschen häufig ignoriert, so dass Italienische Militärinternierte oft fiebrig und krank ihre Arbeit verrichten muss-

128 Barbero, S. 47.
129 Barbero, S. 40.
130 Barbero, S. 40f.
131 Barbero, S. 48.

ten.[132] Die Ursache vieler Krankheiten wie eitrige Entzündungen, Lungen-, Brustfell- und Nierenentzündung, Tuberkulose und Durchfall waren Hunger und Durst, Kälte, mangelnde hygienische Möglichkeiten und Misshandlungen. Auf dem Totenschein wurde meist Lungen-, Brustfell- oder Nierenentzündung als Todesursache eingetragen. Von Oktober 1943 bis September 1944 starben im Stammlager VI D und in den ihm unterstehenden Lagern der Arbeitskommandos mehr als 1.000 Italienische Militärinternierte. Ein Schreiben des Dortmund-Hörder Hüttenvereins belegt die in vielen Fällen mangelnde Unfallversorgung der IMI:

> „Die angeführte Äußerung, dass für ‚Badoglios nichts da sei' ist hier mit Bestimmtheit nicht gefallen, da sie in keiner Weise den Gepflogenheiten der Verbandsstelle entspricht. Allerdings werden Kriegsgefangene hier nur einmalig bei Unfällen verbunden – Erste Hilfe – und dann dem zuständigen Revierarzt überwiesen."[133]

Zur Erläuterung der Zustände in der Krankenbaracke für Italienische Militärinternierte führt Barbero einige Berichte des Vertrauensmannes Mario Marcozzi an, von denen zwei hier wiedergegeben werden:

> „Am 21.3.1944 wurde in die Krankenstube von Dortmund der Gefangene Ardito Rocca aufgenommen, der aus dem Arbeitslager Nr. 234 kam und an post-traumatischer Lungenentzündung sowie Fraktur des rechten Schulterblattes litt. Außerdem wies er Blutergüsse an Schultern und Armen auf sowie eitrige Entzündungen am linken Arm und im Bereich des rechten Schulterblattes. Der Militär erklärte, von einem deutschen Soldaten brutal mit einem Stock geschlagen worden zu sein. Rocca, Opfer der erlittenen Misshandlungen, verstarb heute in der Krankenabteilung."[134]
>
> „Im Oktober 1943 belief sich die Zahl der italienischen Häftlinge des Stammlagers auf 24.000 Personen. Von diesen bildete eine Zahl, die zwischen 1.000 und 1.500 schwankte, das Hauptlager in Dortmund. Seit Beginn der Gefangenschaft äußerte sich die Haltung der Deutschen gegenüber den Italienern als besonders feindselig. Bei ihrer Ankunft im Stammlager wurden sie minutiös durchsucht; [...]. Die unzureichende und schlechte Verpflegung und die oft tödlichen Schläge forderten sofort ihre Opfer, und mit der winterlichen Kälte erreichten diese eine beängstigende Zahl: in den ersten Monaten des Jahres 1944 starben 18 % der in die Krankenabteilung des Lagers aufgenommenen Kranken an Hungerödemen oder an anderen Krankheiten, deren Ursprung auf die fehlende Ernährung zurückging. [...] Die italienischen Militärärzte haben sich in bewundernswerter Weise eingesetzt, obwohl auch sie unterernährt waren und sich in einem kränklichen Zustand befanden. Ihr Dienst erwies sich wegen des Mangels an Medikamenten und Verbandsmaterial oft als nutzlos. Oberst Steiniger,[135] bis Ende Oktober 1944 Kommandant des Stammlagers VI D, war der grausamste Mörder. Mehrmals wandte ich mich an ihn, damit er die Situation der italienischen Gefangenen verbessere, aber der Ausgang war immer negativ, obwohl er versprach, sich dafür zu interessieren. Der deutsche Militärarzt Hamaker,[136] Leiter des Sanitätskorps im Stammlager, war ebenfalls gegenüber sämtlichen

[132] Barbero, S. 45, 48f, 65.

[133] Dr. Otto Rompe, Werksarzt, betr. Behandlung der militärinternierten Italiener des Arb. Kommandos 1242, Perretti, 26.4.1944, thyssenkrupp Konzernarchiv, Hoesch-Archiv, Duisburg, DHHV, Bd. 987 zit. in: Hammermann, S. 180.

[134] Schreiben von Mario Marcozzi an den Kommandanten des Stammlagers VI D, 13.4.1944, Barbero, S. 62.

[135] Oberst Erich Steiniger (geb. 19.7.1889) war vom 1.4.1943 bis zum 24.9.1944 Kommandant des Stalag VI D.

[136] Militärarzt Hamaker war Leiter des Sanitärkorps im Stalag VI D. Weitere biografische Angaben über den Militärarzt Hamaker waren nicht zu ermitteln.

> Gefangenen gefühllos, in besonderer Weise gegenüber den Russen und Italienern. Major Hamaker zwang die italienischen Militärärzte, in derselben Baracke wie die tuberkulosenkranken [sic] Gefangenen zu wohnen, die ausschließlich nur für sie vorgesehen war. [...] In den ersten Monaten des Jahres 1944 sortierten die Deutschen viele für unheilbar erklärte Kranke aus und schickten sie in die Lager von Fullen[137] und Steinmühle.[138] Einige dieser Kranken starben während des Transports, und ein großer Teil der anderen starb – wie ich erfuhr – dann später. Die Kranken des Lagers Dortmund, die zum großen Teil aus den untergeordneten Arbeitslagern stammten (fast immer in sehr schlechtem Zustand, so dass einige schon starben, bevor sie den Boden der Krankenabteilung betraten), waren sehr zahlreich. Nicht immer war es möglich, sie alle aufzunehmen, weil die italienische Krankenstube überfüllt war und fast alle Betten mit zwei oder drei Kranken belegt waren."[139]

Die absichtliche Unterversorgung der häufig an Tuberkulose oder Rippenfellentzündung erkrankten IMI mit medizinischem Material sowie die schlechte Ausstattung und Überbelegung der Krankenbaracken beurteilte auch Dr. Fromme lapidar als inhumane Haltung.[140]

Die Bedingungen zur Aufrechterhaltung der Gesundheit können insgesamt als mangelhaft bezeichnet werden, wobei es den westeuropäischen Kriegsgefangenen durch die Anwendung der Genfer Konvention weniger schlecht ging als den in der rassistischen nationalsozialistischen Hierarchie an unterster Stelle stehenden sowjetischen Kriegsgefangenen und den als angebliche Verräter gebrandmarkten Italienischen Militärinternierten. Die physische und psychische Situation der italienischen Gefangenen war wegen mangelhafter Ernährung, schlechter Kleidung, unzureichender hygienischer Einrichtungen und medizinischer Versorgung katastrophal. Im Vordergrund stand auch bei ihnen die Vernutzung ihrer Arbeitskraft.[141]

Die seelsorgerische Betreuung der Italienischen Militärinternierten in den Arbeitslagern des Stalag VI D erfolgte durch acht Kapläne. Giuseppe Barbero war einer von denen, die im Dezember 1943 von der Lagerleitung angefordert worden waren. Im September 1944 waren 23 Kapläne in circa 170 Arbeitslagern mit italienischen Militärinternierten tätig, die dem Stalag VI D untergeordnet waren. Ab und zu konnten sie das Stammlager für Besuche in den ihnen zugeteilten Lagern oder für Beerdigungen verlassen.[142] Mit der Überführung der IMI in den Zivilstatus bestand keine Verantwortung der Wehrkreisverwaltung für ihre seelsorgerische Betreuung mehr. Die Geistlichen wurden daher in verschiedene Oflags verlegt.[143]

Pater Giuseppe Barbero hatte folgende Aufgaben: Sterbebegleitung vorrangig für Italiener, jedoch auch für alle anderen, denen er begegnete oder die er heimlich be-

137 Im Emslandlager X Fullen wurde im Frühjahr 1944 ein Lazarettlager eingerichtet, in dem nahezu ausschließlich arbeitsunfähige IMI aus dem Ruhrgebiet eingeliefert wurden, Hammermann, S. 427.

138 Es ist anzunehmen, dass der Autor das überregionale Kriegsgefangenenlazarett Staumühle bei Hövelhof in der Senne meinte; es lag 7 km vom Stalag 326 entfernt. Hüser/Otto, Stammlager 326, S. 76ff.

139 Bericht über die Behandlung der gefangenen Italiener im Stammlager VI D, Dortmund, Iserlohn, 25.4.1945, Barbero, S. 64f.

140 Beratender Hygieniker beim Wehrkreis VI, Oberfeldarzt Prof. Dr. Fromme, an die Bezirksgruppe Steinkohlenbergbau Ruhr, 22.6.1944, WWA, S 1/NI, 2886-2944 I.

141 Siehe auch Hammermann, S. 424f

142 Barbero, S. 30.

143 Barbero, S. 48.

suchte, wie z. B. sowjetische Kriegsgefangene in der Krankenbaracke,[144] das Spenden der Letzten Ölung und der heiligen Sakramente, Beerdigungen, Gebete, Zelebrieren der heiligen Messe mit Hilfe eines tragbaren kleinen Altars, Abnehmen der Beichte, Austeilen der Kommunion, Feiern des Osterfestes 1944. Barbero durfte das Lager für Beerdigungen auf dem Dortmunder Friedhof verlassen. Die Beerdigungen italienischer Militärinternierter beschrieb Barbero als sehr einfach: „Ich verlas die vorgeschriebenen Totengebete, segnete die ausgehobenen Gräber, und während die Särge hinunterglitten, standen die anwesenden Soldaten, immer zu acht, stramm und grüßten militärisch."[145] Obwohl Barbero den Weg zum Friedhof nicht beschrieb, ist anzunehmen, dass der Karren über die Bundesstraße 1 zum Hauptfriedhof fuhr, d. h. viele Menschen müssen ihn gesehen haben.

Fluchten, Misshandlungen und Gewalt

Am 15. März 1945 schrieb der italienische Gefangene Giacomo Cimarelli in sein Tagebuch: „Heute Abend haben wir zusammen mit Mariotti und Luchetti eine Straßenkarte studiert, die ich für eine eventuelle Flucht besorgt habe."[146] Er entschied sich jedoch, bei seinen kranken Gefährten im Lager zu bleiben. Was nach dem Krieg aus Cimarelli wurde, ist nicht bekannt.

In den letzten Kriegstagen im Ruhrgebiet brach die Überwachung des Stalag VI D zusammen und vielen Kriegsgefangenen gelang Ende März 1945 die Flucht. Barbero erinnerte sich: „Die verwirrten Deutschen trafen keinerlei Entscheidung und machten ein Auge zu, wenn die Gefangenen flohen. Die Italiener waren fast alle flüchtig. Stacheldraht existierte nicht mehr, von den alten Baracken waren nur noch wenige Bretter übrig; keiner dachte daran, uns etwas zu essen zu geben. (...) Wir waren nur von dem einzigen Gedanken beseelt zu fliehen, weit weg, weg von Dortmund, der Stadt des Todes, des Hungers und der traurigen Erinnerung."[147]

Misshandlungen von Italienischen Militärinternierten wurden im Dortmund Hörder-Hüttenverein als legitimes betriebliches Erziehungsmittel angesehen. Als ein italienischer Gefangener einen Ohnmachtsanfall erlitt, unterstellte ihm der zuständige Vorarbeiter Simulation und ordnete als Disziplinarmaßnahme an, ihn am Zugseil eines Krans hochzuziehen und ihn zehn Minuten in dieser Position hängen zu lassen.[148] Es gab jedoch auch Stimmen, die sich gegen die Misshandlungen von IMI (und französischen Kriegsgefangenen) durch deutsche Betriebsangehörige wandten. Im Oktober 1943 wies der Lager- und Wachabschnittsführer, Hauptmann Redder, die „Abteilung Ausland" des Dortmund Hörder-Hüttenvereins an: „Das Recht des Zuschlagens steht den Werksangehörigen nur dann zu, wenn tatsächlich Notwehr vorliegt. Bestrafung von Kriegsgefangenen kann nur durch die Wehrmacht erfolgen."[149]

[144] Barbero, S. 49.

[145] Barbero, S. 46.

[146] Cimarelli, Eintrag 15.3.1945, S. 2.

[147] Barbero, S. 79.

[148] Schreiben an Herrn Bretschneider, 20.4.1944, thyssenkrupp Konzernarchiv, Hoesch-Archiv, Duisburg, DHHV, Bd. 987, angegeben in: Hammermann, S. 305.

[149] Hüttenverein, Abt. Ausland Werk Dortmund an Abt. H., 28.10.1943, thyssenkrupp Konzernarchiv, Hoesch-Archiv, Duisburg, DHHV, Bd. 987, zit. in: Hammermann, S. 293, 317.

Zusammenfassung

Die Quellenlage zu den Arbeits- und Lebensbedingungen der Italienischen Militärinternierten im Stalag VI D und seinen Arbeitskommandos ist vergleichsweise schlecht. Dank der Forschung von Gabriele Hammermann[150] sind eine Reihe von betrieblichen Überlieferungen bekannt; außerdem liegen Interviews vor. Das Fazit, das Hammermann zieht, trifft auch auf Dortmund zu: Mit dem Ausscheiden Italiens aus dem Kriegsbündnis mit Deutschland und der Unterzeichnung des Waffenstillstandes mit den Alliierten im September 1943 galten Italiener in der deutschen Propaganda und in den Augen der Deutschen als Verräter. Dementsprechend stand die Behandlung der Italienischen Militärinternierten auch im Stalag VI D und seinen Arbeitskommandos im Zeichen der exemplarischen Bestrafung. Diese Deklassierung führte zur Umdeutung der italienischen Kriegsgefangenen in Militärinternierte, die von jeglicher Hilfe des Internationalen Roten Kreuzes ausgeschlossen waren. Sie befanden sich auf einer der untersten Stufen der nationalsozialistischen Rasse-Hierarchie und wurden nur wenig besser behandelt als die sowjetischen Kriegsgefangenen. An Italienischen Militärinternierten wurden rücksichtslos Ernährungsexperimente durchgeführt, die zu einer Steigerung ihrer Arbeitsleistung führen sollten. Der kurzfristigen Besserung ihrer Lebensbedingungen infolge ihrer Zivilschreibung im Herbst 1944 folgte bis Kriegsende eine Zeit härtester Arbeitsbedingungen, oftmals verbunden mit Misshandlungen, äußerst knapper und schlechter Nahrung sowie miesester Krankenversorgung.

Luftangriffe und Luftschutz

Der Schutz vor den zunehmenden Luftangriffen auf Dortmund wurde zu einem immer wichtigeren Überlebensfaktor für die Kriegsgefangenen. Kriegsgefangene durften in der Regel öffentliche Bunker, an deren Errichtung sie häufig mitgearbeitet hatten, nicht aufsuchen.[151] Allein bei einem britischen Nachtangriff auf Dortmund im Mai 1943 wurden etwa 200 sowjetische Kriegsgefangene getötet.[152] Bei dem ersten großen Bombenangriff auf Dortmund in der Nacht vom 4./5. Mai 1943 wurden 37 Baracken der Lager im Bereich Minister Stein/Fürst Hardenberg vollständig zerstört und viele beschädigt.[153] Im September 1943 befanden sich neben den Baracken des Stalag VI D auf der Volkswiese zwar Splittergräben, die jedoch sehr schlecht abgedeckt waren, da es verboten war, Holz dafür zu verwenden.[154] Ohne Abdeckung boten die Gräben noch weniger Schutz. Nach dem Angriff vom Oktober 1944 hatten die Kriegsgefangenen Löcher zum Schutz vor den Granatsplittern und der Luftverdrängung ausgehoben, die sie mit einigen Brettern und ein wenig Erde be-

150 Hammermann, a.a.O.

151 Spoerer, S. 143.

152 http://www.lwl.org/westfaelische-geschichte/portal/Internet/input_felder/langDatensatz_ebene4.php?urlID=41&url_tabelle=tab_websegmente (22.7.2014).

153 *Tilo Cramm*, Minister Stein, Fürst Hardenberg. Die Geschichte des letzten Dortmunder Bergwerks, Teil II: 1918-1987, *Landschaftsverband Westfalen-Lippe (Hg.)*, Westfälisches Industriemuseum, Bd. 12, Essen 1993, S. 89, siehe: LAV NRW RW, Bergämter 1518

154 Besuch des Stalag VI D, 12.9.1943, ACICR, C SC, Service des camps, Allemagne, WK VI, RT.

deckten. Als sie den Kommandanten, Oberst Schmidt-Vogelsang, um einige Bretter zur Verstärkung baten, wurden sie ihnen verweigert. Unter Lebensgefahr stahlen sie das Holz, um ihren Unterstand notdürftig zu sichern.[155]

Infolge von Bombenangriffen starben im Mai 1944 20 Kriegsgefangene; 100 wurden verwundet.[156] Kriegsgefangene, die sich retten wollten, wurden von deutschen Soldaten erschossen.[157] Weitere Bombardierungen im Oktober 1944 sowie im Februar (20./21.2.) und März (12.3.) 1945 trafen die Gefangenen des Stalag VI D sehr schwer.[158] Die Kriegsgefangenen in den Arbeitskommandos des Stalag VI D litten besonders unter den Bombardierungen, weil die Lager meist mitten in den Industriegebieten lagen, die besonders stark bombardiert wurden.

Am 11. November 1944 brannten sieben, am 1. Januar 1945 fünfzehn und am 16. Februar elf Baracken des Stalag VI D aus. Die genaue Anzahl der Toten ist nicht bekannt. Zeitzeugen erinnerten sich, dass etwa fünfzehn tote Franzosen mit Lastkraftwagen weggefahren wurden. Gegen Kriegsende sollen auf höhere Weisung hin die Toten „nach erkennungsdienstlicher Behandlung durch die Polizei" beerdigt worden sein.[159] Bei einem schweren Luftangriff auf das Eisen- und Stahlwerk Hoesch AG in der Hildastraße 1 kamen insgesamt 184 sowjetische Kriegsgefangene ums Leben, 237 wurden verletzt.[160] Gleichzeitig ließ die Bewältigung der Luftangriffsfolgen Zwangsarbeiter und Kriegsgefangene zu den Hauptakteuren werden. Nach schweren Bombardierungen setzten die Oberbürgermeister und die Reichsverteidigungskommissare in so genannten „Großräumaktionen" Tausende von Zwangsarbeitern und Kriegsgefangenen zur Trümmer- und Schutträumung ein, was lebensgefährlich war. Die Stadt Dortmund ließ in der Zeit von September 1944 bis März 1945 auch Kriegsgefangene des Stalag VI D zur Beseitigung von Kriegsschäden infolge von Bombenangriffen für sich arbeiten. Es handelte sich einerseits um die SS-

[155] Barbero, S. 71f. Hammermann, S. 377.

[156] Barbero, S. 69. Hammermann, S. 379.

[157] *Geschichtswerkstatt Dortmund (Hg.)*, Die Zusammenbruchsgesellschaft. Kriegs- und Trümmerzeit in Dortmund in Berichten und Dokumenten, Schriftenreihe zur Geschichte des Dortmunder Alltags, Nr. 4, Dortmund 1995.

[158] Aufstellung der britischen und amerikanischen Luftangriffe auf die innerstädtische Fläche Dortmunds, die mit einer Serie von acht Bombenangriffen von Mai 1943 bis März 1945 Dortmund zu 98 Prozent zerstörte: 4./5. Mai und 23./24. Mai 1943, 22./23. Mai, 6./7. Oktober, 11./12. November, 29. November 1944, 20./21. Februar und 12. März 1945. Siehe: Dortmund im Wiederaufbau 1945-1960. Eine Dokumentation des Stadtarchivs Dortmund, *Stadtarchiv Dortmund (Hg.)*, Dortmund 1985, S. 32. Heimat Dortmund, Stadtgeschichte in Bildern und Berichten,„Dortmund in Trümmern. 50 Jahre Kriegsende und Befreiung", *Historischer Verein für Dortmund und die Grafschaft Mark e.V. unter Mitwirkung des Stadtarchivs (Hg.)*, 1/95, Dortmund 1995. Erweiterte Auflage des Themenheftes von 1/1995, 60 Jahre Kriegsende, 1/2005. Kurt Bischof, Untergang einer Großstadt im Bombenhagel, in: Heimat Dortmund, Stadtgeschichte in Bildern und Berichten, *Historischer Verein für Dortmund und die Grafschaft Mark e.V. unter Mitwirkung des Stadtarchivs (Hg.)*, 4/94, Dortmund 1994. Luise von Winterfeld, Jahresberichte 1940-1948, in: Beiträge zur Geschichte Dortmunds und der Grafschaft Mark, Historischer Verein für Dortmund und die Grafschaft Mark (Hg.), Bd. 47, Dortmund 1948, S. 139-142.

[159] *Tilo Cramm*, Minister Stein, Fürst Hardenberg. Die Geschichte des letzten Dortmunder Bergwerks, Teil II: 1918-1987, *Landschaftsverband Westfalen-Lippe (Hg.)*, Westfälisches Industriemuseum, Bd. 12, Essen 1993, S. 89, siehe: LAV NRW RW, Bergämter 1518

[160] Auskunft von Alexander Primavesi, 1.12.1988, in: Tilo Cramm, Minister Stein, Fürst Hardenberg. Die Geschichte des letzten Dortmunder Bergwerks, Teil II: 1918-1987, *Landschaftsverband Westfalen-Lippe* (Hg.), Westfälisches Industriemuseum, Bd. 12, Essen 1993, S. 88.

Bau- und Arbeitsbataillone 7, 12 und 17 sowie andererseits um die aus sowjetischen Kriegsgefangenen bestehenden Arbeitskommandos 3059 und 3013.[161]

Der schwere Bombenangriff in der Nacht vom 20. auf den 21. Februar 1945 traf auch die Unterkünfte der sowjetischen Kriegsgefangenen auf der Volkswiese. Die Lagerinsassen hatten unter den Baracken Schutz gesucht und etliche verbrannten. Der Anblick der zerschmetterten, enthaupteten und zerfetzten Toten hinterließ bei den italienischen Gefangenen einen tiefen Schock. Ein Internierter beschrieb den Terror, der mit dem Bombenangriff verbunden war: „Den Kopf an die Erde des Splitterschutzgrabens gelehnt, das Herz...raste, der Mund brannte vor Staub, Schwefel [und] Kohlendioxyd; so wartete man jeden Augenblick auf die Bombe, die einschlagen müßte und wünschte es sich fast und das war das Schrecklichste."[162]

Versuche, angesichts dessen die Erlaubnis zum Aufsuchen von Schutzräumen zu erreichen, scheiterten:

> „In der Nacht vom 20. zum 21. Februar 1945 wurde das Stalag VI D, das schon zweimal durch Luftangriffe im Mai 1943 und Mai 1944 getroffen war, durch ein erneutes Bombardieren total zerstört, wobei es unter den Kriegsgefangene 32 Opfer gab, 1 Franzose, 1 Italiener und 30 Russen. Aber das Stalag VI D wurde nicht verlegt, trotz der Anfrage des Vertrauensmanns Kléber Victoria, den Zusagen des Lagerkommandanten und den ersten Beobachtungen des CICR. Das Stalag VI D erlitt eine letzte Bombardierung am 12. März 1945, die zu mehr Opfern bei den französischen Kriegsgefangenen führte; der Zugang zu den unterirdischen Schutzräumen der Stadt Dortmund, gegenüber des Stalag VI D gelegen, wurde (...) vom Lagerkommandanten verwehrt mit der Antwort: *‚dass der Polizeipräsident von Dortmund [SS-Brigadeführer Ernst Georg Altner[163], Anm. d. Verf.] ihm gesagt hat, dass es keinen Schutz für die Franzosen geben wird und sie sich doch an die Amerikaner und Engländer halten sollen.'* Man muss wissen, dass die Stadt Dortmund über die ausgedehntesten Zivilschutzräume Europas verfügte (24 Bunker verteilt über die Stadtviertel und ein Tunnelsystem)."[164]

In dieser Februarnacht wurden die Reste des Lagers sowie große Teile des Dortmunder Südens komplett verwüstet.[165] Als die Delegation des IKRK das Stalag VI D unmittelbar nach der Bombardierung besuchte, fand sie in einem „Meer von Flammen" folgende Situation vor: Die meisten Kriegsgefangenen befanden sich noch in den Schutzgräben, die anderen wärmten sich an den brennenden Baracken. Alles war zerstört. Die Gefangenen besaßen nur noch das, was sie am Leibe trugen. Die Kriegsgefangenen standen vollkommen unter dem Schock der Bombardierung. Der Lagerkommandant veranlasste sofort das Nötige, um die meisten der Kriegsgefangenen in andere Gegenden zu evakuieren. Drei Tage später konnten die Delegierten des IKRK

161 StadtA Do, 120-Zg. 42/1965-51.

162 Barbero (Mk), S. 50-51, angegeben in: Hammermann, S. 379.

163 Siehe: *Andreas Schulz, Günter Wegmann*, Die Generale der Waffen-SS und der Polizei, Bd. 1, Bissendorf 2003, S. 12ff.

164 http://www.stalagvia-16032.com/stalag-vi-d-de-dortmund-chapitre-2-sources/ (14.8.2014).

165 In einer geheimen Notiz über die Stärke der Kriegsgefangenenlager in Deutschland hieß es am 15. März 1945, dass das Stalag VI D in der Nacht zum 22. Februar 1945 komplett zerstört wurde, National Archives, PRO, WO 205/141, XC 9623. Die Quelle befindet sich ebenfalls in der Stiftung niedersächsische Gedenkstätten, Dokumentationsstelle Widerstand und Verfolgung 1933-35 auf dem Gebiet des Landes Niedersachsen (Celle).

Abb. 32: Luftbild der US-Airforce vom 23.03.1945 nach dem letzten Großangriff auf Dortmund, StadtA Do

im Stalag VI A Hemer beobachten, wie dort Zelte für die Kriegsgefangenen des Stalag VI D errichtet wurden.[166] Wie genau die Situation im Stalag VI D beschaffen war, welche und wie viele Kriegsgefangene sich nach der Evakuierung noch dort befanden, ist nicht genau zu rekonstruieren. Noch am 12. März 1945 wurden im Rest-Lager während eines Großluftangriffs 45 Franzosen und 200 Russen getötet.[167] Der Italienische Militärinternierte Giacomo Cimarelli schrieb am 23. März 1945 in sein Tagebuch:

> „328 Männer haben das Lager verlassen, 64 sind geblieben. Andere haben es geschafft zu entkommen. (...) Noch weiß ich nicht wie ich aus dem Lager rauskommen könnte, aber ich werde alles tun, um es zu schaffen. Auf der Strasse sieht man am späten (Nachmittag?) deutsche Soldaten vom „Volkssturm" und einige Angehörige der SS herumbummeln. Es könnte sein, dass man das Lager unter Überwachung gestellt hat. Hoffen wir, dass alles

166 Besuch des Stalag VI D, 20.2.1945, ACICR, C SC, Service des camps, Allemagne, WK VI, RT.

167 Schreiben Staatsanwalt Maaß an den Polizeipräsident Dortmund, Herrn Primavesi, 11.2.1992, Staatsanwaltschaft Dortmund, Verfahren/Strafsache 45 Js 9/92, wegen Mord bzw. Beihilfe zum Mord, ZStLJ, 109 AR-Z 316/91.

> gut geht. Im Gegensatz zu anderen Gefährten, habe ich darum gebeten, hier zu bleiben, zusammen mit den Kranken des Lagers, aber wie lange kann ich das noch durchhalten? Ich kann meine Gefährten nicht alleine lassen, viele von ihnen werden es nicht mehr lange durchhalten."[168]

Die Bombenangriffe boten den Kriegsgefangenen trotz der tödlichen Gefahr aber auch eine Möglichkeit zur Flucht. Viele jedoch wurden bei einem solchen Fluchtversuch von deutschen Soldaten erschossen. Eine Augenzeugin berichtete, dass sie auf ihrem Arbeitsweg am Westfalendamm über Leichen steigen musste.[169]

Es gibt keine Gesamtzahl der durch Luftangriffe getöteten Kriegsgefangenen des Stalag VI D und seiner Arbeitskommandos. Bei den insgesamt acht Bombenangriffen auf Dortmund sollen lediglich 282 Kriegsgefangene und 188 Zwangsarbeiter, aber 2.610 deutsche Zivilisten getötet worden sein,[170] aber allein in den hier ausgewerteten Quellen ist von über 600 getöteten Kriegsgefangenen die Rede. Besonders in den letzten Kriegswochen, als die Situation in den Ruhrgebietsstädten einer „Eskalation der Not" glich, gab es nur eine sporadische Erfassung ausländischer Kriegstoten. Hinzu kam, dass es eine enorme Zahl von Dunkelziffern bei den Mordkommandos der Gestapo gab.[171]

168 Cimarelli, Eintrag 23.3.1945, S. 2.

169 *Geschichtswerkstatt Dortmund (Hg.)*, Die Zusammenbruchsgesellschaft. Kriegs- und Trümmerzeit in Dortmund in Berichten und Dokumenten, Schriftenreihe zur Geschichte des Dortmunder Alltags, Nr. 4, Dortmund 1995, S. 80.

170 Luise von Winterfeld, Jahresberichte 1940-1948, in: Beiträge zur Geschichte Dortmunds und der Grafschaft Mark, Historischer Verein für Dortmund und die Grafschaft Mark (Hg.), Bd. 47, Dortmund 1948, S. 139-142. Bei dem Bombenagriff am 11. September 1944 wurden zehn Kriegsgefangene getötet und 35 verletzt. Siehe hierzu: Stadtarchiv Witten, Witten-Alt, 02.02.10 (Luftschutz-Tagesmeldungen).

171 Herbert, Fremdarbeiter, S. 391.

Teil 5: Psychisch erkrankte Kriegsgefangene in der Provinzial-Heilanstalt Aplerbeck

Eine besondere Gruppe bildeten psychisch erkrankte Kriegsgefangene des Stalag VI D. Sie wurden in die Provinzial-Heilanstalt in Dortmund-Aplerbeck verlegt.[1] Der Wehrkreisverwaltung VI war bis März 1942 bekannt gewesen, dass die Provinzial-Heilanstalt Aplerbeck mit dem Stalag VI D vereinbart hatte, 12 bis 15 Plätze für die Aufnahme „geisteskranker" Kriegsgefangener zur Verfügung zu stellen. Es sollten nur Kriegsgefangene aus Westfalen aufgenommen werden, Kriegsgefangene aus dem Rheinland sollten in rheinischen Provinzial-Anstalten untergebracht werden. Da anscheinend trotzdem Kriegsgefangene aus dem Rheinland in Aplerbeck eingewiesen worden waren, sicherte die Wehrkreisverwaltung im März 1942 zu, dass in allernächster Zeit ein Teil der „geisteskranken" Kriegsgefangenen verlegt werden würde, um die Aplerbecker Anstalt zu entlasten. Eine Unterbringung von Kriegsgefangenen in anderen westfälischen Provinzial-Heilanstalten war wegen der Übergabe von Krankengebäuden für Lazarettzwecke nicht möglich. Die Wehrkreisverwaltung legte allergrößten Wert darauf, dass die Kriegsgefangenen in einer verkehrstechnisch günstig gelegenen Anstalt untergebracht würden,[2] was auf den Vorort Aplerbeck zutraf.

Trotz der anfänglichen regionalen Begrenzung des Einzugsgebietes wurden auf Wunsch von Dr. Walter Fromme ab November 1942 psychisch erkrankte Kriegsgefangene aus dem gesamten Wehrkreis VI in der Heilanstalt Aplerbeck untergebracht, um die Kriegsgefangenen an einer Stelle zu konzentrieren. In der Anstalt Aplerbeck sollten maximal 30 psychisch erkrankte Kriegsgefangene aufgenommen werden. Wenn diese Zahl in größerem Umfang oder auf längere Zeit überschritten würde, sollten neue Verhandlungen stattfinden. Psychisch erkrankten sowjetischen Kriegsgefangenen wurde die Aufnahme in die Provinzial-Heilanstalt Aplerbeck vom Oberpräsidenten der Provinz Westfalen jedoch verweigert.[3] Um zu klären, ob die Kriegsgefangenen in offene oder geschlossene Abteilungen der Provinzial-Heilanstalt Aplerbeck gehörten, besichtigte Hauptmann Nolle[4] vom Stalag VI D in Begleitung des Aplerbecker Chefarztes Dr. Fritz Wernicke[5] im April 1943 die Klinik. Sein Bericht

1 Besuch des Stalag VI D, 26.7.1944, ACICR, C SC, Service des camps, Allemagne, WK VI, RT. Dieser Bericht liegt als einzige Quelle über das Stalag VI D auch im National Archives an Records Administration in Washington vor. An anderer Stelle hieß es, dass nur fünf Baracken zerstört wurden. Besuch des Stalag VI D, 20.2.1945, ACICR, C SC, Service des camps, Allemagne, WK VI, RT. Siehe: Mentner, Medizinische Versorgung.

2 Oberpräsident der Provinz Westfalen, Verwaltung des Provinzialverbandes, Dr. Schneider an die Heilanstalt Aplerbeck, 25.3.1942, LWL-Westfälisches Archivamt, 653, Nr. 4. Im September 1942 verfügte die Heilanstalt Aplerbeck über 1.200 Betten, die andauernd belegt waren, Der Oberbürgermeister, Dortmund, 15.9.1942, LAV NRW W, Regierung Arnsberg, Medizinalwesen, Nr. 13273.

3 Oberpräsident der Provinz Westfalen, Verwaltung des Provinzialverbandes, an Direktor Dr. Wernicke, Heilanstalt Aplerbeck, 14.11.1942, LWL-Westfälisches Archivamt, 653, Nr. 4. Mentner, Medizinische.

4 Biografische Angaben über Hauptmann Nolle waren nicht zu ermitteln.

5 Dr. Fritz Wernicke (1897 – 1961) übernahm am 1. August 1941 die Leitung der Heilanstalt Aplerbeck und

vermittelt den Eindruck, dass Kriegsgefangene ähnlich behandelt wurden wie die sonstigen Patienten. Es hieß darin:

> „Am Besicht[ig]ungstage befanden sich unter den Pfleglingen der Heilanstalt 22 Kriegsgefangene, nämlich fünf französische, sieben belgische, sechs serbische und vier polnische. Unter den 22 Kriegsgefangenen waren 8 Offiziere, keine Stabsoffiziere. Die Belegungsstärke wechselt stark. Am 9.4. betrug die Belegungsstärke 41 Kriegsgefangene. Verpflichtet hatte sich die Heilanstalt nur zur Aufnahme von 30 Kriegsgefangenen. Die Kriegsgefangenen waren aus Raummangel und aus therapeutischen Gründen in verschiedenen Häusern untergebracht, da z. B. Gemütskranke und andere Leichtkranke nicht mit Schwerkranken (‚tobsüchtigen oder asozialen Naturen') zusammengelegt werden konnten. Die verschiedenen Häuser wurden verschlossen gehalten. Die Fenster waren aus therapeutischen Gründen weder vergittert noch verdrahtet, doch waren die schließbaren Fenstergriffe entfernt. Fast alle Fenster konnten nur durch einen Drücker geöffnet werden. Die wenigen Fenster, welche von den Kranken geöffnet werden konnten, waren vergittert. Zeitweise arbeiten die Kriegsgefangenen unter Aufsicht im Garten. Ich legte dem Chefarzt nahe, die Kriegsgefangenen in einer besonderen Abteilung oder wenigstens in einzelnen verschlossenen Zimmern unterzubringen. Herr Dr. Wernicke sieht eine besondere Abteilung für die Kgf. auch als die beste Lösung an. Sie ist aber zurzeit ein Ziel, das in Anbetracht des Mangels an Personal, das gerade zurzeit wieder verringert wurde, nicht durchführbar ist. Den Kriegsgefangenen werden abends Schuhe und Kleider, insbesondere Hosen abgenommen. Auch tagsüber werden ihnen die Schuhe nur in notwendigen Fällen ausgehändigt. Gewöhnlich tragen sie nur Pantoffeln oder Holzschuhe. Bei Fliegeralarm blieben die Kranken im allgemeinen auf ihren Zimmern. Sie können allerdings auch die Kellerräume des Hauses aufsuchen."[6]

Die Kriegsgefangenen waren in die Abteilungen „unruhige" bzw. „ruhige Wache" sowie in die „Pflege-Abteilung" eingewiesen worden. Sie trugen, soweit die Vorräte reichten, Anstaltskleidung. In der Abteilung „Unruhige Wache" befanden sich die Kriegsgefangenen unter Aufsicht der männlichen Pfleger mit den zivilen Kranken Tag und Nacht in einzelnen Räumen des abgeschlossenen Stockwerks. In der Abteilung „Ruhige Wache" lagen die Kriegsgefangenen mit den anderen Kranken in zwei Schlafsälen. Nachts hatte eine ältere, erfahrene Schwester die Aufsicht, so dass die Möglichkeit eines Entweichens fast ausgeschlossen schien. Männliche Pflegepersonen standen für die Nacht nicht mehr zur Verfügung. In dieser Abteilung lagen nur „gutwillige" Leichtkranke. Gegen den Einsatz von erfahrenen Schwestern bestanden keine ernsthaften Bedenken. Die „Pflege-Abteilung" war meist mit Kranken belegt, die eine längere Zeitdauer dort bleiben sollten. Die Kriegsgefangenen schliefen hier zu dritt in verschiedenen Einzelzimmern im ersten Obergeschoss, welches stets verschlossen gehalten wurde und nachts durch eine Bereitschaftswache gesichert war. Da das Stockwerk verhältnismäßig hoch lag, kam ein Entweichen durch die Fenster, selbst nach gewaltsamen Öffnen der Fenster, kaum infrage. Es war jedoch nicht ganz auszuschließen. Einer Vergitterung einzelner Fenster stimmte der Chefarzt nicht zu, weil dies den Grundsätzen der Krankenbehandlung widerspräche, und weil

organisierte u.a. die Morde auf der Kinderfachabteilung im Rahmen der so genannten T4-Aktion.

6 Hauptmann Nolle, M.-Stammlager VI D an die Gruppe Abwehr, die Gruppe IV b Lagerarzt, Heilanstalt Aplerbeck, 12.4.1943, Bericht über die Besichtigung der mit Kriegsgefangenen belegten Abteilungen der Provinzial-Heilanstalt in Aplerbeck, 9.4.1943, LWL-Westfälisches Archivamt, 653, Nr. 4.

die Zahl der mit Kriegsgefangenen belegten Zimmer rasch wechselte. Um Fluchten von Kriegsgefangenen zu verhindern, waren dieselben Maßnahmen getroffen worden wie bei Fluchten von zivilen Kranken. Diese Maßnahmen entsprachen allerdings nicht den Ansprüchen der Abwehr und der Sicherung von Arbeitskommandolagern. Unter den damaligen Verhältnissen geschah offenbar alles, was mit der besonderen Eigenart einer Heilanstalt vereinbar war, um Fluchten zu verhindern. Absolute Sicherung gegen Fluchten konnte nur durch die Schaffung einer besonderen Kriegsgefangenen-Abteilung gewährleistet werden, für die eine Vermehrung des männlichen Pflegepersonals notwendig wäre.[7] Da dieses nicht zur Verfügung stand, unterblieb die Bildung einer Lazarett-Abteilung für Kriegsgefangene. In den drei Abteilungen wurden 50 Betten zur Unterbringung geisteskranker Kriegsgefangener zur Verfügung gestellt, Krankenbücher wurden nicht geführt.[8]

Ein außergewöhnlicher Bestand des Archivs des Landschaftsverbandes Westfalen-Lippe in Münster ermöglicht einen genaueren Blick auf die biographischen Daten, die Lebensumstände und die Krankheitsgeschichte psychisch erkrankter Kriegsgefangener.[9] Die Akten geben u. a. Auskunft über die Diagnosen des einweisenden Stalag-Arztes und des aufnehmenden Arztes der Provinzial-Heilanstalt Aplerbeck. Darüber hinaus enthalten sie fachärztliche Untersuchungsscheine und Befunde, Krankenblätter über den Krankheitsverlauf, manchmal persönliche Aufzeichnungen der Kriegsgefangenen, Sterbefallanzeigen und Abrechnungsnotizen.

Wahrscheinlich 460 psychisch erkrankte Kriegsgefangene des Stalag VI D wurden bis Kriegsende[10] in die Dortmunder Provinzial-Heilanstalt Aplerbeck eingewiesen. Es handelte sich um 48 polnische, 328 französische, 36 jugoslawische, 21 belgische, 10 britische Kriegsgefangene sowie 17 italienische Militärinternierte.[11] Das Ziel der immer häufiger werdenden Aufnahmen psychisch erkrankter Kriegsgefangener war die möglichst rasche Wiederherstellung ihrer Arbeitsfähigkeit. Wegen des Platzmangels in Krankenhäusern und Heil- und Pflegeeinrichtungen sollten „Kranke, die in absehbarer Zeit nicht wieder arbeitseinsatzfähig werden", nicht auf Dauer oder längere

[7] Ebd.; Tenfelde/Seidel, S. 718.

[8] Provinzial-Heilanstalt Dortmund-Aplerbeck an das Zentralarchiv der Wehrmedizin, Berlin, 28.6.1944, LWL-Westfälisches Archivamt, 653, Nr. 4.

[9] Im Bestand 652 des LWL-Westfälisches Archivamt sind alle Patientenakten gesammelt.

[10] Ähnliche Zahlen werden angegeben in: *Uwe Bitzel*, Lebensunwert. Die Heilanstalt Aplerbeck und ihre Kranken im Nationalsozialismus, *Westfälische Klinik für Psychiatrie Dortmund (Hg.)*, Dortmund 1995, S. 144.

[11] Nachweisung der im Rahmen der Ausländer-Suchaktion erfolgten Auflistung der in der Provinzial-Heilanstalt untergebrachten Ausländer, 20.7.1946, LWL-Westfälisches Archivamt, 563, Nr. 4. Die nach Kriegsende gemachten Angaben über die nach Aplerbeck eingewiesenen Kriegsgefangenen, Zwangsarbeiterinnen und Zwangsarbeiter weichen in den Quellen geringfügig von einander ab. Gemäß der Nachweisung vom 5.8.1946 waren insgesamt 518 Kriegsgefangene eingewiesen worden, nämlich 50 polnische, 324 französische, 41 jugoslawische, 22 belgische, 10 britische, 18 italienische und 53 sowjetische. Hinzu kamen 31 polnische, 113 sowjetische und drei holländische Zwangsarbeiter, LWL-Westfälisches Archivamt, 563, Nr. 4. In einer Mitteilung der Provinzialheilanstalt Aplerbeck an die International Refugee Organization, British Zone Division, International Tracing Service, Göttingen, 19.12.1949 hieß es: „Während der Kriegsjahre wurden hier 665 ausländische Patienten [wahrscheinlich Kriegsgefangene und Zwangsarbeiter, Anm. d. Verf.] behandelt, davon sind 46 verstorben [ca. 7 Prozent, Anm. d. Verf.]. Unterlagen sind hier vorhanden, soweit es sich nicht um russische Staatsangehörige handelt, die unter eigener ärztlicher Aufsicht standen." LWL-Westfälisches Archivamt, 653, Nr. 140.

Zeit in deutschen Anstalten bleiben,[12] was ihre Repatriierung, ihre Entlassung ohne Heilung oder aber ihre Ermordung bedeuten konnte.

Die Einweisung der Kriegsgefangenen in die Provinzial-Heilanstalt Aplerbeck erfolgte auf Anordnung des zuständigen Lagerarztes des Stalag VI D mittels eines fachärztlichen Untersuchungsscheins. Die Pflegekosten in Höhe von täglich 3,20 RM musste das Stalag VI D übernehmen.[13] Aus der Heilanstalt Aplerbeck entlassene Kriegsgefangene kamen in das Stalag VI D zurück.[14] Polnische Kriegsgefangene blieben am längsten in der Heilanstalt Aplerbeck; ihre durchschnittliche Aufenthaltsdauer betrug circa zehn Monate. Jugoslawische Kriegsgefangene waren durchschnittlich circa sechs Monate, belgische circa vier, französische und italienische circa zweieinhalb und britische eineinhalb Monate lang Patienten in Aplerbeck.[15]

Einige der Diagnosen lassen sich nach heutigen Krankheitsbegriffen nicht eindeutig zuordnen. Eine medizingeschichtlich fundierte Aussage über die diagnostizierten Erkrankungen der Kriegsgefangenen sollte gesellschaftliche, situative und individuelle Einflüsse, den damaligen Stand der Psychiatrie sowie die Besonderheiten des einweisenden und des behandelnden Arztes berücksichtigen. Hauptsächlich wegen folgender Erkrankungen bzw. Krankheitsbilder befanden sich Kriegsgefangene in der Heilanstalt Aplerbeck: Schizophrenie (142), reaktiver Depressionszustand (38), Depression (34), reaktiver Verstimmungszustand (33), Nervenschwäche (30), Epilepsie (25), Verwirrtheitszustand (21), Schwachsinn (20), progressive Paralyse (11), psychogene Reaktion (9) und organisches Hirnleiden (6). Bei einzelnen Kriegsgefangenen wurden darüber hinaus Erkrankungen wie Paranoia, nervöse Erschöpfung, depressive Psychose, Hysterie und „Schreckneurose" diagnostiziert. Als „nicht geisteskrank" und somit gesund galten 32 aus dem Stalag VI D eingewiesene Kriegsgefangene.

31 Kriegsgefangene aus dem Stalag VI D verstarben in der Provinzial-Heilanstalt Aplerbeck.[16] Differenziert nach den verschiedenen Nationalitäten lag die Sterberate belgischer, französischer und britischer Kriegsgefangener zwischen Null und vier Prozent. Bei den jugoslawischen und polnischen Kriegsgefangenen sowie bei italienischen Militärinternierten betrug sie zwischen 11 und 23 Prozent.[17] Vor dem Hintergrund, dass sich psychiatrische Krankheitsbilder verändert haben, stellt auch die Deutung der Todesursache bei den in die Heilanstalt Aplerbeck eingewiesenen Kriegsgefangenen lediglich eine Annäherung dar, zumal Grunddiagnose und Todesursache häufig voneinander abwichen. Da in den namentlichen Auflistungen für den Internationalen Suchdienst lediglich die Diagnose, aber nicht die Todesursache angegeben war, wur-

[12] Runderlass des Reichsministers des Innern (A g 9255/44-5100), 6.9.1944, Betr. Geisteskranke Ostarbeiter und Polen, LWL-Westfälisches Archivamt, 653, Nr. 124. Es ist davon auszugehen, dass das im selben Maße auch für Kriegsgefangene galt.

[13] Die Patientenakten eines französischen, eines serbischen und eines polnischen Kriegsgefangenen siehe: LWL-Westfälisches Archivamt, 653, K 257, K 192, K 173.

[14] Nachweisung der im Rahmen der Ausländer-Suchaktion erfolgten Auflistung der in der Provinzial-Heilanstalt untergebrachten Ausländer, 20.7.1946, LWL-Westfälisches Archivamt, 653, Nr. 4.

[15] Eigene Berechnung auf Grundlage der Nachweisung der im Rahmen der Ausländer-Suchaktion erfolgten Auflistung der in der Provinzial-Heilanstalt untergebrachten Ausländer, 20.7.1946, LWL-Westfälisches Archivamt, 653, Nr. 4.

[16] Ebd.

[17] Ebd.

den 22 Patientenakten detailliert analysiert.[18] Bei 19 Kriegsgefangenen stehen die vom Stalag-Arzt diagnostizierte Erkrankung und die von der Heilanstalt Aplerbeck festgestellte Todesursache mit der Angabe der Todesursache für den Internationalen Suchdienst im Einklang, da jeweils schwerwiegende Befunde von potentiell tödlichen Erkrankungen vorlagen. Während die von der Heilanstalt Aplerbeck diagnostizierte Todesursache fast nur körperliche Erkrankungen (internistische Krankheiten, Infektionskrankheiten, Suizid) aufführte, verstarben die Kriegsgefangenen bis auf eine Ausnahme laut der für den Internationalen Suchdienst gemachten Angaben an psychischen Erkrankungen oder psychischen Folgen von körperlichen Erkrankungen. Auch der Suizid von drei Kriegsgefangenen kann eine direkte Folge ihrer Erkrankung gewesen sein.[19] Bei zwei Kriegsgefangenen wurde eine schwerwiegende Erkrankung stark umschrieben, sie konnte aber zum Tode führen. Lediglich in drei Fällen ist die Todesursache unklar, da die Kriegsgefangenen an einem „Erschöpfungszustand" verstarben.[20]

Psychisch erkrankte sowjetische Kriegsgefangene und vermutlich polnische Zwangsarbeiter befanden sich noch nach Kriegsende in der Provinzialheilanstalt Dortmund-Aplerbeck. Die Anordnung der Militärregierung vom 12. Juli 1945, nach der westfälische „Irrenanstalten" nicht weiter beschlagnahmt und freigewordene Gebäude der Provinzialverwaltung zur Verfügung gestellt werden sollten, wurde u. a. in Dortmund-Aplerbeck, Warstein und Gütersloh nicht beachtet.[21] Obwohl die Städtischen Krankenanstalten die von ihnen belegten Gebäude der Provinzial-Heilanstalt Aplerbeck am 20. Juli 1945 räumten, wurden sie erneut beschlagnahmt, um dort ein sowjetisches Militärlazarett einzurichten.[22] Im August 1945 befanden sich 1.380 sowjetische und polnische Menschen in der Heilanstalt Aplerbeck, die die Kochküche, das Wäsche- und Möbellager der Heilanstalt, eine Frauenabteilung mit rund 60 Plätzen und fast sämtliche Büro- und Verwaltungsräume nutzten. Da nach Kriegsende die Zahl der Patienten und Patientinnen in den Provinzial-Heilanstalten ständig angestiegen war, bezeichnete die Provinzialverwaltung die durch die Maßnahmen der englischen Militärregierung bestimmten Unterbringungsverhältnisse als katastrophal. Die Heilanstalt Aplerbeck war seinerzeit die einzige Anstalt für psychisch Erkrankte in dem dicht bevölkerten westfälischen Industriegebiet. Da die Aufnahmekapazität erschöpft war, konnten keine weiteren Patienten und Patientinnen aufgenommen werden. Die Provinzialverwaltung stand vor dem Problem, dass bei einer immer größer werdenden Zahl von psychisch erkrankten Menschen keine Krankenhausplätze

[18] LWL-Westfälisches Archivamt, 653, Patientenakten.

[19] Als Anregung zum Thema Suizid siehe: *Susanne Hahn, Christina Schröder*, Zur Einordnung des Suizid in das faschistische Konzept der „Vernichtung lebensunwerten Lebens", in: *Sabine Fahrenbach/Achim Thom*, Der Arzt als „Gesundheitsführer". Ärztliches Wirken zwischen Ressourcenerschließung und humanitärer Hilfe im 2. Weltkrieg, Frankfurt a.M. 1991, S. 109-116.

[20] Ich danke der Dortmunder Ärztin (Schwerpunkt Psychiatrie) Susanne Dillenhöfer für ihre Unterstützung bei der Auswertung der Patientenakten.

[21] Der Oberpräsident der Provinz Westfalen, Landesoberverwaltungsrat Bartling, Münster, an die Militärregierung für die Provinz Westfalen, Colonel Rea, 1.8.1945, LWL-Westfälisches Archivamt, 653, Nr. 157.

[22] Heilanstalt Aplerbeck an den Oberpräsidenten der Provinz Westfalen, Landesoberverwaltungsrat Bartling, Münster, 9.8.1945, LWL-Westfälisches Archivamt, 653, Nr. 157. *Ines Oberlin*, Zwangsarbeitende als Angestellte und Patienten in Krankenhäusern des Provinzialverbandes Westfalen, in: *Andreas Frewer, Günther Siedbürger (Hg.)*, Medizin und Zwangsarbeit im Nationalsozialismus. Einsatz und Behandlung von „Ausländern" im Gesundheitswesen, Frankfurt a.M., New York 2004, S. 121-148, hier S. 134f.

zur Verfügung standen. Die psychiatrischen Heilanstalten in Eickelborn, Dortmund-Aplerbeck, Warstein und Gütersloh sollten daher in irgendeiner Form geräumt werden, damit die Provinzialverwaltung ihre gesetzliche Pflicht erfüllen könnte.[23]

In der Zeit vom 16. bis zum 18. September 1945 wurden die sowjetischen Kriegsgefangenen sowie die Zwangsarbeiterinnen und Zwangsarbeiter daher repatriiert. Wie die Anstaltsleitung bemerkte, waren, ohne dass es verhindert werden konnte, aus den Anstaltsbeständen große Mengen von Inventar- und Bekleidungsstücken mitgenommen und einige Möbelstücke zertrümmert worden. Die ehemaligen Zwangsarbeiterinnen, Zwangsarbeiter und Kriegsgefangenen erschienen nun vor allem als potenzielle Kriminelle – und die Heilanstalt Aplerbeck als Opfer. Zurück ließen sie in allen Gebäuden „eine Unmenge Schmutz und Ungeziefer, vor allem Wanzen."[24]

Zwei Tage nach dem Ende der Repatriierung, nach Auszug der „Displaced Persons", am 20. September 1945, beschlagnahmte der englische Kommandant der Anstalt sämtliche geräumten Krankengebäude mitsamt der Kochküche erneut. 60 schwerkranke, nicht transportfähige sowjetische, polnische und andere Staatsangehörige aus verschiedenen Lazaretten wurden dort bis zu ihrer Repatriierung untergebracht. Fünf der geräumten Gebäude wurden mit 25 sowjetischen Schwerkranken, etwa 160 schwerkranken Polen, 23 Wöchnerinnen, die teils geboren hatten, teils in der nächsten Zeit niederkommen sollten, sowie mit zahlreichem sowjetischen Personal wiederbelegt. Ein zehnköpfiges englisches Wachkommando hatte ein anderes der geräumten Häuser bezogen, um weitere Diebstähle aus den leer stehenden Abteilungen zu verhüten. Die große Kochküche wurde gemeinsam vom Personal der Heilanstalten und dem sowjetischen Personal benutzt. Lediglich einige Gebäude wurden für ambulante Behandlungen Deutscher genutzt. 29 polnische bzw. serbische Staatsangehörige wurden am 28. September 1945 repatriiert.[25] Im November 1945 befanden sich noch 440 polnische und 230 sowjetische Staatsangehörige in der Heilanstalt,[26] endgültig freigegeben wurde sie erst am 10. Januar 1947.[27]

23 Der Oberpräsident der Provinz Westfalen, Landesoberverwaltungsrat Bartling, Münster, an die Militärregierung für die Provinz Westfalen, Colonel Rea, 1.8.1945, LWL-Westfälisches Archivamt, 653, Nr. 157. Gemäß Angaben der Provinzialheilanstalt Aplerbeck vom 2.11.1945 besaß die Anstalt 426 Betten, die alle belegt waren. Das Personal bestand aus 52 männlichen und 34 weiblichen Pflegern.

24 Der Direktor der Provinzialheilanstalt Aplerbeck an den Oberpräsidenten der Provinz Westfalen, Landesoberverwaltungsrat Bartling, Münster, 25.9.1945, LWL-Westfälisches Archivamt, 653, Nr. 157

25 Der Direktor der Provinzialheilanstalt Aplerbeck an den Oberpräsidenten der Provinz Westfalen, Landesoberverwaltungsrat Bartling, Münster, 25.9.1945/5.10.1945; Der Oberpräsident der Provinz Westfalen an die Militärregierung für die Provinz Westfalen, Ärztliche Abteilung, 9.10.1945, LWL-Westfälisches Archivamt, 653, Nr. 157.

26 Aktenvermerk vom 9.11.1945, LWL-Westfälisches Archivamt, 653, Nr. 157.

27 Stadt Dortmund, Kreisfeststellungsbehörde, Besatzungssamt an die Direktion der Provinzialheilanstalt Aplerbeck, 26.1.1952. Vermerk der Heilanstalt Aplerbeck, 4.2.1947. Dr. Herzfeld, Heilanstalt Aplerbeck an den Oberpräsidenten, Verwaltung des Provinzialverbandes, Münster, 26.6.1946. Heilanstalt Aplerbeck an den RP in Arnsberg, 26.6.1946. Aktenvermerk, 10.7.1953. Besetzungsfreigabe, No. 6, Quartering Office RASC, Dortmund, 27.8.1949, LWL-Westfälisches Archivamt, 653, Nr. 157.

Teil 6: Nachkriegszeit: Befreiung und Repatriierung

Die Stadt Dortmund wurde am 13. April 1945 von amerikanischen Truppen befreit. Stadtrat Dr. Hermann Ostrop übernahm an diesem Tag das Amt des kommissarischen Oberbürgermeisters. Bereits einen Tag später waren die Weisungen der amerikanischen Militärregierung unter Oberstleutnant Wilson maßgeblich. Die Situation der Kriegsgefangenen bei Kriegsende und der Prozess ihrer Repatriierung aus Dortmund sind bisher kaum aufgearbeitet.[1] Oliver Willnow wies 1997 zurecht auf die offenen Forschungsfragen in der Dortmunder Stadtgeschichte hin, die vor allem auf Grund von fehlenden Archivalien und der unzureichenden Quellenlage bis heute nicht beantwortet werden konnten. Willnow fragte nach der Situation der „heimatlosen Ausländer", die Alliierten bezeichneten sie als „Displaced Persons" (DP),[2] nach ihrer Anzahl, ihrem Verbleib und auch ihrer Integration.[3] Spuren über den Verbleib der Kriegsgefangenen des Stalag VI D lassen sich kaum finden und stellen ein eklatantes Forschungsdesiderat dar.[4]

Als Beispiel seien die Angaben der Dortmund-Hörder Hüttenverein AG, Werk Hörde über die Beschäftigung von Kriegsgefangenen und Zivilarbeitern genannt. Im Rahmen der Suchaktion nach vermissten Angehörigen der Vereinten Nationen verlangte das Statistische Amt der Stadt Dortmund im Juli 1946 eine nach Nationalitäten geordnete Namensliste der beschäftigten Kriegsgefangenen des Werkes Hörde, das jedoch keine Angaben machen konnte, da keine entsprechenden Aufzeichnungen vorlagen. Es wurde aber mitgeteilt, dass es rückständige Kriegsgefangenenlöhne von Januar bis März 1945 in Höhe von 16.380,50 RM und rückständige Stalag-Anteile in Höhe von 185.327,86 RM gebe. Für Januar und März 1945 hatten die belgischen, französischen und sowjetischen Kriegsgefangenen ihre Mini-Löhne überwiegend erhalten, im März arbeiteten sie ohne Lohn.[5]

1 Siehe: Dortmund im Wiederaufbau 1945-1960. *Stadtarchiv Dortmund (Hg.)*, Dortmund 1985.

2 Der Begriff „Displaced Persons" umfasste alle Personen, die infolge des Zweiten Weltkrieges aus ihrer Heimat durch Kriegseinwirkungen und deren Folgen vertrieben, geflohen oder verschleppt worden waren. Dazu zählten befreite ehemalige Kriegsgefangene, befreite Zwangsarbeiter und Zwangsarbeiterinnen, befreite Überlebenden der Konzentrationslager und Osteuropäer, die entweder freiwillig nach Kriegsbeginn in der deutschen Wirtschaft Arbeit gesucht hatten oder 1944 vor der sowjetischen Armee geflüchtet waren. Vgl. Herbert, Fremdarbeiter, S. 395-400. Angelika Königsede, Juliane Wetzel, Lebensmut im Wartesaal. Die jüdischen DPs (Displaced Persons) im Nachkriegsdeutschland, Frankfurt a.M. 2004, S. 7.

3 *Oliver Willnow*, Spurensuche – „Displaced Persons" und „heimatlose Ausländer" in Dortmund. Ein vergessenes Kapitel unserer Nachkriegsgeschichte, in: Beiträge zur Geschichte Dortmunds und der Grafschaft Mark, *Günther Högl, Thomas Schilp (Hg.)*, im Auftrag des Historischen Vereins für Dortmund und die Grafschaft Mark e.V., Bd. 88, Dortmund 1997, S. 209-225, hier S. 211.

4 *Wolfgang Jacobmeyer*, „Displaced Persons" in Westfalen als ein zufälliger Regionalismus, in: *Peter Johanek (Hg.)*, Westfalens Geschichte und die Fremden, Kolloquium der Historischen Kommission für Westfalen am 28. und 29. Januar 1994 in Münster, Münster 1994, S. 128-137.

5 Zusammenstellung ausstehender Kriegsgefangenenlöhne und Stalag Anteile an die engl. Kontrolle des Dortmund-Hörder Hüttenverein AG, Werk Hörde, 26.11.1946, Referat 301, PWX, Liaison Detachment, VID, thyssenkrupp Konzernarchiv, Hoesch-Archiv, Duisburg, DHHU 3075.

Die Anzahl der verstorbenen Kriegsgefangenen

Es gibt zwei offizielle Angaben über die Zahl der während des Zweiten Weltkriegs in Dortmund gestorbenen nichtdeutschen Arbeitskräfte. Sie umfasst die verstorbenen Kriegsgefangenen und die zivilen Zwangsarbeiterinnen und Zwangsarbeiter. Die erste Angabe befindet sich auf der Gedenktafel des „Ausländischen Friedhofsteils"[6] auf dem Dortmunder Hauptfriedhof:

> „Zum Gedenken
> Seit 1921 befindet sich auf diesem Teil des Hauptfriedhofes ein jüdischer Friedhof, auf dem Bürger unserer Stadt ihre letzte Ruhestätte haben.
> In der Zeit des Nationalsozialismus wurden von 1939-1945 hier Juden beigesetzt, die wegen ihres Glaubens Opfer der Gewaltherrschaft geworden sind. Nach der Befreiung im Jahre 1945 ließen überlebende Angehörige für die Opfer Gedenksteine aufstellen, um an ihre in Konzentrationslagern ermordeten Familienmitglieder zu erinnern.
> Außerdem wurden hier in der Zeit von 1939 bis 1945 über 6000 Kriegsgefangene und Zwangsarbeiter unterschiedlicher Nationalität, darunter 5095 Sowjetbürger, beigesetzt. Sie alle fielen dem Terror-Regime der Nationalsozialisten zum Opfer.
> Die auf dem Friedhofsgebiet stehenden sowjetischen, polnischen und jugoslawischen Ehrenmäler wurden 1945/46 von ehemaligen Kriegsgefangenen, Zwangsarbeitern und Patrioten der betreffenden Länder errichtet."

Zweitens sind Angaben über verstorbene Nicht-Deutsche in den Unterlagen der städtischen Friedhöfe Dortmund zu finden.[7] Demnach waren es:

Staatsangehörigkeit	II. Weltkrieg (Stand: 1.2.1972)	II. Weltkrieg (Stand: 1.8.1977)
Unbekannt	173	173
Französisch	14	14
Italienisch	7	7
Jugoslawisch	106	106[8]
Polnisch	237	243[9]
Russisch	5.093	5.095[10]
Albanisch	1	1
Griechisch	2	2

6 *Jürgen Zänker u. a.*, Öffentliche Denkmäler und Kunstobjekte in Dortmund. Eine Bestandsaufnahme, 2. Auflage, Dortmund 1990, S. 86ff, zit. als: Zänker u. a. „Unsere tapferen Helden...", Kriegs- und Kriegerdenkmäler und politische Ehrenmale. Dortmunder Beispiele, Hg. *Fachbereich Design der Fachhochschule Dortmund*, Essen 1987, S. 44. Der Friedhof besteht heute aus fünf Teilen: dem alten jüdischen Friedhof, den Ehrenmalen der sowjetischen, polnischen und jugoslawischen Regierungen mit den Massengräbern und einer neuen Fläche für den aktuellen jüdischen Friedhof.

7 Gräberliste für öffentlich gepflegte Gräber, 1. Ausfertigung, Dortmund 1.2.1972, Stadtoberinspektor Schulze, Archiv Friedhöfe Dortmund, Hauptfriedhof Dortmund-Wambel. Neuerfassung der Anzahl der Toten mit 5.698 am 1.8.1977. Die „Gräberliste" enthält alphabetisch nach Nachnamen geordnet die laufenden Nummern 1 bis 5.689 bzw. 5.698. Dabei handelte es sich um Kriegsgefangene sowie um Zwangsarbeiterinnen und Zwangsarbeiter. War der Name unbekannt, wurde nur Arbeiterin oder Arbeiter, Bergmann, Schlepper, Kind o.ä. geschrieben.

8 Diese Zahl stimmt ungefähr mit der Zahl der Namen am Jugoslawischen Ehrenmal auf dem Internationalen Friedhof überein.

9 Diese Zahl stimmt ungefähr mit der Zahl der Namen am Polnischen Ehrenmal auf dem Internationalen Friedhof überein.

10 Die Addition der auf dem Gelände des Friedhofs verteilten 14 Stelen ergibt eine Anzahl von 6.585 sowjetischen Menschen.

Belgisch	29	30
Bulgarisch	1	1
Holländisch	15	15
Rumänisch	6	6
Tschechisch	3	3
Ungarisch	2	2
Gesamt	5.689	5.698

In dieser Zahl (5.689/5.698) enthalten sind alle nicht-deutschen Toten, d. h. Kriegsgefangene, zivile Zwangsarbeiterinnen und Zwangsarbeiter, aber auch Einzelpersonen mit einem anderen Status, z. B. Nichtdeutsche, die freiwillig in Dortmund arbeiteten oder Ehepartner in Dortmund hatten.

Aus diesen Angaben die Zahl der an schlechten Lebens- und Arbeitsbedingungen gestorbenen bzw. der ermordeten Kriegsgefangenen des Stalag VI D herauszufiltern, lässt sich nicht bewerkstelligen, weil

- verstorbene Kriegsgefangene nicht genau registriert wurden,[11]
- sie auch in Massengräber, u. a. auf dem Dortmunder Hauptfriedhof „Ausländischer Friedhofteile", bestattet wurden,[12]
- in Dortmund auch Kriegsgefangene bestattet wurden, die dem Stalag VI A (Bergbau) unterstanden,
- nicht alle Kriegsgefangenen, die dem Stalag VI D unterstanden, in Dortmund beigesetzt wurden, sondern auch in den Orten ihrer Einsatzkommandos, z. B. in Witten und Bochum,[13] und
- nicht alle Arbeitskommandos bekannt sind, in denen Kriegsgefangene des Stalag VI D arbeiteten.[14]

Im Rahmen eines Ermittlungsverfahrens wurden Anfang der 1990er Jahre Unterlagen der Verwaltung des Hauptfriedhofs in Dortmund-Wambel ausgewertet. Es wurde eine Zahl von circa 3.845 sowjetischen Kriegsgefangenen ermittelt, die zwischen November 1941 und April 1945 starben.[15] Pater Giuseppe Barbero schätzte die Zahl

[11] Stadt Dortmund, Grünflächenamt, Herr Magney, an den Leiter der Zentralstelle im Landes NRW für die Bearbeitung von nationalsozialistischen Massenverbrechen bei der Staatsanwaltschaft Dortmund, Staatsanwalt Maaß, 29.4.1992, Staatsanwaltschaft Dortmund, Verfahren/Strafsache, wegen Mord bzw. Beihilfe zum Mord, ZStLJ, 109 AR-Z 316/9.

[12] Gräberliste für öffentlich gepflegte Gräber, 1. Ausfertigung, Dortmund 1.2.1972, Stadtoberinspektor Schulze, Archiv Friedhöfe Dortmund, Hauptfriedhof Dortmund-Wambel. Neuerfassung der Anzahl der Toten mit 5.698 am 1.8.1977.

[13] Ebd.

[14] Reinhard Otto kommt in seinen allgemeinen Recherchen zu demselben Ergebnis, siehe: *Reinhard Otto*, Sowjetische Kriegsgefangene in deutschem Gewahrsam – aktuelle Forschungsergebnisse, in: Kriegsgefangenenlager 1939 – 1950. Kriegsgefangenschaft als Thema der Gedenkarbeit, *Landeszentrale für politische Bildung Rheinland-Pfalz (Hg.)*, Mainz, Osthofen 2012, S. 22-37. *Reinhard Otto, Rolf Keller, Jens Nagel*, Sowjetische Kriegsgefangene in deutschem Gewahrsam 1941-1945, in: Vierteljahreshefte für Zeitgeschichte, Bd. 4, Oldenburg 2008, S. 557-602.

[15] Vermerk von Staatanwalt Maaß, 26.5.1992, Staatsanwaltschaft Dortmund, Verfahren/Strafsache 45 Js 9/92, wegen Mord bzw. Beihilfe zum Mord, 109 ZStLJ, AR-Z 316/91.

der verstorbenen sowjetischen Kriegsgefangenen auf ungefähr 8.000,[16] die Zahl der IMI, die zwischen Oktober 1943 und September 1944 im Stalag VI D und in den unterstellten Lagern starben, auf mehr als Tausend.[17] Möglicherweise könnten unter den 557 dokumentierten umgebetteten französischen Kriegstoten auch Kriegsgefangene gewesen sein.[18] Hinzu kommt sicherlich noch eine Anzahl Kriegsgefangener anderer Nationalitäten.

Seit etlichen Jahren führt eine Mitarbeiterin der Dortmunder Friedhofsverwaltung eine Liste über verstorbene Kriegstote auf Dortmunder Friedhöfen, die im Jahre 2016 13.172 Einträge umfasste. Sie wurde angelegt, um Nachfragen von Angehörigen oder vom Internationalen Suchdienst beantworten zu können. Im September 2016 erhielt die Friedhofsverwaltung von der russischen Botschaft eine Liste mit weiteren etwa 4.400 Namen sowjetischer Kriegstoter.[19] Es ist anzunehmen, dass dies die bislang genaueste Zählung darstellt, aber auch hier ist es wieder nicht möglich, zwischen zivilen und kriegsgefangenen Toten zu unterscheiden.

Wenn man alle verfügbaren Angaben zusammenfasst, kommt man auf 5.000 bis 6.000 gestorbene Kriegsgefangene, die im Laufe des Zweiten Weltkrieges auf Dortmunder Friedhöfen beigesetzt wurden.

Über das Schicksal der vielen Kriegsgefangenen liegen nur wenige schriftliche Zeugnisse vor. Das nachfolgend überlieferte Dokument soll stellvertretend für die vielen Namenlosen stehen, die während des Arbeitseinsatzes in Deutschland starben. Der Italienische Militärinternierte Danilo Cardini verstarb im Stalag VI D und diktierte Pater Barbero in seinen letzten Lebensstunden einen Abschiedsbrief an seine Verlobte. Er gab zu Papier:

> „Liebe Valentina. Dieses ist das geistige Testament, das ich dir hinterlasse, weil ich möchte, dass die bescheidene Flamme der Liebe, die uns verbunden hat, nicht von der Zeit getrübt wird. Ich möchte, dass du mich in so guter Erinnerung behältst; wenn es nach dem Krieg möglich ist, die sterblichen Überreste der Gefangenen zurückzuholen, unternimm jede Anstrengung, aber lass mich nicht unter diesen fremden Leuten ruhen. So habe ich wenigstens den Trost einer Träne oder einer Blume. Ich küsse dich und bitte alle um Verzeihung, wenn ich manchmal Fehler begangen haben sollte."[20]

16 Barbero, S. 49. Siehe zu Barbero auch Schreiber, S. 454f

17 Barbero, S. 65. Allein auf dem Dortmunder Hauptfriedhof liegen die Leichen von 730 Italienern begraben, Barbero, S. 42. Barbero empfahl, zum Dortmunder Hauptfriedhof („Ausländischer Friedhofsteil") zu gehen, um sich von der Richtigkeit seiner Aussagen zu überzeugen. Alle Hinweise auf beigesetzte italienische Kriegsgefangene sind dort jedoch verschwunden. Auf dem Friedhof erinnert ein sowjetisches, polnisches und jugoslawisches Ehrenmal der toten Kriegsgefangenen sowie der Zwangsarbeiterinnen und Zwangsarbeiter aus diesen Ländern.

18 Liste exhumierter Franzosen (Kriegstote), zugesandt am 27.10.2015 von Stadt Dortmund, Friedhöfen Dortmund. Telefonische Auskünfte von Herrn Hertwig am 19.11.2015.

19 Auskunft von Herrn Hertwig, Friedhofverwaltung, Hauptfriedhof Dortmund am 25.4.2016 und von Frau Behnke am 29.2.2019.

20 Abschiedsbrief von Danilo Cardini, in: Barbero, S. 44.

Abb. 33: „Gefangenenfriedhof des Stalag VI D Dortmund“, Gräberfelder auf dem heutigen „Friedhof am Rennweg“ (Hauptfriedhof), Fotoalbum „Kriegerfriedhöfe im Wehrkreis VI“, BA/MA, RH 53-6/62

Juristische Aufarbeitung der Gewalttaten und Morde

Da Gewalttaten und Morde durch Wächter im Stalag VI D und in den unterstellten Arbeitskommandos überliefert sind, bemühte sich die Justiz seit Mitte der 1960er Jahre um deren Aufarbeitung. Es gab vier Ermittlungsverfahren, die alle eingestellt wurden. Das erste Verfahren hatte die Zentrale Stelle der Landesjustizverwaltungen zur Aufklärung von nationalsozialistischen Verbrechen in Ludwigsburg in den Jahren 1965/1966 wegen „Aussonderungen sowjetischer Kriegsgefangener jüdischer Herkunft und anderer so genannter untragbarer Kriegsgefangener im Bereich der Stapoleitstelle Münster" eingeleitet. Untersuchungen wegen Beihilfe zum Mord fanden in allen ehemaligen Kriegsgefangenenlagern des Wehrkreises VI statt. Der ehemalige Chef der Abteilung Spionageabwehr, Ernst Bleckmann, berichtete als Zeuge über das Stalag VI D, dass es 1944 tatsächlich inoffizielle „Aussonderungen" von Kriegsgefangenen unterschiedlicher Nationalität gegeben habe, die der Gestapo aus ihm nicht bekannten Gründen verdächtig erschienen seien. In den meisten Fällen habe „Sabotageverdacht" vorgelegen. Sie seien von der Gestapo aus dem Stalag VI D geholt worden und man habe nicht gewusst, was mit ihnen los gewesen sei. Die Kriegsgefangenen seien nicht von ihm „ausgesondert" und der Gestapo gemeldet worden. Bleckmann behauptete, er habe beim Lagerkommandanten Schmidt-Vogelsang gegen die „Machenschaften der Gestapo" protestiert, wodurch er von Seiten der Gestapo Schwierigkeiten bekommen habe. Von der „Liquidierung eigener Kriegsgefangener" sei Bleckmann nichts zur Kenntnis gelangt. Über den Verbleib der abgeholten Kriegsgefangenen sei ihm nichts weiter bekannt. Die vernommenen drei weiteren Zeugen bekundeten 1966 vor Gericht dagegen, dass es keine „Aussonderungen" im Stalag VI D gegeben habe.[21] Welche Aussage letztendlich den Tatsachen entsprach, konnte das Gericht nicht mehr klären.

Die Zentrale Stelle der Landesjustizverwaltungen Ludwigsburg leitete im Januar 1992 ein Ermittlungsverfahren gegen zwei ehemalige Wehrmachtsangehörige des Stalag VI D wegen Tötungshandlungen im Lager im März 1945 ein. Der Tatverdacht beruhte auf der Auswertung der Fahndungslisten der UNWCC (United Nations War Crimes Commission) bzw. der CROWCASS (Central Registry of War Criminals and Security Suspects). Da in Ludwigsburg keine Erkenntnisse über die Beschuldigten vorlagen, wurde die Angelegenheit an die Zentralstelle im Lande Nordrhein-Westfalen für die Bearbeitung von nationalsozialistischen Massenverbrechen bei der Staatsanwaltschaft Dortmund weitergegeben.[22] Zu dem Tatvorwurf wegen des Verdachts des Mordes bzw. der Beihilfe zum Mord hieß es in den UNO-Unterlagen:

> „Im März 1945 waren die Unterkünfte des Stalag VI D in Dortmund zahlreichen alliierten Luftangriffen ausgesetzt. Der Kommandant der Kompanie [der Wachkompanie, Anm. der Verf.], Hauptmann H., und Feldwebel Z. [beide in der Wachkompanie, Anm. d. Verf.] ließen weder Schutzräume noch Gräben für die Gefangenen bauen. Darüber hinaus verboten H. und Z. den Gefangenen ausdrücklich, die Baracken während der Luftangriffe zu ver-

21 ZStLJ, 302 AR-Z 30/65;. und LAV NRW W, Nr. 494 (P 30 Js 145/68), Staatsanwaltschaft Münster und Nr. 885 (11 Js 533/70, Staatsanwaltschaft Hagen.

22 Bericht Staatsanwalt Wacker, Ludwigsburg, 7.1.1993, Staatsanwaltschaft Dortmund, Verfahren/Strafsache 45 Js 9/92, wegen Mord bzw. Beihilfe zum Mord, ZStLJ, 109 AR-Z 316/91.

> lassen, wodurch der Tod von zahlreichen Kriegsgefangenen verursacht wurde. Am 13. März 1945 wurden im Lager während eines Großluftangriffs 45 Franzosen und 200 Russen getötet. H. und Z. sind für diese Todesfälle verantwortlich, weil sie in ihrem Lager keine Verteidigungsmaßnahmen ergriffen und sie die Gefangenen zwangen, während der Luftangriffe in ihren Baracken zu bleiben."[23]

Weil die Identität der Beschuldigten nicht zweifelsfrei festgestellt werden konnte, wurde das Verfahren im November 1992 ergebnislos eingestellt.[24]

Im Dezember 2005 fand eine Ausgrabung auf einem Privatgelände in Dortmund-Schönau wegen angeblich dort verscharrter Kriegsgefangener oder Zwangsarbeiter statt. Veranlasst und durchgeführt wurde sie vom damaligen Leiter der Zentralstelle im Lande Nordrhein-Westfalen für die Bearbeitung von nationalsozialistischen Massenverbrechen bei der Staatsanwaltschaft Dortmund, Oberstaatsanwalt Ulrich Maaß. Anlass war der Verdacht, dass in den Wäldern der Dortmunder Bolmke bis zu 30 Kriegsgefangene im März 1945 ermordet worden seien. Die Ausgrabung bestätigte den Verdacht nicht.[25]

Der bislang letzte Versuch einer juristischen Aufarbeitung möglicher Verbrechen im Zusammenhang mit Kriegsgefangenen des Stalag VI D stellt die Einleitung eines Ermittlungsverfahrens bei der Zentralstelle in Dortmund im Jahre 2010 dar. Anlass war der Verdacht der Tötung von italienischen Kriegsgefangenen im April 1944 durch Deutsche in einem Außenlager des Stalag VI D in einer Gesenkschmiede in Halver, nahe Lüdenscheid. Die Ermittlungen wurden 2012 ohne Ergebnis eingestellt.[26]

23 Schreiben Staatsanwalt Maaß an den Polizeipräsident Dortmund, Herrn Primavesi, 11.2.1992, Staatsanwaltschaft Dortmund, Verfahren/Strafsache 45 Js 9/92, wegen Mord bzw. Beihilfe zum Mord, ZStLJ, 109 AR-Z 316/9.

24 Schreiben des Dortmunder Polizeipräsident Primavesi an Staatsanwalt Maaß, 10.3.1992; Stadt Dortmund, Grünflächenamt, Herr Magney, an den Leiter der Zentralstelle im Landes NRW für die Bearbeitung von nationalsozialistischen Massenverbrechen bei der Staatsanwaltschaft Dortmund, Staatsanwalt Maaß, 29.4.1992; Abschließender Bericht des Oberstaatsanwalts Schacht, 16.11.1992, Staatsanwaltschaft Dortmund, Verfahren/Strafsache 45 Js 9/92, wegen Mord bzw. Beihilfe zum Mord, ZStLJ, 109 AR-Z 316/91.

25 WAZ, 10.12.2005; RN 10.12.2005, 12.1./23.1.2007; WR 12.1./23.1.2007.

26 Das Verfahren war bei Staatsanwaltschaft Dortmund (Zentralstelle) unter dem Aktenzeichen 45 Js 5/10 anhängig. Es wurde durch Verfügung 4.8.2010 eingeleitet und am 21.2.2012 gemäß § 170 Abs. 2 der Strafprozessordnung eingestellt.

Schlussbetrachtung

Das Kriegsgefangenen-Mannschaftsstammlager VI D in Dortmund besaß eine zentrale Bedeutung für das Zwangsarbeitssystem im Ruhrgebiet und speziell für Dortmund. Das Lager wurde von der Wehrmacht in Dortmund errichtet, um die Industrie im Ruhrgebiet während des Zweiten Weltkrieges mit Arbeitskräften versorgen zu können. Sein einziger Daseinszweck war es, möglichst billige Arbeitskräfte für die Produktion zur Verfügung zu stellen. Die gesamte Industrie des Ruhrgebietes profitierte von dem Einsatz der Kriegsgefangenen des Stalag VI D. Sehr viele Kriegsgefangene wurden durch ihre Arbeit gesundheitlich ruiniert oder bezahlten mit dem Leben. Eine Entschädigung haben nur die wenigsten von ihnen erhalten.[1] Innerhalb des Systems der Ausbeutung von Kriegsgefangenen stellte das Stalag VI D im Vergleich zu anderen Stalags des Wehrkreises in Bezug auf Lebens- und Arbeitsbedingungen keine Besonderheit dar. Lediglich die Lage des Stalag VI D in unmittelbarer Nähe der Dortmunder Innenstadt, wie das Messelager in Köln, war besonders. In Analogie zum Stalag VI A Hemer, das als „Russenlager" bezeichnet wurde, könnte das Stalag VI D wegen der großen Zahl französischer Kriegsgefangener als „Franzosenlager" bezeichnet werden.

Mangels Quellen bleiben viele Fragen, z. B. zu einzelnen Arbeitskommandos, offen. Unbeantwortet bleiben Fragen wie: Welche Dortmunder Firmen lieferten z. B. Brot, Stroh, Seife und andere lebenswichtigen Produkte für die Kriegsgefangenen und Produkte für die Verwaltung wie Papier, Büromaterial? Welche Dortmunder Personen und Behörden waren in die Lagerorganisation integriert, denn die Infrastruktur des Lager hätte nicht ohne vielfältige Verwaltungs-, Arbeits- und Organisationsbeziehungen funktioniert. Die Geschichte der Kriegsgefangenen des Stalag VI D nach der Befreiung Dortmunds durch amerikanische Truppen am 13. April 1945, ist bisher noch nicht erforscht. Auch fehlt eine Gesamtdarstellung der damaligen Stalags im Wehrkreis VI, der weitgehend mit dem Land NRW übereinstimmt.

Die damalige Dortmunder Gesellschaft wurde durch die ins Ruhrgebiet verschleppten Menschen komplexer und vielfältiger. Inmitten der Stadt Dortmund wurde eine multinationale Arbeiterschaft angesiedelt, deren Beziehungen zu der sie umgebenden Mehrheitsgesellschaft genau definiert und streng kontrolliert wurden: Dortmunder begegneten den Gefangenen z. B. als Meister, Vorarbeiter, Bewacher, Polizisten, Lagerführer und vorgesetzte Arbeiter. Das Stalag VI D mit seinen ihm unterstehenden Arbeitskommandos und Werkslagern waren für die Insassen Orte erzwungener Arbeit, Orte der Qual und des Schreckens, der Drangsalierung und Disziplinierung, Orte des Ausgeliefertseins und des nie gestillten Hungers. Sie mussten viel Kraft aufbringen, um zu überleben und um sich untereinander Bedingungen zu schaffen, die ihnen beim Überleben halfen. Es waren auch Orte, an dem die Insassen

[1] *Nina Schulz, Elisabeth Mena Urbitsch*, Spiel auf Zeit. NS-Verfolgte und ihre Kämpfe um Anerkennung und Entschädigung, Berlin 2016, S. 122-145 (zur Entschädigung Italienischer Militärinternierten), S. 220-239 (zur Entschädigung sowjetischer Kriegsgefangenen).

an den Folgen von übermäßiger Ausbeutung, von Gewalt und Mangelernährung starben und Widerstand leisteten.

Erinnerungspolitisches Gedenken an den Nationalsozialismus findet in Dortmund an verschiedenen Tagen des Jahres und an unterschiedlichen Orten statt. Kriegsgefangene sind bei diesen Veranstaltungen inbegriffen:

- seit 1958 gibt es die jährliche Gedenkfeien zur Erinnerung an die Opfer der Nationalsozialisten in der Dortmunder Bittermark, worunter sich auch Kriegsgefangene befanden,[2]
- seit 2007 befinden sich Informationstafeln über das Stalag VI D in der Mahn- und Gedenkstätte Steinwache in Dortmund,
- seit April 2007 existiert ein Gedenkstein vor der Westfalenhalle zur Erinnerung an die Kriegsgefangenen des Stalag VI D,
- seit 2008 hat auch die virtuelle Gedenkkultur Dortmunds einen festen Platz. Der Dortmunder Jugendring, die Stadt Dortmund sowie Institutionen und Einzelpersonen bündelten lokale Aktivitäten der Erinnerungsarbeit.[3]

Die Chronik der Westfalenhallen Dortmund aus dem Jahre 2000 wurde überarbeitet. Sie wurde 2010 um ein Kapitel über die Gedenksteinsetzung zur Erinnerung an das Stalag VI D und seine Kriegsgefangenen ergänzt.[4] Damit die Geschichte des Stalag VI D einen festen Platz in der Erinnerung der Stadt Dortmund und ihrer Bevölkerung bekommt, muss aber noch viel geschehen. Das Stalag VI D hat bisher nur eine eingeschränkte historische Würdigung erfahren und es gibt bisher keine kritische Auseinandersetzung der Stadt Dortmund oder der regionalen Wirtschaft mit dem Arbeitseinsatz Kriegsgefangener. Ein erster Schritt wäre die Errichtung von Informationstafeln über die Geschichte des Lagers am Gedenkstein vor der Westfalenhalle. Genauso wichtig wäre es, dass die Geschichte des Stalag VI D in der Dortmunder Westfalenhalle einen gebührenden Platz in der neuen Dauerausstellung der Gedenkstätte Steinwache bekäme. Das Stalag VI D gehört zur Geschichte Dortmunds wie das ehemalige Gestapogefängnis in der Steinwache.

[2] *Markus Günnewig*, „Gemordet Karfreitag 1945", Erinnerungsorte zu den Massenmorden der Dortmunder Sicherheitspolizei, in: Heimat Dortmund. Stadtgeschichte in Bildern und Berichten. Ort und Erinnerung 1933-1945. Spurensuche und Gedenkkultur in Dortmund, *Historischer Verein für Dortmund und die Grafschaft Mark e.V. unter Mitwirkung des Stadtarchivs (Hg.)*, Ausgabe 1/2011, Dortmund 2011, S. 24f.

[3] Zurzeit offline: http://www.erport-do.de/wiki/index.php/Stalag_VI_D_-_Dortmund-Westfalenhalle (24.5.2011). Siehe: *Markus Günnewig*, Gedenken an Zwangsarbeit durch Kriegsgefangene in Dortmund, in: Heimat Dortmund. Stadtgeschichte in Bildern und Berichten. Ort und Erinnerung 1933-1945. Spurensuche und Gedenkkultur in Dortmund, *Historischer Verein für Dortmund und die Grafschaft Mark e.V. unter Mitwirkung des Stadtarchivs (Hg.)*, Ausgabe 1/2011, Dortmund 2011, S. 62f.

[4] Westfalenhallen Chronik, S. 169-171.

Anhänge

Chronologie der Baugeschichte des Stalag VI D

3.3.1925	Gründung der Westfalenhalle AG
10.3.1925	Eintrag ins Handelsregister des Amtsgerichts Dortmund (HR B 2522)
28.11.1925	Einweihung der Westfalenhalle in Dortmund als Regiebetrieb der Stadt Dortmund
25.2.1933	NS-Kundgebung mit Innenminister Hermann Göring in der Westfalenhalle
Juli 1933	Gleichschaltung des Aufsichtsrates der Westfalenhalle AG, von nun an NS-Betrieb mit NSDAP-Mitgliedern in Führungspositionen
17.2.1933	NSDAP-Großkundgebung in der Westfalenhalle mit Reichskanzler Adolf Hitler als Hauptredner
1.3.1939	Überfall auf Polen
21./24.9.1939	Beschlagnahmung der Westfalenhalle durch die Wehrkreisverwaltung VI, Münster und Errichtung des Stalag VI D in der Westfalenhalle
9.4.1940	Überfall auf Dänemark und Norwegen
10.5.1940	Überfall auf Belgien, die Niederlande und Luxemburg
12.5.1940	Überfall auf Frankreich
13.6.1940	Das Stalag VI D besteht in der Westfalenhalle und wird von polnischen Kriegsgefangenen genutzt. Die Zelte und Baracken auf dem benachbarten Gelände der Volkswiese dienen der Aufnahme und Registrierung v.a. von belgischen und französischen Kriegsgefangenen
7.8./24.9.1940	Zu diesem Zeitpunkt erfüllt das Lager die Internierungskategorien eines Stalag
15.11.1940	Das Stalag VI D besteht nur im ovalen Innenraum der Westfalenhalle; die Zelte und Baracken werden abgebaut
6.4.1941	Überfall auf Jugoslawien und Griechenland
22.6.1941	Überfall auf die Sowjetunion
30.7.1941	Das Stalag VI D befindet sich noch in der Westfalenhalle. Zeitgleich werden jedoch Baracken in der Nähe gebaut
29.9.1941	Die Westfalenhalle ist geräumt und die Kriegsgefangenen leben in zwei Arten von Baracken auf dem Nebengelände. Seit Oktober 1941 gibt es dort ein Lager A und B
21.10./8.11.1941	Die Westfalenhalle steht leer, da „Instandsetzungsarbeiten" ausgeführt werden. Alle Kriegsgefangenen

	sind in Baracken untergebracht. Es gibt ein fertiges Lager A und ein im Bau befindliches Lager B
September 1942	Ankündigung der Wehrkreisverwaltung, dass die Halle geräumt und zurückgegeben werden soll
25.9.1942	Die Westfalenhalle steht leer. Das Stalag VI D befindet sich auf dem Gelände der damaligen Volkswiese und besteht aus 20 Steinbaracken und einigen Baracken für die Wachmannschaften und für Kriegsgefangene auf „Durchreise“
31.12.1942	Freigabe der Westfalenhalle durch die Wehrmacht
29.1.1943	(10. Jahrestag der Machtübernahme Hitlers am 30.1.1933) Wiedereröffnung der Westfalenhalle mit der Gauausstellung „Das Sowjetparadies“ im Rahmen einer Kundgebung der NSDAP. Nahezu alle hier bis zum Kriegsende stattfindenden Veranstaltungen sind nationalsozialistische Propagandaveranstaltungen
11.2.1943	Das Stalag VI D ist in drei Bereich unterteilt: Lager A für dauerhaft im Lager bleibende Kriegsgefangene, Lager B ist Durchgangslager und Lager C ist für sowjetische Kriegsgefangene vorbehalten
Seit Februar 1943	Klageverfahren der Westfalenhalle AG gegen die Wehrmacht vor dem Reichsverwaltungsgericht wegen nicht eingehaltener finanzieller Vereinbarungen
18.3.1943	Der Generalbevollmächtigte für den Arbeitseinsatz im Deutschen Reich, Gauleiter Fritz Sauckel, spricht bei einer Großkundgebung der NSDAP in der Westfalenhalle
30.3.1943	Der Reichsorganisationsleiter Robert Ley spricht zu Dortmunder Rüstungsarbeitern
5./6. u. 23./24.5.1943	Die ersten beiden Großangriffe der R.A.F. auf Dortmund
18.6.1943	Reichspropagandaminister Joseph Goebbels spricht in der Westfalenhalle
22. 8.1943	Erste große Radsportveranstaltung in der Westfalenhalle
24.8.1943	Gauleiter Albert Hoffmann spricht in der Westfalenhalle
8.9.1943	Waffenstillstandsabkommen der italienischen Regierung mit den Alliierten
10.9.1943	Großkundgebung mit Gauleiter A. Hoffmann in der Westfalenhalle
22.4.1944	Radrennen wird wegen Bombenalarms abgebrochen
22./23.5.1944	Komplette Zerstörung der Westfalenhalle durch den dritten Großangriff der R.A.F. Die im Mai 1944 dort gezeigte Großausstellung „Nie wieder 1918“ verbrennt sowie ein großer Teil der Baracken des Stalag VI D
26.7.1944	Das Stalag VI D besteht nur noch aus fünf Steinbaracken und aus Zelten
6.10.1944	Vierter großer Bombenangriff auf Dortmund, auch das Stalag VI D treffen einige Bomben

20./21.2.1945	Komplette Zerstörung der Ruine der Westfalenhalle und des Barackenlagers auf der Volkswiese durch einen erneuten Bombenangriff. Da viele Kriegsgefangene in Zelten schlafen, ist ihre Situation katastrophal. Circa 1.000 französische, belgische, polnische und jugoslawische Kriegsgefangene befinden sich im Stalag VI D
24.2.1945	Der Kommandostab des Stalag VI D weicht in das Stalag VI A nach Hemer aus
12.3.1945	Erneuter Bombenangriff auf Dortmund und das Stalag. Das Lager wird von Bomben „durchpflügt" und es gibt viele Tote und Verletzte. Viele Kriegsgefangene nutzen die chaotischen Bedingungen für die Flucht
7.3. – 9.4.1945	Massenexekutionen an Widerstandskämpfern, Zwangsarbeitern und Kriegsgefangenen von Gestapo-Beamten in der Dortmunder Bittermark, dem Rombergpark und in der Umgebung
13.4.1945	Besetzung und Befreiung Dortmunds durch amerikanische Truppen
2./3.2.1952	Einweihung der neuen Westfalenhalle/Halle I
30.3.2007	Errichtung eines Gedenksteines vor der Westfalenhalle zur Erinnerung an das Stalag VI D

Belegung des Stalag VI D, 1939 - 1945

Die nachstehende Graphik gibt einen Überblick über die Anzahl und Nationalitäten der Kriegsgefangenen von Oktober 1939 bis September 1944. Während der ersten Phase, von September 1939 bis September 1941, in der das Kriegsgefangenenlager in der Westfalenhalle war, befanden sich zunächst polnische, dann belgische und französische sowie eine geringe Zahl britischer Kriegsgefangener im Lager. Ab Juni 1940 wurde mit dem Bau eines Barackenlagers auf dem Nebengelände der ehemaligen Volkswiese begonnen. Dieser Lagerkomplex wurde überwiegend mit Kriegsgefangenen aus Jugoslawien, aus der Sowjetunion und aus Italien belegt. Die weitere Graphik stellt die Gesamtanzahl der Kriegsgefangenen im Stalag VI D und die Zahl der im Arbeitseinsatz tätigen von 1939 bis 1944 dar.

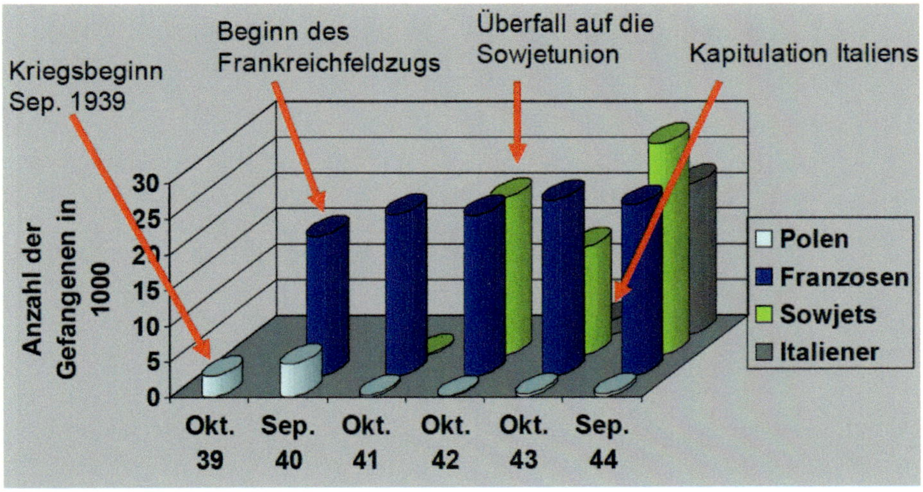

Abb. 34: Übersicht der Nationalitäten und der Anzahl der Kriegsgefangenen im Stalag VI D während des Kriegsverlaufs; alle Zahlen aus: Bestand an Kriegsgefangenen in den Mannschaftsstammlagern im Reich, BA/MA, RW 6/450-453 (Graphik: Jule Czierpka)

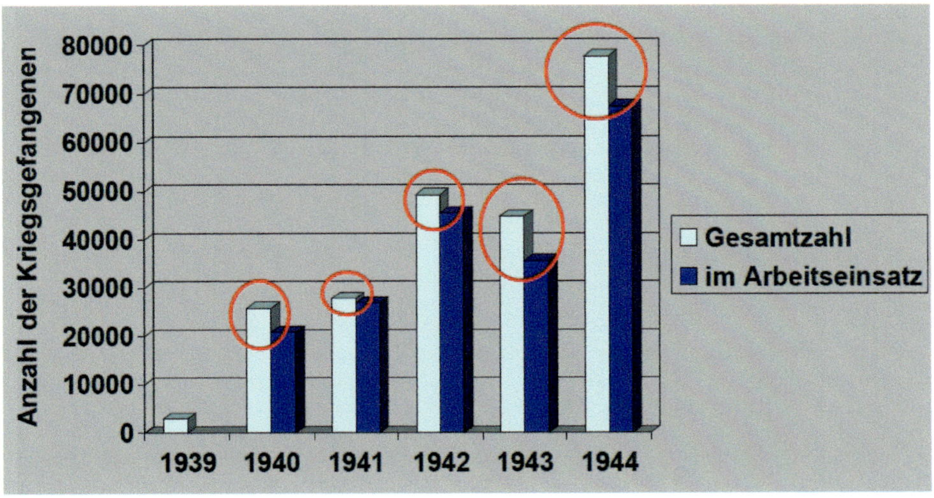

Abb. 35: Übersicht der Gesamtanzahl der Kriegsgefangenen im Stalag VI D und Anzahl der Kriegsgefangenen im Arbeitseinsatz, 1939 – 1944, alle Zahlen aus: Bestand an Kriegsgefangenen in den Mannschaftsstammlagern im Reich, BA/MA, RW 6/450-453 (Graphik: Jule Czierpka)

Dem Stalag VI D zugewiesene Kriegsgefangene von Oktober 1939 bis März 1945 (außer Großbritannien)[5]

Datum	Polen	Belgien	Frankreich	Südost-Europa	Gesamtzahl der Kgf.	Davon im Arbeitseinsatz	ungefähre Anzahl der Kgf. im Stalag VI D[6] (in Klammern: prozentualer Anteil der Gesamtbelegung)
3.10.1939[7]	3.000						
25.1.1940[8]	2.500						

10./12.5.1940 Beginn der deutschen Offensive in Belgien, Luxemburg, den Niederlanden und Frankreich

Datum	Polen	Belgien	Frankreich	Südost-Europa	Gesamtzahl der Kgf.	Davon im Arbeitseinsatz	ungefähre Anzahl der Kgf. im Stalag VI D[9] (in Klammern: prozentualer Anteil der Gesamtbelegung)
30.6.1940[10]	180	4.014	3.649			4.920 Pol.	
7.8.1940[11]		60	15.785			11.185 Frz., 1.000 Bel., 5.009 Pol.	
10.9.1940[12]	4.668	1.444	19.714		25.826	16.479 Frz., 1.369 Bel., 4.264 Pol.	3.714 (14,4 %)
24.9.1940[13]		1.484	20.095				
25.10.1940	1.119	1.385	22.126		24.630	18.592 Frz., 1.368 Bel., 1.012 Pol.	3.658 (14,9 %)

5 Von den deutschen Kriegsgefangenenlagern wurden monatlich Meldelisten an das Internationale Komitee vom Roten Kreuz in Genf geschickt. Die Listen von Oktober 1940 bis Januar 1945 sind mit geringen Lücken erhalten. Ob für die Zeit vor September 1940 bereits Listen angefertigt wurden ist nicht bekannt. BAMA, RW 6/184; RW 6/450; RW 6/451; RW 6/452, RW 6/453 (nach den Originalunterlagen des IRK Genf). Siehe auch: Stopsack, Hans-Hermann; Thomas, Eberhard (Hg.), Stalag VI A Hemer. Kriegsgefangenenlager 1939-1945. Eine Dokumentation, Hemer 1995, S. 102. 18 britische Kriegsgefangene wurden in dem Bericht des IKRK vom 13.6.1940 gezählt, 196 und 24 in den Berichten des ersten Sekretärs des britischen Botschafters Jefferson Patterson vom 7.8./24.9.1940, PRO, FO 916/2575.

6 Die Differenz zwischen der Anzahl der Kriegsgefangenen im Arbeitseinsatz und ihrer Gesamtzahl lässt auf die ungefähre Zahl der sich im Lager befindlichen Kriegsgefangenen schließen. Darin können nicht berücksichtigt sein: die Kriegsgefangenen in Lazaretten, im Gefängnis, geflüchtete, gerade angekommene und noch keinem Arbeitskommando zugeteilte Kriegsgefangene.

7 Protokoll der Sitzung vom 3.10.1939 in Arnsberg, anwesend: Direktor des Landesarbeitsamtes Westfalen, Dr. Petersen, Vertreter des Wehrkreis-Kommandos, Oberstleutnant Heider, Leiter des Kriegsgefangenenlagers Hemer (Lagerkommandant), Major der Landwehr, Prof. Dr. Naendrup, Regierung Minden, Regierungsrat Dr. Agricola, LAV NRW W, Regierung Arnsberg, Nr. 13196.

8 CAMO Podolsk, Nr. 41, Fonds 12450, Bestand 500, Abt. 12, Quelle in: Dokumentationsstelle Stalag 326 (VI K) Senne.

9 Die Differenz zwischen der Anzahl der Kriegsgefangenen im Arbeitseinsatz und ihrer Gesamtzahl lässt auf die ungefähre Zahl der sich im Lager befindlichen Kriegsgefangenen schließen. Darin können nicht berücksichtigt sein: die Kriegsgefangenen in Lazaretten, im Gefängnis, geflüchtete, gerade angekommene und noch keinem Arbeitskommando zugeteilte Kriegsgefangene.

10 Besuch des Aufnahmelagers VI D, 13.6.1940, ACICR, C SC, Service des camps, Allemagne, WK VI, RT.

11 Bericht von Jefferson Patterson, 7.8.1940, PRO, FO 916/2575.

12 BAMA, RW 6/184.

13 Bericht von Jefferson Patterson, 24.9.1940, PRO, FO 916/2575.

Datum	Polen	Belgien	Frankreich	Südost-Europa	Gesamtzahl der Kgf.	Davon im Arbeitseinsatz	ungefähre Anzahl der Kgf. im Stalag VI D[9] (in Klammern: prozentualer Anteil der Gesamtbelegung)
10.1.1941	778	1.357	22.336		24.472	19.957 Frz., 1.317 Bel., 167 Pol.	3.031 (12,4 %)
31.1.1941	166	1.296	24.663		26.126	21.298 Frz., 1.235 Bel.	3.593 (13,8 %)
28.2.1941	136	1.299	25.081		26.516	22.191 Frz., 1.237 Bel., 119 Pol.	2.969 (11,2 %)
31.3.1941	156	1.441	24.042		25.638	22.223 Frz., 1.350 Bel., 108 Pol.	1.957 (7,6 %)

6.4.1941 Einmarsch der Wehrmacht in Griechenland und Jugoslawien

Datum	Polen	Belgien	Frankreich	Südost-Europa	Gesamtzahl der Kgf.	davon im Arbeitseinsatz	ungefähre Anzahl der Kgf. im Stalag VI D[14] (in Klammern: prozentualer Anteil der Gesamtbelegung)
1.5.1941	306	1.582	23.576		25.464	22.971 Frz., 1.366 Bel., 248 Pol.	879 (3,5 %)
1.6.1941[15]	338	2.967	24.900	3.412	31.617	22.586 Frz., 2.975 Bel., 288 Pol., 1.792 Serb.	3.976 (12,6 %)
1.7.1941	321	1.337	23.192	3.202	28.052		
1.8.1941[16]	313	1.334	22.957	3.169	27.773	26.639	1.134 (4,1 %)
21.10.1941[17]	157	1.391	22.762	3.057	27.367	?	1.864 (6,8 %)

[14] Die Differenz zwischen der Anzahl der Kriegsgefangenen im Arbeitseinsatz und ihrer Gesamtzahl lässt auf die ungefähre Zahl der sich im Lager befindlichen Kriegsgefangenen schließen. Darin können nicht berücksichtigt sein: die Kriegsgefangenen in Lazaretten, im Gefängnis, geflüchtete, gerade angekommene und noch keinem Arbeitskommando zugeteilte Kriegsgefangene.

[15] BAMA, RW 6/184. Am 30.7.1941 wurde das Stalag VI D durch den Diplomatischen Kriegsgefangenen Dienst besichtigt. Die Zahl der Kriegsgefangenen betrug 22.947 sowie 10 Offiziere (Ärzte). Sie waren in 650 Arbeitskommandos aufgeteilt, so dass im Lager selbst 1.857 Kriegsgefangene, darunter 1.551 französische, untergebracht waren, PAAA, R 40988.

[16] Bestandszahlen ab 1.9.1941, BAMA, RW 6/450-453, in: Otto, Lager in Westfalen/Jahrbuch, S. 171f.

[17] Besuch des Aufnahmelagers VI D, 21.10.1941, ACICR, C SC, Service des camps, Allemagne, WK VI, RT.

22.6.1941 Überfall der Wehrmacht auf die Sowjetunion

Datum	Polen	Belgien	Frankreich	Südost-Europa	UdSSR	Italien	Gesamtzahl der Kgf.	Davon im Arbeitseinsatz	ungefähre Anzahl der Kgf. im Stalag D[18] (in Klammern prozentualer Anteil der Gesamtbelegung)
1.9.1941[19]	311	1.333	22.800	3.112			27.557	26.535	1.022 (3,71 %)
1.10.1941	311	1.405	22.801	3.058	244		27.820	26.899	921 (3,31 %)
1.12.1941	140	1.415	23.005	918 (?)	751		28.224	26.833	1.391 (4,93 %)
1.1.1942	172 (?)	1.445	22.873	2.809	1.268		28.527	27.068	1.459 (5,11 %)
1.2.1942	134	1.894	22.792	2.376	1.024		28.221	26.589	1.632 (5,78 %)
1.4.1942	77	2.244	22.605	2.372	1.234		28.532	27.284	1.248 (4,37 %)
1.5.1942	72	2.371	23.136	2.348	1.370		29.298	27.728	1.570 (5,36 %)
1.6.1942	2	2.185	22.852	2.333	1.447		28.819	27.085	1.734 (6,01 %)
1.8.1942	2	2.337	22.800	2.321	10.755		38.213	36.190	2.023 (5,29 %)
1.9.1942[20]	161	2.393	22.925	1.981	20.726		48.186	42.215	5.971 (12,39 %)
1.10.1942	161	2.384	22.584	1.370 (?)	22.173		49.273	45.445	3.828 (7,77 %)
1.11.1942	152	2.415	22.007	1.958	27.193		53.726	49.275	4.451 (8,28 %)
1.12.1942	152	2.443	21.809	1.960	31.996		58.361	54.684	3.677 (6,30 %)
1.1.1943	546	202	18.111	1.828	13.809		34.496	27.804	6.692 (19,40 %)
1.2.1943	665	175 (?)	17.735	1.790	10.085		30.750	26.894	3.856 (12,54 %)
1.3.1943	435	130	18.684	1.544	11.224		32.017	28.504	3.513 (10,97 %)
1.4.1943	448	127	18.539	1.578	10.830		31.522	28.328	3.194 (10,12 %)
1.5.1943	453	648	25.211	1.641	15.334		43.287	40.704	2.583 (5,97 %)
1.6.1943	451	654	25.151	1.612	15.433		43.301	40.794	2.507 (5,79 %)
1.8.1943	460	639	24.461	1.609	14.835		42.004	37.393	4.611 (10,98 %)
1.9.1943	458	614	24.761	1.601[21]	14.783		42.217	35.959	6.258 (14,82 %)
1.10.1943	452	653	24.763	1.623	15.199	2.100	44.790 (?)	35.625	9.165 (20,46 %)

18 Die Differenz zwischen der Anzahl der Kriegsgefangenen im Arbeitseinsatz und ihrer Gesamtzahl lässt auf die ungefähre Zahl der sich im Lager befindlichen Kriegsgefangenen schließen. Darin können nicht berücksichtigt sein: die Kriegsgefangenen in Lazaretten, im Gefängnis, geflüchtete, gerade angekommene und noch keinem Arbeitskommando zugeteilte Kriegsgefangene.

19 Alle nachfolgenden Angaben in: Bestand an Kriegsgefangenen in den Mannschaftsstammlagern im Reich, BAMA, RW 6/450-453,

20 ACICR, C SC, Service des camps, Allemagne, WK VI, RT, Besuch des Stalag VI D, 25.9.1942.

21 Besuch des Stalag VI D, 12.9.1943, ACICR, C SC, Service des camps, Allemagne, WK VI, RT.

3.10.1943 Kriegserklärung Italiens an Deutschland

atum	Polen	Belgien	Frankreich	Südost-Europa	UdSSR	Italien	Gesamtzahl der Kgf.	Davon im Arbeitseinsatz	ungefähre Anzahl der Kgf. im Stalag VI D[22] (in Klammern: prozentualer Anteil der Gesamt-belegung)
12.1943	452	623	25.381	1.622	21.929	21.141	71.148 davon 318 Off.	62.150	8.998 (12,65 %)
1.1944	468	631	24.765	1.621	23.817	21.994	73.296 davon 434 Off.	63.079	10.217 (13,94 %)
2.1944	473	666	24.489	1.611	26.369	23.017	76.625 davon 526 Off.	65.501	11.124 (14,52 %)
4.1944[23]	487	664	24.602	1.549	27.267	23.112	77.681 davon 517 Off.	66.749	10.932 (14,07 %)
5.1944[24]	487	668	24.565	1.504	27.066	22.349	76.039 davon 505 Off.	65.603	10.436 (13,72 %)
6.1944	504	655	23.414	1.479	27.186	22.103	75.341 davon 510 Off.	65.288	10.053 (13,34 %)
7.1944	479	660	24.267	1.473	27.185	21.985	76.049 davon 819 Off.	65.620	10.429 (13,71 %)
9.1944	478	666	24.021	1.434	29.833	21.167	77.599 davon 770 Off.	67.344	10.255 (13,22 %)
10.1944	473	664	24.162	1.427	30.926	4.473	62.125 davon 917 Off.	51.896	10.229 (16,47 %)
11.1944	438	655	25.543	1.594	31.578	1.337	61.195 davon 883 Off.	51.238	9.957 (16,27 %)
12.1944	486	674	25.522	1.586	31.768	795	61.231 davon Off. 856	51.580	9.651 (15,76 %)
1.1945	479	744	26.963	1.580	31.643	552	62.349 davon Off. 857		
2.1945[25]	477	676	18.644	1.570 (Yug.)	27.261	4.473			
).2.1945	506	686	26.989	1.609			29.790		1.116 (3,75 %)
5.3.1945[26]	487	760	20.192	1.620 (Yug.)	27.261	795			

Die Differenz zwischen der Anzahl der Kriegsgefangenen im Arbeitseinsatz und ihrer Gesamtzahl lässt auf die ungefähre Zahl der sich im Lager befindlichen Kriegsgefangenen schließen. Darin können nicht berücksichtigt sein: die Kriegsgefangenen in Lazaretten, im Gefängnis, geflüchtete, gerade angekommene und noch keinem Arbeitskommando zugeteilte Kriegsgefangene.

Archiv des „Service des Victimes des la Guerre" (Brüssel), Brüsseler Listen, Sig. R 121-IV-3; Pol.-Abschnitt, II Nachweisungen für festgestellte ehemalige Lager, Nachforschung, 28.10.1948, StadtA Do, 449/06. Darin wird von einer Höchstbelegung von 15 – 20.000 Kriegsgefangenen ausgegangen. Die Bestandszahlen des Bundesarchivs gehen von niedrigeren Zahlen aus.

Am 1.5.1944 waren nach Angaben des OKW von insgesamt 767.104 sowjetischen Kriegsgefangenen im Reichsgebiet 651.719 im Arbeitseinsatz, d.h. 95 Prozent. Übersicht der Abteilung Kriegsgefangene im OKW, in: BAMA, RW 6/452, angegeben in: Keller/Petry, Sowjetische Kriegsgefangene, S. 30.

PRO, WO 205/1026, 62265, die Quelle liegt vor in: Stiftung niedersächsische Gedenkstätten, Dokumentationsstelle Widerstand und Verfolgung 1933-35 auf dem Gebiet des Landes Niedersachsen (Celle).

PRO, WO 205/141, XC 9623, die Quelle liegt vor in: Stiftung niedersächsische Gedenkstätten, Dokumentationsstelle Widerstand und Verfolgung 1933-35 auf dem Gebiet des Landes Niedersachsen (Celle).

Quellen und Literatur

Archivalische Quellen

Archives du Comité international de la Croix-Rouge (ACICR), Genf
C SC, Service des camps, Allemagne, WK VI, RT

Archives Nationales, Paris
F/9/2680
F/9/2714
F/9/2880
F/9/2878-2879
F/9/2897
F/9/2914
72AJ/298
V-P-hist-01573-01
V-P-hist-01573-02

Bergbau-Archiv Bochum
40/491
13/3041

Bundesarchiv (BArch), Berlin
R 122, X. Senat, 1404 (Reichsverwaltungsgericht)

Bundesarchiv/Militärarchiv (BAMA), Freiburg
RW 21/14 (Kriegstagebuch des Rüstungskommandos Dortmund)
RH 53-6/19 (Stammtafel)
RH 53-6/62
RW 59/2130
RW 6/450-453, BAMA (Belegungslisten)
Pers 6/11687 (OKH, Heeres-Personalamt)

Dokumentations- und Forschungsstelle der Sozialversicherungsträger (sv-dok), Bochum
Bestand 4 (Knappschaft-Bahn-See)
Bestand 6 (DRV Westfalen)
Bestand 14 (Berufsgenossenschaft ETEM)

GARF, Staatsarchiv der Russischen Föderation, Moskau
Akte 7021/105/1

Landesarchiv NRW, Abteilung Rheinland (LAV NRW R), Duisburg
NW 1037 – B VI, Nr. 9070
NW 1037 – B VI-06307
NW 1097 Nr. 3996
NW 1097, Nr. 5523
NW 1097, Nr. 17964
NW 1097, Nr. 13620
NW 1116-3302
NW 1090-0025
NW 1091-18618
NW 1128-1340
NW 1307/BVI-02442
NW 1117 Nr. 10636
NW 1117 Nr. 6294

Landesarchiv NRW, Abteilung Westfalen (LAV NRW W), Münster
Arbeitsämter, Nr. 741
Arbeitsämter, Nr. 882
Arbeitsämter, Nr. 13196
Landesarbeitsamt Westfalen-Lippe, Nr. 8
Oberpräsidium, Nr. 5187
Regierung Arnsberg, Personalakten A, Nr. 1472
Regierung Arnsberg, Nr. 13053
Sondergericht Dortmund, Nr. 364, 429, 897
Regierung Arnsberg, Medizinalwesen, Nr. 13273
Staatsanwaltschaft Münster, Nr. 494
Staatsanwaltschaft Hagen, Nr. 885

Landschaftsverband Westfalen-Lippe (LWL), Westfälisches Archivamt, Münster
Bestand 653, Nr. 4
Bestand 653, Nr. 124

Montanhistorisches Dokumentationszentrum beim Deutschen Bergbau-Museum Bochum/Bergbau-Archiv
BBA, 40/491

National Archives, Public Record Office (PRO), Kew/London
AIR 40_227
FO 916/2575

Niedersächsisches Landesarchiv, Staatsarchiv Osnabrück
Rep. Mep. 675, Nr. 1061

Politisches Archiv des Auswärtigen Amtes (PAAA), Berlin
R 67024
R 67039

R 67041
R 40706a
R 40768
R 40770
R 40973
R 40974
R 40975
R 40976
R 40977
R 40978
R 40980
R 40988
R 40990

Regionalverband Ruhr, Essen
DO_279-26_1939

Stadtarchiv Coesfeld
Bestand 11, Nr. 1089

Stadtarchiv Dortmund
90/01
90/01-2/1
100-17
120-Zg. 42/1960-40
120-Zg. 42/1965-40
120-Zg. 42/1965-41
120-Zg. 42/1965-51
120-Zg. 25/1968-98
163/01
167/01-04
167/01-30
167/01-35
167/01-43
167/01-44
167/01-45
167/01-47
167/01-94
167/01-106
167/01-117
167/01-137
100-17
182-8
182-58
424 (Kriegschronik)

449/06 (Archiv des „Service des Victimes des la Guerre", Brüsseler Listen)
Bildarchiv

Stadtarchiv Hagen
SamHa, fol. 6
SamHa 20

Stadtarchiv Harsewinkel
C 9, Bd. 1
C 143, Bd. 3

Stadtarchiv Hemer
Les Camps de Prisonniers de Guerre en Allemagne, herausgegeben im Oktober 1940 und auf den neusten Stand gebracht im Februar 1942, editiert vom französischen Kriegsministerium, Abteilung Kriegsgefangene; Publikation für Angehörige von Kriegsgefangenen über den Rahmen der Kriegsgefangenschaft und die Lebensbedingungen.

Stadtarchiv Lüdinghausen
Bestand 11, Nr. 1089

Stadtarchiv Wetter
Nr. B 502

Stadtarchiv Witten
Witten-Alt, 02.02.10
Wittener Tageblatt

Stiftung niedersächsische Gedenkstätten, Dokumentationsstelle Widerstand und Verfolgung 1933-35 auf dem Gebiet des Landes Niedersachsen (Celle)
Erinnerungen von Stanislaw Fert

thyssenkrupp Corporate Archives, Duisburg
H/2387
DHHU 3075
G/7/C
G/7/C/2
G/7/b/6
DHHV, Bd. 987

Westfälisches Wirtschaftsarchiv (WWA), Dortmund,
Bestand F 211
S1, NI-3117(I)
S1/I NI 12047-12262

S1, NI 5196-5235
S1, NI 2886-2944 I

Zentrale Stelle der Landesjustizverwaltungen Ludwigsburg (ZStLJ)
302 AR-Z 30/65
109 AR-Z 316/91

Nicht öffentliche Quellen
Akten des Amtsgerichts Dortmund, HRB 1350, HRB 282
Akten des Bauordnungsamtes der Stadt Dortmund
Akten der Verwaltung des Hauptfriedhofs Dortmund, Archiv Friedhöfe Dortmund, Hauptfriedhof Dortmund-Wambel
Auskunft der Mahn- und Gedenkstätte Ravensbrück
Dokumentationsstelle Stalag 326 (VI K) Senne, Schloss Holte-Stukenbrock bei Bielefeld
Landesamtes für Gesundheit und Soziales, Versorgungsamt, Krankenbuchlager, Berlin (Krankenbücher)
Schularchiv der Kreuz-Grundschule, Kreuzstr. 145, Dortmund
Mahn- und Gedenkstätte Ravensbrück
Unveröffentlichte Manuskript von Heinrich Mai, „So wa(h)r es. Erinnerungen an die letzten 80 Jahre"
Giacomo Cimarelli, Il Diario (Das Tagebuch), Kopie eines Auszuges des Tagebuches von Giacomo Cimarelli vom 5.10.1943 – 8.4.1945 in Besitz der Verfasserin. Original in: Istituto storica della resistenza in Toscana, Busta 04, Fasc. 30
Bericht des Belgiers Albert Laurent von Pascal van den Broeck

Zeitungen/Zeitschriften
Heimat Dortmund, Historischer Verein für Dortmund und die Grafschaft Mark e.V. unter Mitwirkung des Stadtarchivs (Hg.)
Ruhr-Nachrichten, Dortmund
Westdeutsche Allgemeine Zeitung, Dortmund
Westfälische Landeszeitung
Westfälische Rundschau, Witten
Wiener Zeitung
Wittener Tageblatt

World Wide Web
http://www.history.de/unterseiten/history-award/2006/ (abgerufen am 24.5.2011)
Zurzeit offline: http://www.erport-do.de/wiki/index.php/Stalag_VI_D_-_Dortmund-Westfalenhalle (abgerufen am 24.5.2011)
http://amicalestalag6a6d.monsite-orange.fr/ und die webside Christiane Batriaud: http://www.stalagvia-16032.com/stalag-vi-d-de-dortmund/, (abgerufen am 17.8.2014)
www.vimeo.com/ruhrcevennesdocfilm
http://www.kontakte-kontakty.de/index.php (abgerufen am 30.7.2011)
http://www.kontakte-kontakty.de/deutsch/ns-opfer/freitagsbriefe/index.php

http://de.wikipedia.org/wiki/Ludwig_Malzbender, (abgerufen am 14.11.2013)
http://fr.wikipedia.org/wiki/Georges_Scapini, (abgerufen am 23.7.2014)
http://de.wikipedia.org/wiki/Lager_Versen ; http://www.relikte.com/versen/ (abgerufen am 31.10.2013)
http://nl.wikipedia.org/wiki/Stalag_VI_C_Bathorn ; http://www.relikte.com/bathorn/ (abgerufen am 31.10.2013)
http://de.wikipedia.org/wiki/Stammlager_VI_F (abgerufen am 31.10.2013)
http://www.bonner-geschichtswerkstatt.de/index.php?view=article&catid=42%3Azwangsarbeit&id=55%3Azwangsarbeit-in-bonn-1939-1945&option=com_content&Itemid=80&limitstart=1 (abgerufen am 31.10.2013)
http://www.historicum.net/themen/zwangsarbeit-rhein-erft-rur/ausstellung/lebensumstaende/stalag-arnoldsweiler/ (abgerufen am 31.12.2013)
http://www.lexikon-der-wehrmacht.de/Kasernen/Wehrkreis06/Kasernen Fichtenhain-R.htm (abgerufen am 31.10.2013)
http://www.genea-beuzon-goujon.com/rab_mar2.html
http://www.lexikon-der-wehrmacht.de/Personenregister/G/GlokkeGerhard.htm.
http://www.lexikon-der-wehrmacht.de/Personenregister/M/MattenklottFranz.htm.
http://www.lwl.org/westfaelische-geschichte/portal/Internet/input_felder/langDatensatz_ebene4.php?urlID=41&url_tabelle=tab_websegmente (abgerufen am 22.7.2014)
https://de.wikipedia.org/wiki/Lothar_Eickhoff.
http://historisches-centrum.de/index.php?id=286 (abgerufen am 18.10.2013)
http://de.wikipedia.org/wiki/Fritz_Sauckel (abgerufen am 19.11.2013)
http://historisches-centrum.de/index.php?id=284 und http://historisches-centrum.de/index.php?id=425 (abgerufen am 18.10.2013)
http://www.enkreis.de/fileadmin/user_upload/Dokumente/01/dokumentation-zwangsarbeit.pdf (abgerufen am 27.12.2016
http://www.stalagvia-16032.com/a-propos/
http://www.kriegsopferdaten.de" www.kriegsopferdaten.de

Interviews und Auskünfte

Dieter Knippschild und Hans-Wilhelm Bohrisch, Stadtarchiv Dortmund,
Lore Junge,
Maria H.,
Leendert Bosman,
Leonara Kunina

Filme

Wahrzeichen ohne Gedenken. Kriegsgefangenschaft in der Westfalenhalle, Dokumentationsfilm von Jochen Müter und Benjamin Wassen (Diplom Journalisten an der Universität Dortmund, Institut für Journalistik), 2004.
Filmprojekte von Annelie Klother und Walter Kropp: www.vimeo.com/ruhrcevennes-docfilm
www.klother-kropp-doc-film.eu

Literatur (auch weiterführende Literatur)

Alexijewitsch, Swetlana, Der Krieg hat kein weibliches Gesicht, München 2013.

Antifaschistischer Widerstand, Heft 1, Hans Grüning. Ein deutscher Antifaschist kämpft und stirbt gemeinsam mit sowjetischen Patrioten, Dortmund 1973.

Arbeitskreis „Hörde damals" (Hg.), Verdrängt. Vergessen. Verschwiegen, Beiträge zur Geschichte des Dortmunder Stadtteils Hörde vor und während der Zeit des Nationalsozialismus, Dortmund 2002, 114. Überarbeitete und ergänzte Neuauflage 2013.

Arbeitskreis Stalag VI A Hemer (Hg.), Zur Geschichte des Kriegsgefangenenlagers Stalag VI A Hemer. Eine Begleitschrift für die Gedenkstätte und die beiden Friedhöfe, 1. Auflage, Hemer 2000, 2. Auflage Hemer 2006.

Aslanow, Anatolij, Von der Wolga an die Ruhr. Begegnungen mit Deutschen in Krieg und Frieden, Köln 1987.

Barbero, Giuseppe, Kreuz hinter Drahtverhau (Erlebnisse aus der Gefangenschaft), aus dem Italienischen von Marianne Hahn (die Originalausgabe erschien unter dem Titel „La croce fra i reticolati. Vicende di prigionia, Torino 1946, 2. Aufl. 1995), in: Hagener Geschichtsverein e.V. (Hg.), So wie es eigentlich gewesen. Erinnerungen Hagener Zeitzeugen, Teil 2, Hagener Geschichtshefte Nr. 5, Hagen 2002, S. 17-92.

Barwig, Klaus; Saathoff, Günter; Weyde, Nicole (Hg.), Entschädigung für NS-Zwangsarbeit. Rechtliche, historische und politische Aspekte, Baden-Baden 1998.

Bausch, Hermann J.; Czerwinski, Manfred, Dortmund. Luftbilder von gestern und heute. Eine Gegenüberstellung, Darmstadt 1998.

Ders., Luise von Winterfeld, Direktorin des Dortmunder Stadtarchivs, als amtliche Chronistin für die „Dortmunder Kriegschronik", in: Heimat Dortmund, Historischer Verein für Dortmund und die Grafschaft Mark e.V. unter Mitwirkung des Stadtarchivs (Hg.), 1/1995, S. 13-20.

Beiträge zur Geschichte Dortmunds und der Grafschaft Mark, Historischer Verein für Dortmund und die Grafschaft Mark (Hg.), Bd. 47, Dortmund 1948.

Beiträge zur nationalsozialistischen Gesundheits- und Sozialpolitik, Aussonderung und Tod. Die klinische Hinrichtung der Unbrauchbaren, Bd. 1, Verein zur Erforschung der nationalsozialistischen Gesundheits- und Sozialpolitik (Hg.), Berlin 1985.

Beiträge zur nationalsozialistischen Gesundheits- und Sozialpolitik, Herrenmensch und Arbeitsvölker, Ausländische Arbeiter und Deutsche 1939-1945, Bd. 3, Berlin 1986.

Beiträge zur Geschichte des Nationalsozialismus, Bd. 17, „Bürokratien" – Initiative und Effizienz, Berlin 2001.

Benz, Wolfgang (Hg.): Handbuch des Antisemitismus. Bd. 3: Begriffe, Theorien, Ideologien. De Gruyter Saur, Berlin/New York 2010.

Bethmann Lena, „Der Himmel über Westfalen ist immer grau". Wahrnehmungsmuster italienischer Militärinternierter in Westfalen (1943-1945), Hausarbeit zur Erlangung des Grades eines Master of Arts der Philosophischen Fakultät der Westfälischen Wilhelms-Universität Münster, Münster 2011.

Bischof, Kurt, Untergang einer Großstadt im Bombenhagel, in: Heimat Dortmund, Stadtgeschichte in Bildern und Berichten, Historischer Verein für Dortmund und die Grafschaft Mark e.V. unter Mitwirkung des Stadtarchivs (Hg.), 4/94, Dortmund 1994.

Bitzel, Uwe, Lebensunwert. Die Heilanstalt Aplerbeck und ihre Kranken im Nationalsozialismus, Westfälische Klinik für Psychiatrie Dortmund (Hg.), Dortmund 1995.

Blank, Ralf, Die Stadt Dortmund im Bombenkrieg, in: Sollbach, Gerhard E. (Hg.), Dortmund. Bombenkrieg und Nachkriegsalltag 1939-1948, Hagen 1996, S. 13-55.

Ders., Albert Hoffmann als Reichsverteidigungskommissar im Gau Westfalen-Süd, 1943-1945. Eine biografische Skizze, in: Beiträge zur Geschichte des Nationalsozialismus, Bd. 17, „Bürokratien" – Initiative und Effizienz, Berlin 2001, S. 189-212.

Ders., Albert Hoffmann (1907-1972), in: Westfälische Lebensbilder, Friedrich-Gerhard Hohmann (Hg.), Bd. 17, Münster 2005, S. 255-290.

Ders., „Bitter Ends". Die letzten Monate des Zweiten Weltkrieges im Ruhrgebiet 1944/45, Essen 2015.

Bohrmann, Hans (Hg.), Biographien bedeutender Dortmunder. Menschen in, aus und für Dortmund, im Auftrag des Historischen Vereins für Dortmund und die Grafschaft Mark e.V., Bd. 2, Essen 1998.

Bories-Sawala, Helga, Franzosen im „Reichseinsatz", Deportation, Zwangsarbeit, Alltag, Erfahrungen und Erinnerungen von Kriegsgefangenen und Zivilarbeitern, 3 Bde. Frankfurt a. Main, Berlin, Bern, New York, Paris, Wien, Frankfurt a. Main 1996.

Cramm, Tilo, Hansa/Westhausen. Dortmunder Bergwerke 1954-1980, Landschaftsverband Westfalen-Lippe, Westfälisches Industriemuseum, Bd. 17, Essen 1997.

Ders., Minister Stein, Fürst Hardenberg. Die Geschichte des letzten Dortmunder Bergwerks, Teil II: 1918-1987, Landschaftsverband Westfalen-Lippe, Westfälisches Industriemuseum, Bd. 12, Essen 1993.

Deutsch-Russisches Museum Berlin-Karlshorst (Hg.), Mascha + Nina + Katjuscha, Frauen in der Roten Armee 1941-1945, Peter Jahn, Ausstellungskatalog, Berlin-Karlshorst 2002.

Deutschlands Generale und Admirale, Hg. Dermot Bradley, Karl-Friedrich Hildebrand, Markus Brockmann, Teil IV, Die Generale des Heeres 1921-1945, Bd. 5, v. Haack – Hitzfeld, Osnabrück 1999.

Deutschlands Generale und Admirale, Hg. Dermot Bradley, Karl-Friedrich Hildebrand, Markus Rövekamp, Teil IV, Die Generale des Heeres 1921-1945, Bd. 3, Dahlmann - Fitzlaff, Osnabrück 1994.

Dieckmann, Christoph; Gerlach, Christian; Gruner Wolf u. a. (Hg.), Beiträge zur Geschichte des Nationalsozialismus, Bd. 16, „Durchschnittstäter", , Berlin 2000.

Dokumentationszentrum NS-Zwangsarbeit der Stiftung Topographie des Terrors (Hg.), „Zwischen allen Stühlen. Die Geschichte der italienischen Militärinternierten 1943-1945 (Tra più fnochi. La storia degli internati Militari Italiani 1943-1945), Berlin 2016.

Dortmunder Chronik. 1000 Daten zur Stadtgeschichte, Veröffentlichung des Stadtarchivs Dortmund, Gustav Luntowski (Hg.), Dortmund 1978.

Dortmund im Wiederaufbau 1945-1960. Eine Dokumentation des Stadtarchivs Dortmund, Dortmund 1985.

D.S., 25 Jahre Westfalenhalle. Streiflichter einer großen Veranstaltungstradition, in: Dortmund. Blick in die Stadt. „Olympia ruft" - 25 Jahre Westfalenhalle, Offizielles Wochenprogramm für Fremdenverkehr, Kultur, Kunst, Kongresse, Tagungen, Ausstellungen, Mode und Sport, Amtliches Organ des Städtischen Verkehrs- und Presseamtes der Stadt Dortmund u. a., 2. Jg., Nr. 3, 1. – 15.2.1952, Dortmund 1952.

Dortmund. Blick in die Stadt. „Olympia ruft" - 25 Jahre Westfalenhalle, Offizielles Wochenprogramm für Fremdenverkehr, Kultur, Kunst, Kongresse, Tagungen, Ausstellungen, Mode und Sport, Amtliches Organ des Städtischen Verkehrs- und Presseamtes der Stadt Dortmund u. a., 2. Jg., Nr. 3, 1. – 15.2.1952, Dortmund 1952.

Dortmund Westfalenhalle. Arena der Sensationen, Westfalenhalle AG, Verkehrs- und Presseamt der Stadt Dortmund (Hg.), Dortmund [1953].

Durand, Yves, Vichy und der „Reichseinsatz", in: Ulrich Herbert (Hg.), Europa und der „Reichseinsatz", Ausländische Zivilarbeiter, Kriegsgefangene und KZ-Häftlinge in Deutschland 1938-1945, Essen 1991, S. 184-199.

Ebert, Ralf; Schneider, Michael, Das Dortmunder Volkspark-Konzept: Mehr Sportanlage als Volkspark? in: 8 Stunden sind kein Tag. Freizeit und Vergnügen in Dortmund 1870 bis 1939, Gisela Framke (Hgin.), Heidelberg 1993, S. 153-161.

Ebert, Ralf; Jäger, Ralf, Nordstadtbilder. Stadterneuerung und künstlerische Medien - Projektdokumentation, Stadt Dortmund/Kulturbüro (Hg.), Essen 1989.

Eichholtz, Dietrich, Geschichte der deutschen Kriegswirtschaft 1939-1945, Bd. III, Berlin 1996.

Ders., Die „Krautaktion". Ruhrindustrie, Ernährungswissenschaft und Zwangsarbeit 1944, in: Herbert, Ulrich (Hg.), Europa und der „Reichseinsatz", Ausländische Zivilarbeiter, Kriegsgefangene und KZ-Häftlinge in Deutschland 1938-1945, Essen 1991, S. 270-294.

„Unsere tapferen Helden...", Kriegs- und Kriegerdenkmäler und politische Ehrenmale. Dortmunder Beispiele, Hg. Fachbereich Design der Fachhochschule Dortmund, Essen 1987.

Fahrenbach, Sabine; Thom, Achim, Der Arzt als „Gesundheitsführer". Ärztliches Wirken zwischen Ressourcenerschließung und humanitärer Hilfe im 2. Weltkrieg, Frankfurt a.M. 1991.

Fings, Karola, Kommunen und Zwangsarbeit, in: Winkler, Ulrike (Hgin.), Stiften gehen. NS-Zwangsarbeit und Entschädigungsdebatte, Köln 2000, S. 108-129.

Framke, Gisela (Hgin.)8 Stunden sind kein Tag. Freizeit und Vergnügen in Dortmund 1870 bis 1939, Heidelberg 1993, S. 153-161.

Frewer, Andreas; Bremberger, Bernhard; Siedbürger, Günther (Hg.), Der „Ausländereinsatz" im Gesundheitswesen (1939-1945). Historische und ethische Probleme der NS-Medizin, Stuttgart 2009.

Füllberg-Stolberg, Claus u. a. (Hg.), Frauen in Konzentrationslagern. Bergen-Belsen, Ravensbrück, Bremen 1994.

Geschichtswerkstatt Dortmund (Hg.), Die Zusammenbruchsgesellschaft. Kriegs- und Trümmerzeit in Dortmund in Berichten und Dokumenten, Schriftenreihe zur Geschichte des Dortmunder Alltags, Nr. 4, Dortmund 1995.

Günnewig, Markus, Gedenken an Zwangsarbeit durch Kriegsgefangene in Dortmund, in: Heimat Dortmund, Stadtgeschichte in Bildern und Berichten, Ort und Erinnerung 1933-1945, Spurensuche und Gedenkkultur in Dortmund, Zeitschrift des Historischen Vereins für Dortmund und die Grafschaft Mark e.V. in Verbindung mit dem Stadtarchivs, Nr. 1, Dortmund 2011, S. 62-63.

Ders., „Gemordet Karfreitag 1945". Erinnerungsorte zu den Massenmorden der Dortmunder Sicherheitspolizei, in: Heimat Dortmund, Stadtgeschichte in Bildern und Berichten, Ort und Erinnerung 1933-1945, Spurensuche und Gedenkkultur in Dortmund, Zeitschrift des Historischen Vereins für Dortmund und die Grafschaft Mark e.V. in Verbindung mit dem Stadtarchivs, Nr. 1, Dortmund 2011, S. 24-29.

Ders., Kriegsende 1945. Massenmord in Dortmund, in: Heimat Dortmund. Stadtgeschichte in Bildern und Berichten. Dortmund 1945. Eine Stadt zwischen Krieg und Frieden, Historischer Verein für Dortmund und die Grafschaft Mark e.V. unter Mitwirkung des Stadtarchivs (Hg.), Ausgabe 1/2015, Dortmund 2015, S. 20-28.

Gutman, Israel (Hg.), Enzyklopädie des Holocaust, Die Verfolgung und Ermordung der europäischen Juden, Bd. II, München, Zürich 1995.

Hahn, Susanne; Schröder, Christina; Zur Einordnung des Suizid in das faschistische Konzept der „Vernichtung lebensunwerten Lebens", in: Fahrenbach, Sabine; Thom, Achim, Der Arzt als „Gesundheitsführer". Ärztliches Wirken zwischen Ressourcenerschließung und humanitärer Hilfe im 2. Weltkrieg, Frankfurt a.M. 1991, S. 109-116.

Hamann, Matthias, Die Morde an polnischen und sowjetischen Zwangsarbeitern in deutschen Anstalten, in: Aussonderung und Tod. Die klinische Hinrichtung der Unbrauchbaren, Beiträge zur nationalsozialistischen Gesundheits- und Sozialpolitik, Bd. 1, Verein zur Erforschung der nationalsozialistischen Gesundheits- und Sozialpolitik (Hg.), Berlin 1985, S. 121-157.

Hamburger Institut für Sozialforschung (Hg.), Vernichtungskrieg. Verbrechen der Wehrmacht 1941 bis 1944, Ausstellungskatalog, Hamburg 1996.

Hamburger Institut für Sozialforschung (Hg.), Verbrechen der Wehrmacht. Dimensionen des Vernichtungskrieges 1941-1944, Ausstellungskatalog, Hamburg 2002.

Hammermann, Gabriele, Zwangsarbeit für den „Verbündeten". Die Arbeits- und Lebensbedingungen der Italienischen Militärinternierten in Deutschland 1943-1945, Bibliothek des Historischen Instituts in Rom, Bd. 99, Tübingen 2002. (Inauguraldissertation zur Erlangung des Doktorgrades der Philosophie im Fachbereich III der Universität Tier: Die Arbeits- und Lebensbedingungen der Italienischen Militärinternierten in Deutschland 1943-1945, Trier 1995.)

Handbuch der Deutschen Aktiengesellschaften, Ausgabe 1925 I, Berlin 1925.

Hebbelmann, Georg, Landschaftsverband Westfalen-Lippe (Hg.) Stalag VI A Hemer. Ein Kriegsgefangenenlager in Westfalen. Dokumentation, Münster 1995.

Heimat Dortmund, Stadtgeschichte in Bildern und Berichten, Dortmund in Trümmern, 50 Jahre Kriegsende und Befreiung, Zeitschrift des Historischen Vereins für Dortmund und die Grafschaft Mark e.V. unter Mitwirkung des Stadtarchivs (Hg.), Nr. 1, Dortmund 1995. Erweiterte Auflage des Themenheftes von 1/1995, 60 Jahre Kriegsende, Eine Stadt zwischen Krieg und Frieden, 1/2015.

Heimat Dortmund, Geschichte des Rates in Dortmund, Zeitschrift des Historischen Vereins für Dortmund und die Grafschaft Mark e.V. unter Mitwirkung des Stadtarchivs (Hg.), Nr. 1, Dortmund 2001.

Heimat Dortmund, Stadtgeschichte in Bildern und Berichten, „Ich wurde nach Dortmund gebracht..." Zwangsarbeit in Dortmund (1939-1945), Zeitschrift des Historischen Vereins für Dortmund und die Grafschaft Mark e.V. in Verbindung mit dem Stadtarchiv (Hg.), Nr. 3, Dortmund 2002.

Heimat Dortmund, Stadtgeschichte in Bildern und Berichten, Ort und Erinnerung 1933-1945, Spurensuche und Gedenkkultur in Dortmund, Zeitschrift des Historischen Vereins für Dortmund und die Grafschaft Mark e.V. in Verbindung mit dem Stadtarchiv (Hg.), Ausgabe 1/2011, Dortmund 2011.

Heimat Dortmund. Stadtgeschichte in Bildern und Berichten. Dortmund 1945. Eine Stadt zwischen Krieg und Frieden, Historischer Verein für Dortmund und die Grafschaft Mark e.V. unter Mitwirkung des Stadtarchivs (Hg.), Ausgabe 1/2015, Dortmund 2015.

Herbert, Ulrich (Hg.), Europa und der „Reichseinsatz", Ausländische Zivilarbeiter, Kriegsgefangene und KZ-Häftlinge in Deutschland 1938-1945, Essen 1991.

Ders., Fremdarbeiter. Politik und Praxis des „Ausländer-Einsatzes" in der Kriegswirtschaft des Dritten Reiches, Neuaufl., Bonn 1999.

Ders., Zwangsarbeit im ‚Dritten Reich' – ein Überblick, in: Barwig, Klaus; Saathoff, Günter; Weyde, Nicole (Hg.), Entschädigung für NS-Zwangsarbeit. Rechtliche, historische und politische Aspekte, Baden-Baden 1998.

Hilsley, William, Musik hinterm Stacheldraht. Tagebuch eines internierten Musikers 1940-1945, 2. Aufl., Potsdam 2000.

Hoch, Gerhard, Schwarz, Rolf (Hg.), Verschleppt zur Zwangsarbeit in Schleswig Holstein, 2. Aufl. Alveslohe, Rendsburg 1988.

Hohmann, Friedrich-Gerhard (Hg.), Westfälische Lebensbilder, Bd. 17, Münster 2005.

Högl, Günther, Städtische Überlieferung und Ersatzüberlieferung zur Zwangsarbeit in Dortmund, in: Reininghaus, Wilfried; Reimann, Norbert (Hg.), Zwangsarbeit in Deutschland 1939-1945: Archiv- und Sammlungsgut, Topographie und Erschließungsstrategien, Bielefeld, Gütersloh 2001, S. 97-104.

Ders., Vom Wahlrechtskampf zur Demokratie. Politische Führung, Gemeindeverfassung und Wahlen in Dortmund von 1919 bis 1946, in: Heimat Dortmund, Geschichte des Rates in Dortmund, Zeitschrift des Historischen Vereins für Dortmund und die Grafschaft Mark e.V. unter Mitwirkung des Stadtarchivs, Nr. 1, Dortmund 2001, S. 26-32.

Ders., Widerstand und Verfolgung in Dortmund 1933-1945. Katalog zur ständigen Ausstellung in der Mahn- und Gedenkstätte Steinwache, 2. überarbeitete Aufl., Veröffentlichungen des Stadtarchivs Dortmund, Bd. 17, Dortmund 2002.

Ders., Das Dortmunder Theater während der NS-Zeit, in: Stadt Dortmund (Hg.), 100 Jahre Theater Dortmund, Dortmund 2004.

Hüser, Karl; Otto, Reinhard, Das Stammlager 326 (VI K) Senne 1941-1945. Sowjetische Kriegsgefangene als Opfer des Nationalsozialistischen Weltanschauungskrieges, Bielefeld 1992.

Jacobmeyer, Wolfgang, „Displaced Persons" in Westfalen als ein zufälliger Regionalismus, in: Johanek, Peter (Hg.), Westfalens Geschichte und die Fremden, Kolloquium der Historischen Kommission für Westfalen am 28. und 29. Januar 1994 in Münster, Münster 1994, S. 128-137.

Jahn, Peter, Beutestücke. Kriegsgefangene in der deutschen und sowjetischen Fotographie 1941-1945, Deutsch-Russisches Museum Berlin-Karlshorst (Hg.), Ausstellungskatalog, Berlin-Karlshorst 2003.

Jahrbuch des Vereins für Orts- und Heimatkunde in der Grafschaft Mark, 91. Jg., Heinrich Schoppmeyer (Hg.), Witten 1993, S. 155-185.

Johanek, Peter (Hg.), Westfalens Geschichte und die Fremden, Kolloquium der Historischen Kommission für Westfalen am 28. und 29. Januar 1994 in Münster, Münster 1994.

Junge, Lore, Mit Stacheldraht gefesselt. Die Rombergparkmorde Opfer und Täter, Bochum 1999.

Kastorff-Viehmann, Renate; Utku, Yasemin, Stadtbaurat Hans Strobel, Dortmund. Architekt und Städtebauer (1881–1953). Dortmund 1998.

Keller, Rolf; Petry, Silke (Hg.), Sowjetische Kriegsgefangene im Arbeitseinsatz 1941-1945. Dokumente zu den Lebens- und Arbeitsbedingungen in Norddeutschland, Schriftenreihe der Stiftung Niedersächsische Gedenkstätten, Bd. 2, Göttingen 2013.

Keller, Rolf, Arbeitseinsatz und Hungerpolitik. Sowjetische Kriegsgefangene im Deutschen Reich, in: Kriegsführung und Hunger 1939-1945. Zum Verhältnis von militärischen, wirtschaftlichen und politischen Interessen, Dieckmann, Christoph, Quinkert, Babette (Hg.), Beiträge zur Geschichte des Nationalsozialismus, Bd. 30, Göttingen 2015, S. 123-154.

Klein, Ralph, Das KZ-Außenlager in Witten-Annen. Geschichte, städtebauliche Nutzung und geschichtspolitischer Umgang seit 1945, Berlin 2015.

Klein, Ralph, „Ein böser Blitzstrahl des Feindes durchbohrte unsere Herzen," Zwangsarbeit in Witten während der Zeit des Nationalsozialismus, Typoskript, Stadtarchiv Witten, 2016.

Klotzbach, Kurt, Gegen den Nationalsozialismus. Widerstand und Verfolgung in Dortmund 1930-1945, Schriftenreihe des Forschungsinstituts der Friedrich-Ebert-Stiftung, Hannover 1969.

Knippschild, Dieter: Ludwig Malzbender, in: Hans Bohrmann (Hg.), Biographien bedeutender Dortmunder. Menschen in, aus und für Dortmund, im Auftrag des Historischen Vereins für Dortmund und die Grafschaft Mark e.V., Bd. 2, Essen 1998, S. 79-81.

Königseder, Angelika; Wetzel, Juliane, Lebensmut im Wartesaal. Die jüdischen DPs (Displaced Persons) im Nachkriegsdeutschland, Frankfurt a.M. 2004.

Kratzsch, Gerhard, Der Gauwirtschaftsapparat der NSDAP, Menschenführung – „Arisierung" – Wehrwirtschaft im Gau Westfalen-Süd, Münster 1989.

Kreis Coesfeld (Hg.), Zwangsarbeit in den Kreisen Coesfeld und Lüdinghausen, Coesfeld 2003.

Kriegsgefangene. Auf Grund der Kriegsakten beim Oberkommando der Wehrmacht (Reichseigentum), Berlin 1939.

Kroker, Evelyn, Der Arbeitsplatz des Bergmannes, Bd. 2, Der Weg zur Vollmechanisierung, Bochum 1986.

KZ-Gedenkstätte Neuengamme (Hg.), Wehrmacht und Konzentrationslager, Beiträge zur Geschichte der nationalsozialistischen Verfolgung in Norddeutschland, Heft 13, Bremen 2012.

Leise, Britta, Zwangsarbeit in Deutschland – Zwangsarbeit in Dortmund. Ein Überblick, in: Heimat Dortmund, „Ich wurde nach Dortmund gebracht..." – Zwangsarbeit in Dortmund

(1939-1945), Historischer Verein für Dortmund und die Grafschaft Mark e.V. unter Mitwirkung des Stadtarchivs (Hg.), 3/2002, Dortmund, S. 3-6.

Lotfi, Gabriele, KZ der Gestapo. Arbeitserziehungslager im Dritten Reich, Stuttgart, München 2000.

Luntowski, Gustav; Högl, Günther; Schilp, Thomas; Reimann, Norbert, Geschichte der Stadt Dortmund, Stadtarchiv Dortmund (Hg.), Dortmund 1994.

Luntowski, Gustav (Hg.), Dortmunder Chronik. 1000 Daten zur Stadtgeschichte, Veröffentlichung des Stadtarchivs Dortmund, Dortmund 1978.

Mattiello, Gianfranco, Vogt, Wolfgang, Deutsche Kriegsgefangenen- und Internierungseinrichtungen 1939-1945. Handbuch und Katalog, Lagergeschichte und Lagerstempel, Bd. I/II, BA-MA, Freiburg, Koblenz 1986/87.

Mentner, Regina, Das Kriegsgefangenenlager in der Westfalenhalle – Eine Spurensuche, in: Heimat Dortmund, „Ich wurde nach Dortmund gebracht..." – Zwangsarbeit in Dortmund (1939-1945), Historischer Verein für Dortmund und die Grafschaft Mark e.V. unter Mitwirkung des Stadtarchivs (Hg.), 3/2002, Dortmund 2002, S. 23-25.

Dies., Regina Mentner, Die Beschäftigung von Zwangsarbeiterinnen und Zwangsarbeitern für Aufgaben des „alten" Ennepe-Ruhr-Kreises, Ennepe-Ruhr-Kreis (Hg.), Schwelm 2002.

Dies., Medizinische Versorgung in Stammlagern: Zwangsarbeitende und Kriegsgefangene im Stalag VI D Dortmund, in: Frewer, Andreas; Bremberger, Bernhard; Siedbürger, Günther (Hg.), Der „Ausländereinsatz" im Gesundheitswesen (1939-1945). Historische und ethische Probleme der NS-Medizin, Stuttgart 2009, S. 67-96.

Merle, Pierre, Robert Merle. Ein verführerisches Leben. Biographie, Berlin 2009.

Montag, Paul; Tillmann, Elisabeth, Zwangsarbeitereinsätze in katholischen Einrichtungen der Industriestadt Dortmund 1939-1945, in: Hermans, Baldur (Hg.), Zwang und Zuwendung. Katholische Kirche und Zwangsarbeit im Ruhrgebiet, Bochum 2003, S. 194-215.

Müller, Hans, „Wir haben verziehen aber nicht vergessen...". Das KZ-Außenlager Buchenwald in Dortmund, Schriftenreihe zur Geschichte des Dortmunder Alltags, Nr. 3, Geschichtswerkstatt Dortmund (Hg.), Dortmund 1994, S. 88-92.

Murlà, Josep, Edith et Fernand Mathieu, Correspondance de Guerre, Livre 1-3, Edicions Saragossa, ohne Ort, 2016/17.

Nagel, Jens; Osterloh, Jörg, Wachmannschaften in Lagern für sowjetische Kriegsgefangene (1941-1945), in: Beiträge zur Geschichte des Nationalsozialismus, Bd. 16, „Durchschnittstäter", Christoph Dieckmann, Christian Gerlach, Wolf Gruner u. a. (Hg.), Berlin 2000, S. 72-93.

Oberlin, Ines, Zwangsarbeitende als Angestellte und Patienten in Krankenhäusern des Provinzialverbandes Westfalen, in: Frewer, Andreas; Siedbürger, Günther (Hg.), Medizin und Zwangsarbeit im Nationalsozialismus. Einsatz und Behandlung von „Ausländern" im Gesundheitswesen, Frankfurt a.M., New York 2004, S. 121-148.

Otto, Reinhard, Lager für Sowjetische Kriegsgefangene in Westfalen (1941-1945), in: Jahrbuch des Vereins für Orts- und Heimatkunde in der Grafschaft Mark, Schoppmeyer, Heinrich (Hg.), 91. Jg., Witten 1993, S. 155-188.

Ders., Das Stalag 326 (VI K) Senne. Ein Kriegsgefangenenlager in Westfalen, Münster 2000.

Ders., Sowjetische Kriegsgefangene in deutschen Gewahrsam – aktuelle Forschungsergebnisse, in: Kriegsgefangenenlager 1939 – 1950. Kriegsgefangenschaft als Thema der Gedenkarbeit, Landeszentrale für politische Bildung Rheinland-Pfalz (Hg.), Mainz/ Osthofen 2012, S. 22-37.

Otto, Reinhard; Keller, Rolf; Nagel, Jens, Sowjetische Kriegsgefangene in deutschem Gewahrsam 1941-1945, in: Vierteljahreshefte für Zeitgeschichte, Bd. 4, Oldenburg 2008, S. 557-602.

Paul, Gerhard; Mallmann, Klaus-Michael (Hg.), Die Gestapo – Mythos und Realität, Darmstadt 1995.

Paul, Gerhard; Primavesi, Alexander, Die Verfolgung der ‚Fremdvölkischen'. Das Beispiel der Staatspolizeistelle Dortmund, in: Paul, Gerhard; Mallmann, Klaus-Michael (Hg.), Die Gestapo – Mythos und Realität, Darmstadt 1995, S. 388-401.

Planck, Max (Hg.), 25 Jahre Kaiser Wilhelm-Gesellschaft zur Förderung der Wissenschaften, Bd. 1, Handbuch, Berlin 1936, S. 121-128. 25 Jahre Kaiser Wilhelm-Gesellschaft zur Förderung der Wissenschaften, Bd. 2, Die Naturwissenschaften, Berlin 1936, S. 379-387.

Pufelska, Agnieszka: Bolschewismus, in: Wolfgang Benz (Hg.): Handbuch des Antisemitismus. Bd. 3: Begriffe, Theorien, Ideologien, De Gruyter Saur, Berlin/New York 2010, S. 46ff.

Reichspostdirektion Dortmund (Hg.), Amtliches Fernsprechbuch für das östliche Ruhrgebiet, Ausgabe März 1944, Dortmund 1944.

Reininghaus, Wilfried; Reimann, Norbert (Hg.), Zwangsarbeit in Deutschland 1939-1945: Archiv- und Sammlungsgut, Topographie und Erschließungsstrategien, Bielefeld, Gütersloh 2001.

Rheinisches Journalistenbüro, Recherche International e.V. (Hg.), „Unsere Opfer zählen nicht". Die Dritte Welt im Zweiten Weltkrieg, Berlin, Hamburg 2005.

Rosswog, Martin, Schichtaufnahmen. Erinnerungen an die Zeche Zollern II/IV, Landschaftsverband Westfalen-Lippe, Westfälisches Industriemuseum, Bd. 14, Essen 1994.

Sander, Ulrich, Mord im Rombergpark. Ein Tatsachenbericht, Dortmund 1993.

Santis, Ramona Saavedra, Frauen in der Roten Armee im Frauenkonzentrationslager Ravensbrück, in: Wehrmacht und Konzentrationslager, Beiträge zur Geschichte der nationalsozialistischen Verfolgung in Norddeutschland, KZ-Gedenkstätte Neuengamme (Hg.), Heft 13, Bremen 2012, S. 129-138.

Scheck, Raffael, French Colonial Soldiers in German Captivity during World War II, Cambridge 2014.

Schiller, Thomas, NS-Propaganda für den „Arbeitseinsatz". Lagerzeitungen für Fremdarbeiter im Zweiten Weltkrieg: Entstehung, Funktion, Rezeption und Bibliographie, Medien & Politik, Hans J. Kleinsteuber (Hg.), Bd. 10, Hamburg 1997.

Schinkel, Eckhard (Hg.), Totaler Arbeitseinsatz für die Kriegswirtschaft – Zwangsarbeit in der deutschen Binnenschifffahrt 1940-1945, Erinnerungen – Dokumente - Studien, Westfälisches Industriemuseum Quellen und Studien, Bd. 11, Essen 2005.

Schockenhoff, Volker, NS-Politik und „Volksempfinden. Zwangsarbeiter und Kriegsgefangene in Westfalen 1939-1945, in: Johanek, Peter (Hg.), Westfalens Geschichte und die Fremden, Kolloquium der Historischen Kommission für Westfalen am 28. und 29. Januar 1994 in Münster, Münster 1994, S. 112-127.

Schreiber, Gerhard, Die Italienischen Militärinternierten im deutschen Machtbereich 1943 bis 1945. Verraten – Verachtet - Vergessen, Beiträge zur Militärgeschichte, Militärgeschichtliches Forschungsamt (Hg.), Bd. 28, München 1990.

Schulz, Andreas; Wegmann, Günter, Die Generale der Waffen-SS und der Polizei, Bd. 1, Bissendorf 2003.

Schulz, Nina; Urbitsch, Elisabeth Mena, Spiel auf Zeit. NS-Verfolgte und ihre Kämpfe um Anerkennung und Entschädigung, Berlin 2016.

Schwarz, Rolf, Das Stammlager XA, in: Hoch, Gerhard, Schwarz, Rolf (Hg.), Verschleppt zur Zwangsarbeit in Schleswig Holstein, 2. Auflage, Alveslohe, Rendsburg 1988.

Schwarze, Gisela, Kinder, die nicht zählten. Ostarbeiterinnen und ihre Kinder im Zweiten Weltkrieg, Essen 1997.

Seidel, Hans Christoph, Der Ruhrbergbau im Zweiten Weltkrieg (Zechen – Bergarbeiter – Zwangsarbeiter), Veröffentlichung des Institutes für soziale Bewegungen, Schriftenreihe C: Arbeitseinsatz und Zwangsarbeit im Bergbau, Hg. Walther Müller-Jentsch, J. Rainer Trösken, Klaus Tenfelde, Bd. 7, Essen 2010.

Shneyer, Aron, Pariahs among Pariahs. Soviet-Jewish POWs in German Captivity, 1941-1945, Yad Vashen, Jerusalem 2016.

Sollbach, Gerhard E. (Hg.), Dortmund. Bombenkrieg und Nachkriegsalltag 1939-1948, Hagen 1996.

Spoerer, Mark, Zwangsarbeit unter dem Hakenkreuz. Ausländische Zivilarbeiter, Kriegsgefangene und Häftlinge im Deutschen Reich und im besetzten Europa 1939-1945, Stuttgart, München 2001.

Stadt Dortmund (Hg.), 100 Jahre Theater Dortmund, Dortmund 2004.

Stadtarchiv Dortmund, Widerstand und Verfolgung in Dortmund 1933-1945. Katalog zur ständigen Ausstellung in der Mahn- und Gedenkstätte Steinwache, 2. überarbeitete Aufl., Günther Högl (Hg.), Veröffentlichungen des Stadtarchivs Dortmund, Bd. 17, Dortmund 2002.

Stadtarchiv Dortmund, Dortmund im Wiederaufbau 1945-1960, Dortmund 1985.

Stiftung Topographie des Terrors (Hg.), Das Reichsarbeitsministerium 1933-1945, Beamte im Dienst des Nationalsozialismus, Katalog zur gleichnamigen Ausstellung, Berlin 2019.

Streim, Alfred, Die Behandlung sowjetischer Kriegsgefangener im „Fall Barbarossa". Eine Dokumentation. Unter Berücksichtigung der Unterlagen deutscher Strafverfolgungsbehörden und der Materialien der zentralen Stelle der Landesjustizverwaltungen zur Aufklärung von NS-Verbrechen, Heidelberg, Karlsruhe 1981.

Stopsack, Hans-Hermann; Thomas, Eberhard (Hg.), Stalag VI A Hemer. Kriegsgefangenenlager 1939-1945. Eine Dokumentation, Hemer 1995.

Süß, Dietmar, Tod aus der Luft. Kriegsgesellschaft und Luftkrieg in Deutschland und England, München 2011.

Tardi, Jacques, Ich, René Tardi, Kriegsgefangener im Stalag II B, deutsche Ausgabe, Zürich 2013.

Tenfelde, Klaus; Seidel, Hans-Christoph (Hg.), Zwangsarbeit im Bergbau, Bd. 2, Essen 2005.

Tiemann, Michael, Die alte Westfalenhalle, in: Framke, Gisela (Hgin.), 8 Stunden sind kein Tag, Freizeit und Vergnügen in Dortmund 1870 bis 1939, Heidelberg [1993], S. 131-142.

Tillmann, Elisabeth, Zum „Reichseinsatz" nach Dortmund. Das Schicksal französischer Zwangsarbeiter im Lager Loh 1943-1945, Katholisches Bildungswerk der Dortmunder Dekanate e.V., Dortmund 1995.

Dies., (Hgin.), Dortmunder Katholiken unter dem Hakenkreuz. Erinnerungen von Zeitzeugen, Katholisches Bildungswerk der Dortmunder Dekanate e.V., Dortmund 1995.

Dies., Zwang und Zuwendung, Katholische Kirche und Zwangsarbeit im Ruhrgebiet, Baldur Hermans (Hg.), Bochum 2003.

Lhotzky, Kurt; Traxler, Andrea, Mit Feder und Degen. Robert Merle, Grandseigneur des historischen Romans, in: Wiener Zeitung, 4.5.2001.

Unverzagt, Vera, „Das soll sich nicht wiederholen" – Weibliche Kriegsgefangene im KZ Ravensbrück, in: Claus Füllberg-Stolberg u. a. (Hg.), Frauen in Konzentrationslagern. Bergen-Belsen – Ravensbrück, Bremen 1994, S. 307-312.

Urban, Thomas, Überleben und Sterben von Zwangsarbeitern im Ruhrbergbau, Forum Regionalgeschichte Bd. 9, Bernd Walter (Hg.), Münster 2002.

Volmerich, Oliver, Als der Feuertod vom Himmel stürzte. Deutsche Städte im Bombenkrieg – Dortmund 1945-1945, Gudensberg-Gleichen 2003.

Verein zur Erforschung der nationalsozialistischen Gesundheits- und Sozialpolitik (Hg.), Aussonderung und Tod. Die klinische Hinrichtung der Unbrauchbaren, Beiträge zur nationalsozialistischen Gesundheits- und Sozialpolitik, Bd. 1, Berlin 1985.

Verkehrs- und Presseamt der Stadt Dortmund (Hg.), Dortmund Westfalenhalle. Arena der Sensationen, Westfalenhalle AG, , Dortmund [1953].

Vossen, Johannes, Gesundheitsämter im Nationalsozialismus. Rassenhygiene und offene Gesundheitsfürsorge in Westfalen, Essen 2001.

Westfalenhallen Dortmund. Die Chronik, Westfalenhallen Dortmund GmbH (Hg.), 1. Aufl., Dortmund 2000, 2. überarbeitete Auflage 2010.

Westfalenhalle GmbH Dortmund (Hg.), 1925-1975. 50 Jahre Westfalenhalle Dortmund. Ihre Geschichte und die Geschichten am Rande, Dortmund 1975.

Willnow, Oliver, Spurensuche – „Displaced Persons" und „heimatlose Ausländer" in Dortmund. Ein vergessenes Kapitel unserer Nachkriegsgeschichte, in: Beiträge zur Geschichte Dortmunds und der Grafschaft Mark, Günther Högl, Thomas Schilp (Hg.), im Auftrag des Historischen Vereins für Dortmund und die Grafschaft Mark e.V., Bd. 88, Dortmund 1997, S. 209-225.

Winkler, Ulrike (Hgin.), Stiften gehen. NS-Zwangsarbeit und Entschädigungsdebatte, Köln 2000.

Winter, Miriam, Das Dolmetscherwesen im Dritten Reich. Gleichschaltung und Indoktrinierung, Beiträge zur Dolmetschwissenschaft, in: INTERPARTES 10, Andres, Dörte; Behr, Martina (Hgin.), Frankfurt a. M., Berlin, Bern, Brüssel, Frankfurt a. M. 2012, S. 47-52.

Winterfeld, Luise von, Jahresberichte 1940-1948, in: Beiträge zur Geschichte Dortmunds und der Grafschaft Mark, Historischer Verein für Dortmund und die Grafschaft Mark (Hg.), Bd. 47, Dortmund 1948, S. 139-142.

Zänker, Jürgen u. a., Öffentliche Denkmäler und Kunstobjekte in Dortmund. Eine Bestandsaufnahme, 2. Auflage, Dortmund 1990.

Abbildungsnachweise

Ich habe mich bemüht, die Rechteinhaber der Abbildungen ausfindig zu machen. In Fällen, in denen weder der Rechtsinhaber noch der Rechtsnachfolger ermittelt werden konnte, möchte ich den Rechteinhaber auffordern, ggf. mit der Autorin in Kontakt zu treten. Sollten trotz der sorgfältigen Prüfung Rechte Dritter verletzt worden sein, bitte ich die Rechteinhaber, sich bei der Autorin zu melden.

Abb. 00 Umschlag:

Abb. 01: Gedenkstein vor der Westfalenhalle zur Erinnerung an die Kriegsgefangenen des Stalag VI D, StadtA Do

Abb. 02: Angehörige französischer Kriegsgefangener pflanzten auf dem Gelände des ehemaligen Stalag VI A, Hemer, eine Eiche und setzten eine Gedenktafel, 13.04.2010 (R. Mentner)

Abb. 03: Westfalenhalle, 28. 08.1927, StadtA Do

Abb. 04: Innenansicht der Westfalenhalle mit Publikum, um 1938, StadtA Do

Abb. 05: Kennkarte der französischen Assoziation der Kriegsgefangenen für Marcel Rabouin, Kriegsgefangenschaft im Stalag VI D vom 26.06.1940 bis 15.04.1945, Quelle: http://www.genea-beuzon-goujon.com/rab_mar2.html

Abb. 06: Kriegsgefangenenlager im Wehrkreis VI, Kartenentwurf in Anlehnung an: Hüser, Otto, Das Stammlager 326, a.a.O.

Abb. 07: Merkblatt für die Behandlung von Kriegsgefangenen beim Arbeitseinsatz im Wehrkreis VI, gez. Generalleutnant Glokke, Münster 01.06.1940, Stadtarchiv Wetter (Ruhr), B 502

Abb. 08: Lagergeld für Kriegsgefangene, Quelle: http://www.stalagvia-16032.com/a-propos/

Abb. 09: Zwangsarbeiter und Kriegsgefangene bei Enttrümmerungsarbeiten auf dem Dortmunder Westenhellweg vor dem Geschäft „Betten Hutt“, StadtA Do

Abb. 10: Erste Seite des Mietvertragsentwurfes zwischen der Westfalenhalle Dortmund und der Heeres-Standort-Verwaltung, Dortmund, 1939, BArch R 122, X. Senat 1404, Bl. 4

Abb. 11: Innenansicht des Stalag VI D in der Westfalenhalle, 15.11.1940, Archiv des CICR, V-P-hist-01573-01

Abb. 12: Innenansicht des Stalag VI D in der Westfalenhalle, 15.11.1940, Archiv des CICR, V-P-hist-01573-02

Abb. 13: Westfalenhalle und angrenzendes Barackenlager Stalag VI D, Luftbild-Aufnahme vom Norden Dortmunds nach Süden, 1939, DO_279-26_1939, Regionalverband Ruhr, Essen

Abb. 14: Stanislaw Fert, polnischer Kriegsgefangener Nummer 7516 des Stalag VI D, 1940, in: Erinnerung des polnischen Kriegsgefangenen Stanislaw Fert, S. 13, aufgeschrieben 1989, Stiftung niedersächsische Gedenkstätten, Dokumentationsstelle Widerstand und Verfolgung 1933-35 auf dem Gebiet des Landes Niedersachsen (Celle)

Abb. 15: Französische Kriegsgefangene des Stalag VI D, 1941, Rückseite handschriftlich: „Gefangenenlager in Dortmund-Westfalenhalle, 1941“, Geschenk von Klaus Winter an R. Mentner

Abb. 16: Dienstausweis einer Sprachmittlerin des Stalag VI D, 1944 (R. Mentner)

Abb. 17: Schreiben des Stammlagers VI D, Bureau de l'Homme de Confiance Principal des Prisonniers de Guerre Français du Stammlager VI D an Monsieur le Colonel Laureux, Chef de la Delegation des Services Diplomatiques des P.G., 03.04.1944, Archives Nationales, Paris, F/9/2680

Abb. 18: Stempel des Bureau de l'Homme de Confiance Principal des Prisonniers de Guerre Français du Stammlager VI D, Le Clos VI D, Organ Fraternel des P.G. du Stalag VI D, No. 35, September 1944, S. 7, Archives Nationales, Paris, F/9/2897

Abb. 19: Zeichnung des katholischen Messeraumes, eingerichtet in einer der Baracken des Stalag VI D, Le Clos VI D, Organ Fraternel des P.G. du Stalag VI D, No. 35, September 1944, S. 8, Archives Nationales, Paris, F/9/2897
Abb. 20: Titelblatt der Lagerzeitung „Le Clos VI D", Nr. 21, 10.07.1943, Archives Nationales, Paris, F/9/2897
Abb. 21: Kopfzeile der Lagerzeitung „Le Clos VI D", Nr. 23, 10.09.1943, Archives Nationales, Paris, F/9/2897
Abb. 22: Reichspropagandaleiter Joseph Goebbels spricht in der Westfalenhalle, 18.06.1943, StadtA Do
Abb. 23: Ansicht der am 22./23.05.1944 zerstörten Westfalenhalle, um 1946, StadtA Do
Abb. 24: Luftaufnahme des Geländes um das Stalag VI D und dem Station „Rote Erde", 1944, National Archives, Kew/London, AIR 40/227
Abb. 25: Lageplan der Baulichkeiten und Sicherungsanlagen des Stalag VI D, M. 1:5000, November 1944, Anlage zum Schreiben von Ernst Schmidt-Vogelsang, Kommandant des Stalag VI D, an den Kommandeur der Kriegsgefangenen im WK VI, Abt. Ia, 29.11.1944, GARF, Staatsarchiv der Russischen Föderation, Moskau, Akte 7021/105/1
Abb. 26: Lageplan des Stalag VI D, M. 1:5000, November 1944 (rot) übertragen in den Plan des Bauordnungsamtes, Untere Denkmalbehörde, Dortmund, November 2002
Abb. 27: Graphische Rekonstruktion der Bebauung des Geländes des Stalag VI D und der angrenzenden Freizeitanlagen, 1939, erarbeitet in den Jahren 2015/16 von Arndt Lülfing, StadtA Do, 200_01-0_294
Abb. 28: Sowjetische Kriegsgefangene vor der Zeche Minister Achenbach in Lünen, StadtA Do
Abb. 28a: Sowjetische Kriegsgefangene bei Erdarbeiten an einer Abwasserleitung auf dem Außengelände des Kraftwerkes Gustav Knepper in Dortmund-Mengede, 18.01.1944, Fotograf Günther Karkoska, Sammlung Klaus-Michael Lehmann, StadtA Do
Abb. 28b: Sowjetische Kriegsgefangene bei Erdarbeiten auf dem Außengelände des Kraftwerkes Gustav Knepper in Dortmund-Mengede, 10.03.1944, Fotograf Günther Karkoska, Sammlung Klaus-Michael Lehmann, StadtA Do
Abb. 29a und 29b: Vorder- und Rückseite der Personalkarte (Stammkarte) des ukrainischen Kriegsgefangenen Viktor Ostrowsskij (*1.9.1921), unsortierter Bestand der Dokumentationsstelle Stalag 326 (VI K) Senne
Abb. 30: Das durch Bomben am 11.09.1944 zerstörte Lager für sowjetische Kriegsgefangene auf dem Gelände des Eisen- und Stahlwerkes Hoesch AG, Dortmund, Fotobestand W 0033, Nr.15902, Beschriftung auf der Rückseite „Russenlager, 12.09.1944", thyssenkrupp Corporate Archives, Duisburg
Abb. 31: Aktenblatt des Statistischen Landesamtes Nordrhein-Westfalen zum Sterbefall des sowjetischen Kriegsgefangenen Fjodor Gorjatschjew (20.01.1915 - 29.07.1944), Februar 1961, Sammlung Dieter Knippschild, StadtA Do
Abb. 32: Luftbild der US-Airforce vom 23.03.1945 nach dem letzten Großangriff auf Dortmund, StadtA Do
Abb. 33: „Gefangenenfriedhof des Stalag VI D Dortmund", Gräberfelder auf dem heutigen „Friedhof am Rennweg" (Hauptfriedhof), Fotoalbum „Kriegerfriedhöfe im Wehrkreis VI", BA/MA, RH 53-6/62
Abb. 34: Übersicht der Nationalitäten und der Anzahl der Kriegsgefangenen während des Kriegsverlaufs 10/1939 – 09/1944 im Stalag VI D, alle Zahlen aus: Bestand an Kriegsgefangenen in den Mannschaftsstammlagern im Reich, BA/MA, RW 6/450-453 (Graphik: Jule Czierpka)
Abb. 35: Übersicht der Gesamtanzahl der Kriegsgefangenen im Stalag VI D und Anzahl der Kriegsgefangenen im Arbeitseinsatz, 1939 – 1944, alle Zahlen aus: Bestand an Kriegsgefangenen in den Mannschaftsstammlagern im Reich, BA/MA, RW 6/450-453 (Graphik: Jule Czierpka)

Abkürzungsverzeichnis

Abb.	Abbildung
ACICR	Archives du Comité international de la Croix-Rouge, Genf
BAMA	Bundesarchiv Abteilung Militärarchiv, Freiburg
BArch	Bundesarchiv, Berlin
CICR	Comité international de la Croix-Rouge
Dulag	Durchgangslager
Ebd.	Ebenda
Gestapo	Geheime Staatspolizei
Hg.	Herausgeber/Herausgeberin
IKRK	Internationales Komitee vom Roten Kreuz
IMI	Italienische Militärinternierte
Kgf./Krgf.	Kriegsgefangener/Kriegsgefangene
LAV NRW R	Landesarchiv NRW, Abteilung Rheinland, Duisburg
LAV NRW W	Landesarchiv NRW, Abteilung Westfalen, Münster
Lfm.	laufende Meter
LWL	Landschaftsverband Westfalen-Lippe, Münster
OB	Oberbürgermeister
Oflag	Offizierslager
OKH	Oberkommando des Heeres
OKW	Oberkommando der Wehrmacht
PAAA	Politisches Archiv des Auswärtigen Amtes, Berlin
PRO	National Archives, Public Record Office, Kew/London
RM	Reichsmark
RN	Ruhr-Nachrichten, Dortmund
SD	Sicherheitsdienst
SDPG	Service Diplomatique des Prisonniers de Guerre
Sig.	Signatur
SS	Schutzstaffel
StadtA Do	Stadtarchiv Dortmund
Stalag	Mannschaftsstammlager
WASt	Wehrmachtauskunftsstelle
WAZ	Westdeutsche Allgemeine Zeitung, Dortmund
WR	Westfälische Rundschau, Witten
WWA	Westfälisches Wirtschaftsarchiv, Dortmund
Y.M.C.A.	Young Men's Christian Association, deutsch Christlicher Verein Junger Menschen, CVJM
ZStLJ	Zentrale Stelle der Landesjustizverwaltungen Ludwigsburg

Danksagung

Ich bedanke mich herzlich bei jenen, die mir Hinweise für weitere Recherchen gaben und die mit ärztlichen Auskünften sowie bei Übersetzungen halfen. Ohne die Unterstützung von Ute Burmeister, Jule Czierpka, Susanne Dillenhöfer, Barbara Dobruchowski, Hanno Gottschalk, Marc-Stephan Junge, Ralph Klein, Dieter Knippschild, Cordula Lissner, Jöns Ollenhauer und Martin Rapp hätte ich die vorliegende Studie nicht verfassen können.

Die Drucklegung dieses Buches wurde unterstützt von

Sparkasse
Dortmund

WESTFALENHALLEN
UNTERNEHMENSGRUPPE